JONAS DEICHMANN
mit Martin Waller und Carsten Polzin

DAS LIMIT BIN NUR ICH

Wie ich als erster Mensch die Welt im Triathlon umrundete

POLYGLOTT

DAS LIMIT BIN NUR ICH

Wie ich als erster Mensch die Welt im Triathlon umrundete

Vorwort

Minus 28 Grad. Ich sitze auf dem Gravelbike und versuche, die Pedale in einem gleichmäßigen Rhythmus zu bewegen. »Runder Tritt« nennt man das normalerweise, davon kann hier jedoch keine Rede sein. Längst hat sich das Eis in alle Winkel der Mechanik gesetzt, es knirscht bei jeder Umdrehung. Der Atem gefriert mir noch auf den Lippen und hängt in bizarren Kristallen in meinem Bart. Meine großflächige Skibrille ist vollständig beschlagen. Schweiß sammelt sich im Futter der dicken Funktionsjacke, nur um mich im nächsten Augenblick umso stärker auszukühlen. Ich weiß, Schwitzen bei solchen Temperaturen ist lebensgefährlich. Bereits seit Stunden kämpfe ich gegen dieses Dilemma an: Nicht aufhören zu treten, aber auch nicht schwitzen. Es ist eine Gratwanderung zwischen zu viel und zu wenig Anstrengung, die mir alles abverlangt.

Aber heute habe ich nichts zu verlieren. Noch nicht. Wenn ich nachher vom Rad steige und die schwere Stahltür in der Wand neben mir aufstoße, werde ich in einen sommerlichen Tag hinaustreten. Über 50 Grad Unterschied, nur wenige Meter entfernt. Ich befinde mich in der Klimakammer der Deutschen Bahn in Minden, und es ist Mitte Juli. In dem 75 Meter langen Container werden normalerweise Prototypen neuer Züge bei arktischen Bedingungen getestet. Heute bin ich selbst der Prototyp. In wenigen Wochen werde ich zu meiner bislang größten Herausforderung aufbrechen: dem »Triathlon 360 Degree«, einem Dreikampf aus Schwimmen, Radfahren und Laufen, der mich um die ganze Welt führen wird. 120 Ironman-Distanzen werde ich zurücklegen, was insgesamt 27 000 Kilometern entspricht, davon 21 000 Kilometer auf dem Rad, und wiederum viele Tausend von ihnen in Sibirien und im Hochgebirge. In den Wintermonaten kann es dort bis zu minus 40 Grad kalt werden. Und da ich nicht unvorbereitet auf einer Eisstraße in der arktischen Tundra erfrieren will, verbringe ich diesen Tag gemeinsam mit dem Filmemacher Markus Weinberg am derzeit kältesten Ort Deutschlands. Es dürfte für jeden vernünftigen Radsportler der schlimmste Platz sein, einen Rollentrainer aufzustellen, und mein Renner, liebevoll von mir Esposa getauft, wird seit dem frühen Morgen unbarmherzig geprüft. Aber wir gewinnen wertvolle Erkenntnisse: Der handelsübliche Schmierstoff, den ich seit Jahren verwende, ist hier vollkommen nutzlos. Die Kette springt und die Schaltung hakt gewaltig. Und um einen platten Reifen von der Felge zu bekommen, muss ich fast das Carbonlaufrad aufbrechen. Ich werde Esposa also gehörig aufrüsten müssen, um in Sibirien nicht vor ernsthafte Probleme gestellt zu werden.

Und dies alles betrifft nur mein Rad. Wie wird es mir selbst bei solchen Bedingungen ergehen, körperlich und mental? Jetzt kann ich es

allenfalls erahnen, und bereits dieser kurze Ausblick nötigt mir gehörigen Respekt ab.

Dabei fühle ich mich gut vorbereitet. Gerade habe ich meine Generalprobe gefinisht, einen 33-tägigen Triathlon um ganz Deutschland. Ich bin 60 Kilometer durch den Bodensee geschwommen, mit einem orangeroten Floß im Schlepptau und allem, was ich zum Leben brauchte: Wechselkleidung, Schlafsack, Nahrung. Nach vier Tagen, einem schmerzhaften Sonnenbrand im Nacken und zahllosen aufgescheuerten Wunden habe ich den Neoprenanzug gegen das Rennrad eingetauscht und bin am Rhein entlang nach Norden gefahren, Richtung Friesland, dann gen polnische Grenze, habe endlose Tage im Dauerregen verbracht, verzweifelt in coronabedingt geschlossenen Dörfern nach Essen Ausschau gehalten und die quälenden Anstiege durchs Erzgebirge hinter mir gelassen. Am Tag 18, nach fast 3000 Radkilometern, durfte ich schließlich in die Laufschuhe wechseln. Von da ab ging es zu Fuß durch Bayern in Richtung Königssee und schließlich über Füssen zurück nach Lindau. Ich habe Höhen und Tiefen erlebt und viel über mich selbst und mein Vorhaben gelernt – vor allem, dass es ungleich gewaltiger und unberechenbarer als alles sein wird, was ich bislang unternommen habe. 16 Ironman-Distanzen habe ich geschafft, im heimeligen Deutschland mit seiner perfekten Infrastruktur, aber schaffe ich auch 120, die mich durch drei Kontinente führen werden?

Ich wische mir mit den Winterhandschuhen das Eis aus dem Bart und bin von den Bedingungen, die mich da erwarten, durchaus beeindruckt. Das verspricht eine riesige Herausforderung zu werden, die mir alles abverlangen wird. Bis ich wirklich dafür bereit bin, liegt noch viel Arbeit vor mir. Dies ist sicher das größte Abenteuer, auf das ich mich je eingelassen habe. Im Moment allerdings habe ich nur eines zu tun: zu treten und zu treten, nicht auszukühlen und nicht zu schwitzen. Alles andere wird sich schon sehr bald zeigen. Wenn es losgeht im September, werde ich erfahren, was ich wirklich draufhabe.

Auf die eine oder andere Weise.

Über die Alpen

Mit dem Fahrrad ein Katzensprung

Entspannt an den Start zu kommen, scheint mir fast immer der schwierigste Teil einer Challenge zu sein. In den letzten Tagen, bevor es losgeht, ist der Stressfaktor am höchsten. Selbst am Morgen des Aufbruchs muss ich nach einer sowieso sehr kurzen Nacht noch zu meinem Ausstatter, um einen neuen Schlafsack und ein paar andere Sachen abzuholen. Aber jetzt, am Samstag, den 26. September 2020, stehe ich mittags auf dem Odeonsplatz in München und bin abfahrbereit.

Pünktlich zum Startschuss ist das zuvor lange sommerlich schöne Wetter umgeschlagen. Doch trotz klammen zehn Grad und strömendem Regen sind 70 bis 80 Leute gekommen, die den Anfang meiner Weltumrundung miterleben möchten. Dazu haben sich 30 weitere Radfahrer eingefunden, um mich am Anfang ein Stück zu begleiten. RTL ist da für ein Interview und natürlich die Filmcrew, die eine Dokumentation über die Reise drehen wird. Noch ein paar Fragen beantwortet, dann rollen wir los. In etwa einem Jahr möchte ich wieder genau hierher zurückkommen. Die letzten Monate schwirrten tausend Dinge in meinem Kopf, Aufregung und Vorfreude, doch

jetzt, da es endlich losgeht, hat all das keine Bedeutung mehr. Es ist nur noch dieses eine großartige Kribbeln in mir – das Gefühl von Freiheit.

Schnee in den Bergen

Raus aus München geht's auf meiner alten Trainingsstrecke durch den Perlacher Forst. Auf dem Weg Richtung Süden bleiben nach und nach die Begleit-Radler zurück; am Abend sind nur noch mein Bruder Siddy und der Filmemacher Markus Weinberg bei mir. Die erste Routenänderung haben wir da schon vornehmen müssen.

Mein Plan war eigentlich, durch Tirol und über die Großglockner Hochalpenstraße zu fahren – Bergpässe liebe ich, und die Großglocknerstraße wäre ein echtes Juwel: Der Anstieg, lang und anspruchsvoll, ist kaum spürbar angesichts der majestätischen Schönheit der umliegenden Gipfel – nur ist der Pass soeben wegen Schneefalls gesperrt worden. Der Schlechtwettereinbruch wirkt sich aus. Und das Virus setzt noch eins drauf: Wenige Stunden zuvor wurde Tirol zum Covid-Risikogebiet erklärt. Ein Transit ist zwar möglich, aber wer länger als zwölf Stunden bleibt, muss bei der Wiedereinreise nach Deutschland in Quarantäne. Keine Option für meinen Bruder und Markus, die ja nur ein Stück weit mitfahren wollen. Deshalb geht es heute via Bayrischzell und die Tatzelwurmstraße – mit ihren endlosen

Kehren ein klassischer Trainingspass für alle auf zwei Rädern – nur bis Nussdorf am Inn, noch auf deutscher Seite, wo wir übernachten. Siddy verabschiedet sich am nächsten Morgen nach München zurück, während Markus und ich die neue Route austüfteln. Kaum unterwegs und schon beginnt das Improvisieren – das kann ja heiter werden.

Apropos heiter: Der Sonntag beginnt vielversprechend sonnig. Frösteln muss ich dennoch, als ich etwas steif von der Nacht aufs Rad steige. Es sind gerade einmal drei Grad plus. Jetzt geht es durch den Pongau nach Radstatt und über die Katschbergstraße hinauf auf den Tauernpass (1738 m), also ein gutes Stück weiter östlich als geplant. Die Straße ist frei, aber daneben liegt hüfthoch Schnee, es wird saukalt. Wir fahren deshalb in der Nacht noch auf die Südseite ab und finden einen Schlafplatz. Allerdings nicht in einem kuscheligen Bett, sondern im Freien hinter einem Tennisplatz. Biwakieren ist angesagt: Schlafsack mit Inlay als Kälteschutz, darüber eine wasserfeste Plane, die liebevoll als Biwaksack bezeichnet wird. Das muss für heute reichen.

Der nächste Tag gibt mir gleich mal einen Vorgeschmack, was mich im russischen Winter erwarten könnte. Dauerregen im Tal, Schneefall in den Bergen. Wir kämpfen uns bei zehn Zentimetern Neuschnee über die fast 1800 m hohe Turracherhöhe, die uns runter nach Kärnten bringt. Hier klettert das Thermometer endlich wieder in Plusgrade. Doch lange währt die Freude darüber nicht: Der Loiblpass hinüber nach Slowenien fordert uns mit 15–16 % steilen Rampen – der Regen läuft unter der Radbrille in die Augen, die Oberschenkel brennen.

Ich hab' Sie doch grad im Fernsehen g'sehn

Da kommt eine Unterbrechung nicht ganz ungelegen: An der Grenze zwischen Österreich und Slowenien wird kontrolliert, und tatsächlich, als wir uns nähern, springt ein österreichischer Beamter aus seinem Häuschen und hält mich an. Meinen Pass will er allerdings gar nicht sehen. Er weiß ja schon, wer ich bin: Vielleicht eine halbe Stunde zuvor lief ein Bericht über mich im Fernsehen, und da hat er mich sofort erkannt. Er ist neugierig und will ein bisschen quatschen, aber weil es noch immer in Strömen regnet, eisen wir uns nach kurzer Zeit wieder los. Dennoch, eine willkommene Pause. Das Wetter ist inzwischen so mies, dass wir uns für die Nacht ein Hotel suchen. Das zieht sich. Zwei aufgeweichte Radfahrer irren ziellos durch Dörfer mit geschlossenen Läden und dunklen Fenstern. Erst gegen 22 Uhr werden wir fündig. »Tut mir leid, die Küche hat schon zu.« Wir versuchen, der leichten Verzweiflung, die sich breitmacht, nicht die Oberhand zu lassen. Und da wir offenbar so ausgehungert aussehen, wie wir uns fühlen, macht der Wirt eine Ausnahme. Er klappert eine halbe Stunde in der Küche herum und serviert uns schließlich eine Pizza.

Über Nacht sind unsere Kleider getrocknet, und auch das Wetter hat sich wieder gebessert. Wir durchqueren flott Sloweniens Hauptstadt Ljubljana und kommen bereits am Abend an der kroatischen Grenze an. Gerade mal einen Dreivierteltag haben wir durch das kleine Slowenien gebraucht. Eigentlich viel zu kurz für so ein schönes, landschaftlich und kulturell hoch spannendes Land.

Wildwechsel

Kroatien begrüßt uns mit kleinen, einsamen Straßen. Wir haben Glück, dass wir noch ein Restaurant finden, wo wir uns den Bauch mit Ćevapčići vollschlagen können, denn danach gibt es über Stunden erst mal keine Gelegenheit mehr, an Nahrung zu kommen. Corona-Maßnahmen sind hier kaum spürbar. Keine Kontrollen, keine Schilder. Einzig beim Einkaufen tragen wir Masken. Unsere Route führt durch den Nationalpark Risnjak, in den wir direkt nach dem Grenzübergang bei Čabar gelangen. Über 60 km^2 beeindruckende Karstlandschaft inmitten des Gebirges.

Wir sehen leider nicht so viel davon, denn es ist bereits dunkel. Plötzlich erkenne ich, wie etwas Großes direkt vor mir auf die Straße tritt. Schrecksekunde, Vollbremsung! Ein Hirsch, der nur drei oder vier Meter entfernt zusammen mit einem Jungtier auftaucht. Bei dem Tempo, das wir draufhatten, hätte das eine böse Kollision gegeben. Immerhin: Es ist »nur« ein Hirsch. Es gibt hier nämlich auch Bären, und da wäre die Kollision nur eins von vielen Problemen gewesen.

Auch an diesem Abend müssen wir lange nach einem Platz zum Schlafen suchen. Einfach in die Wildnis legen möchten wir uns nicht, Bären, wie gesagt, zudem ist es neblig und feucht, auch wenn es im Moment nicht regnet. Der Schlafsack würde trotz Biwaksack sofort nass. Und es dürfte auch nicht viel bringen, jetzt im Dunkeln zu versuchen, das neue Zelt zum ersten Mal aufzubauen. Also fahren wir weiter, bis wir irgendwann in Lokve ankommen, einer kleinen Ortschaft, noch im Hochland, die im Sommer vom Tourismus lebt. Hier finden wir in einer Bushaltestelle einen notdürftig überdachten Unterschlupf. Schön ruhig, denn der erste Bus fährt erst um zehn Uhr morgens.

Am Mittelmeer

Um diese Zeit kurbeln wir schon längst wieder durch die kalte Berglandschaft. Schlagartig wird es angenehm sonnig und warm. Wir spüren es regelrecht, dass wir uns dem Mittelmeer nähern. Die Landschaft wird deutlich mediterran. Nach dem letzten 800-Meter-Pass geht es in Serpentinen runter an die Adria, die wir bei Senj erreichen. Die verbleibenden 65 Kilometer an der herrlichen Küstenstraße bis Karlobag sind der reine Genuss. Wir rollen über trockenen Asphalt dahin wie über eine Landebahn. Dass die Tourismussaison vorbei ist, ist unübersehbar, und Corona hat ein Übriges getan: Kein Verkehr, keine Menschen auf den Straßen. Kein einziges Boot im Wasser. Alles ist wie ausgestorben.

Schwimmrekord an der kroatischen Küste

Die Adria ist keine Badewanne

In Karlobag endet der erste Teil meiner Reise auf dem Fahrrad, und zugleich bedeutet das den vorläufigen Abschied von Markus, der nach Hause fährt und den ich erst in ein paar Wochen wiedersehen werde. Ab jetzt ist Schwimmen angesagt. Zwei Freunde, die ich aus Norwegen kenne, warten im Städtchen mit einer Fahrradbox auf mich. Sie werden mein Rad verpacken und per Post nach Dubrovnik schicken, wo ich nach der 460 Kilometer langen Schwimmstrecke wieder in den Sattel steigen will. Dazu ist ein etwas größerer Umbau nötig: Rad und Radausstattung zu verpacken und die eingetroffene Schwimmausstattung mit Floß und Neoprenanzug fertig zu machen, das braucht seine Zeit. Ich übernachte deswegen noch einmal in Karlobag. Von Nachtruhe kann allerdings keine Rede sein, dazu bin ich zu aufgeregt. Schwimmen ist die Disziplin, mit der ich am wenigsten Erfahrung habe, und nun, da es in wenigen Stunden losgehen soll, werfe ich mich hauptsächlich hin und her oder starre an die Decke.

Am 1. Oktober 2020, Tag sechs meiner Reise, springe ich also noch etwas benommen von der Kaimauer in Karlobag und mache die ers-

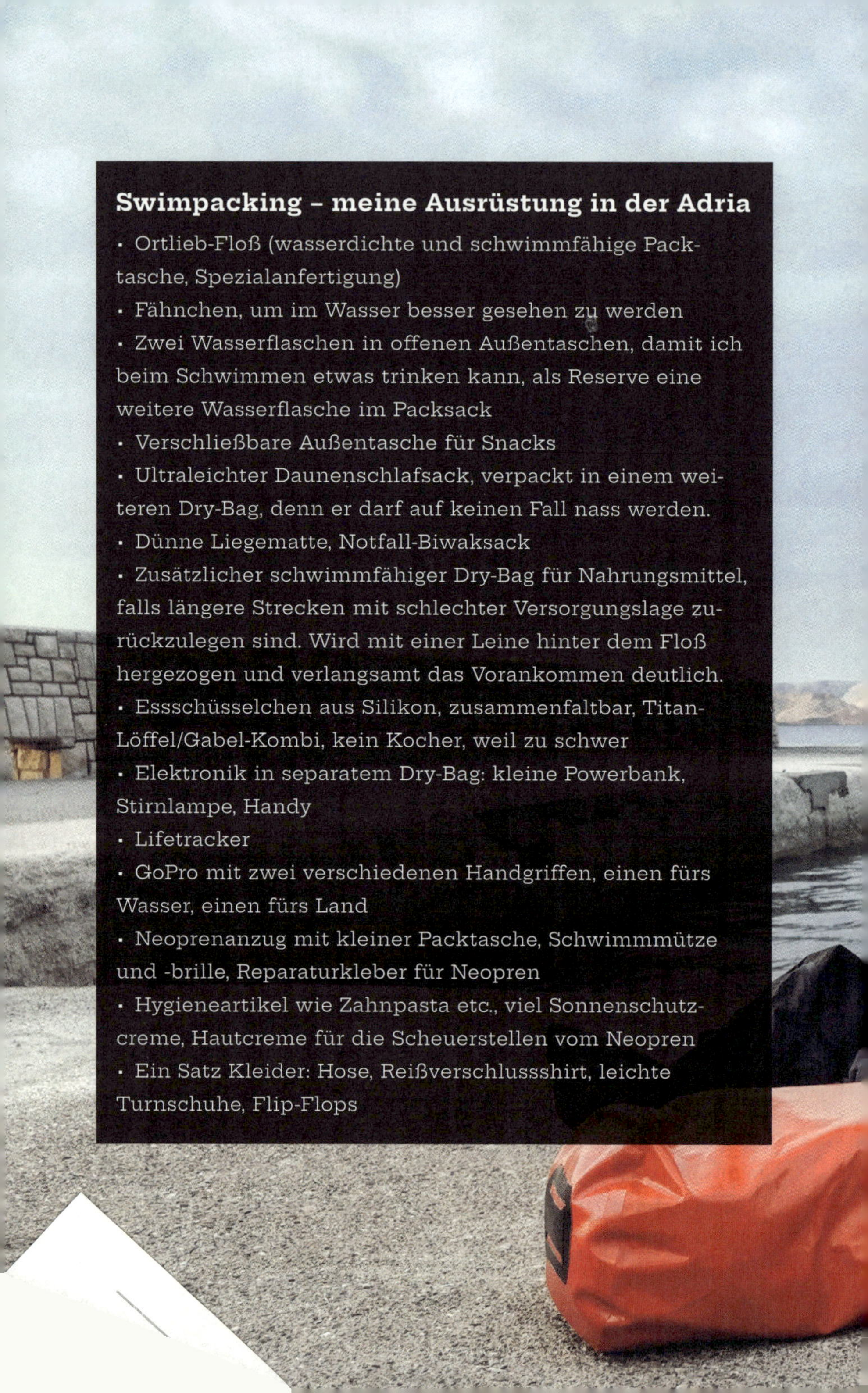

Swimpacking – meine Ausrüstung in der Adria

- Ortlieb-Floß (wasserdichte und schwimmfähige Packtasche, Spezialanfertigung)
- Fähnchen, um im Wasser besser gesehen zu werden
- Zwei Wasserflaschen in offenen Außentaschen, damit ich beim Schwimmen etwas trinken kann, als Reserve eine weitere Wasserflasche im Packsack
- Verschließbare Außentasche für Snacks
- Ultraleichter Daunenschlafsack, verpackt in einem weiteren Dry-Bag, denn er darf auf keinen Fall nass werden.
- Dünne Liegematte, Notfall-Biwaksack
- Zusätzlicher schwimmfähiger Dry-Bag für Nahrungsmittel, falls längere Strecken mit schlechter Versorgungslage zurückzulegen sind. Wird mit einer Leine hinter dem Floß hergezogen und verlangsamt das Vorankommen deutlich.
- Essschüsselchen aus Silikon, zusammenfaltbar, Titan-Löffel/Gabel-Kombi, kein Kocher, weil zu schwer
- Elektronik in separatem Dry-Bag: kleine Powerbank, Stirnlampe, Handy
- Lifetracker
- GoPro mit zwei verschiedenen Handgriffen, einen fürs Wasser, einen fürs Land
- Neoprenanzug mit kleiner Packtasche, Schwimmmütze und -brille, Reparaturkleber für Neopren
- Hygieneartikel wie Zahnpasta etc., viel Sonnenschutzcreme, Hautcreme für die Scheuerstellen vom Neopren
- Ein Satz Kleider: Hose, Reißverschlussshirt, leichte Turnschuhe, Flip-Flops

WATERPROOF
TEAM

ten Armzüge in Richtung Süden. Neben meinem Spezialfloß ziehe ich einen weiteren wasserdichten Sack hinter mir her, in dem ich zusätzliches Essen mitführe. Die nächste Einkaufsmöglichkeit kommt erst in 35 Kilometern, und bei dem, was ich tagtäglich an Kalorien verbrauche, ist eine ausreichende Nahrungszufuhr das A und O.

Nach ein paar Stunden ist die Müdigkeit abgeschüttelt und ich ergebe mich meinem eigenen, ruhigen Rhythmus. Kleine Wellen schwappen um mich herum, die Sonne brennt auf den Neoprenanzug und das Ganze fühlt sich fast wie Urlaub an. Bis gegen Mittag komme ich im Wasser nicht schlecht voran, merke jedoch schnell, dass es an der Küste eine ganze Reihe von Mikroströmungen gibt. Besonders vor den Buchten habe ich damit immer wieder zu kämpfen. Die Adria ist zwar kein Ozean, aber doch ein richtiges Meer, und hier zu schwimmen ist etwas ganz anderes, als ein bisschen im Bodensee zu planschen. Gegen diese Strömungen komme ich kaum an.

Am Nachmittag zieht dann auch noch Gegenwind aus Süd auf, der mir ein weiteres Vorankommen sehr erschwert. Trotzdem muss ich weiterschwimmen, denn ich befinde mich vor einer unwegsamen Steilküste, an der ich nicht einfach so an Land gehen kann. Ich kraule noch

bis in die Dämmerung hinein, doch als es richtig dunkel zu werden droht, habe ich keine Wahl. Ich ziehe mich an einem Felsen aus dem Wasser und klettere vorsichtig die steile Böschung hinauf, um mir oben irgendwo eine Schlafgelegenheit zu suchen. In der Dunkelheit ganz allein ohne Begleitboot geht es heute nicht mehr weiter. Ich kauere mich im Schlafsack an einen Felsen und blicke auf das dunkle Meer hinaus. So hatte ich mir den Start der Schwimmstrecke nicht vorgestellt, und doch ist alles richtig hier und jetzt.

Gegenwind

Der nächste Morgen beginnt ernüchternd: Heftiger Südwind peitscht die See auf, und laut Wettervorhersage bleibt das erst mal so. Bei diesen Bedingungen zu schwimmen, noch dazu mit dem Floß im Schlepptau, ist unmöglich. Da würde ich eher rückwärts getrieben werden. Ich habe auch kein Trinkwasser mehr, also schleppe ich das Floß mit meiner ganzen Ausrüstung hinauf auf die Küstenstraße. Auf den scharfkantigen Steinen reiße ich mir die Fußsohle auf. Es tut höllisch weh, aber es hilft nichts: Ich muss zurück nach Karlobag laufen, um mich neu einzudecken. Mir bleibt nichts anderes übrig, als auf besseres Wetter zu warten. Ich richte mich am Rand von Karlobag provisorisch unter dem Vordach einer leer stehenden Strandhütte ein. Dass es so losgeht, frustriert mich ziemlich. Ich muss mir eingestehen, dass ich stark unterschätzt habe, was es heißt, im Meer zu schwimmen. Meine Vorbereitung war einmal längs durch dem Bodensee, im Süßwasser, ohne Strömungen, ohne hohe Wellen. Aufs Fahrrad übertragen ist das, als ob man im Flachland bei Rückenwind für eine Alpenüberquerung trainiert. Außerdem habe ich Zeitdruck. Mit jedem Tag, den ich für die Schwimmstrecke brauche, komme ich näher an den Winter heran, wird es kälter und wächst die Gefahr von Stürmen. Ich frage mich, wie das werden soll, wenn es jetzt, am Ende des Sommers, schon so ein Wetter hat.

Nach zwei Tagen Zwangspause geht es endlich weiter. Ich hänge mir das Floß an seinem Tragegurt über die Schulter, laufe wieder zu der Stelle, wo ich das Wasser verlassen hatte, und lasse mich hineingleiten. Jetzt will ich endlich vorankommen. Immer längs der steilen Küstenlinie schwimme ich den Velebit-Kanal entlang, der die Insel Pag vom Festland trennt. Das Wasser ist glasklar, trotzdem sind diese Tage brutal schwer. Es ist ein ständiger Kampf gegen Wind und Strömungen; mehr als acht, höchstens zehn Kilometer pro Tag schaffe ich nicht. Auch Essen und Trinkwasser zu finden ist schwierig. Alles hat zu: Saisonende und coronabedingte Schließungen scheinen sich gegen mich verschworen zu haben. Schlafplätze sind ebenfalls schwer zu finden. Die Küste ist felsig und kahl. Ich schlafe unter freiem Himmel im Schlafsack, ohne Zelt. Jede Nacht von Regen geweckt zu werden zehrt an den Kräften. Einmal lege ich mich in ein Boot, das ich unter einer Brücke finde. Dort ist es wenigstens trocken und ich kann mal wieder durchschlafen. Ein Lichtblick sind die Einheimischen, die ich manchmal am Ufer sehe. Alle sind sehr freundlich; immer wieder geben sie mir Wasser, einmal bekomme ich sogar Essen. Ich vermute, sie haben Mitleid mit diesem armen nassen Mann und seinem merkwürdigen Floß.

Die erste Querung

Ich kann nicht einfach weiter geradeaus schwimmen, sondern muss um die Landzunge herum, auf der die Stadt Zadar liegt. Das bedeutet einen Kurswechsel um 90 Grad nach rechts, die Querung zur vorgelagerten Insel Pag und anschließend eine Passage, die zwischen der Südspitze von Pag und der Nordspitze der Landzunge hindurchführt. Beide, Südspitze wie Landzunge, laufen in mehrere Arme aus, weswegen es zwei Buchten mit etlichen kleineren Inseln zu durchschwimmen gilt. Die versprechen etwas Abwechslung, denn es gibt wenigstens etwas anderes zu sehen als tänzelnde Wellen. Am Ende der zweiten Bucht geht es bei der Insel Vir wieder links herum und längs der Südwestküste der Landzunge in Richtung Zadar.

Am späten Nachmittag des 5. Oktober wage ich die fünf Kilometer breite Überquerung des Kanals zwischen dem Festland und Pag. Sich allein kilometerweit von der sicheren Küste zu entfernen fühlt sich ohnehin schon ungut an. Es verstößt gegen jede Regel des sicheren Freiwasserschwimmens und gegen den gesunden Menschenverstand. Und hier bin ich auch noch zu spät aufgebrochen. Ich lege alle Kraft in meine Arme und arbeite mich mit langen Schwimmzügen voran, doch die Sonne ist schon versunken, und auch die Dämmerung geht viel zu schnell in die Nacht über. Als es ganz dunkel ist, bin ich noch schätzungsweise zwei Kilometer von der Küste entfernt.

Das ist ein furchtbares Gefühl. In stockfinsterer Nacht zu schwimmen liegt eindeutig außerhalb meiner Komfortzone. Wenn ich auf dem Rad bin, ist die Nacht kein besonders Problem – auf meiner Cape-to-Cape-Rekordfahrt war es sogar traumhaft schön, unter dem sternenübersäten Himmel durch die Sahara zu fahren. Im Meer ist die Dunkelheit einfach nur unheimlich. Nicht bloß, weil ich nicht mehr erkennen kann, wie weit das Land tatsächlich entfernt ist und ob ich überhaupt noch vorankomme. Ob ich gerade von einer Strömung abgetrieben werde. Auch die Tiefe unter mir fühlt sich abgründiger an als am Tag. Im Sonnenschein verlasse ich mich auf die Statistiken und habe vor Angriffen durch Meerestiere keine Angst, denn sie kommen einfach sehr selten vor. Aber die Dunkelheit ist eine andere Welt. Sie kümmert sich nicht um Statistiken. In dieser Welt scheint alles möglich. Namenlose Ungeheuer lauern da auf mich. Es fühlt sich definitiv so an, als ob ich nicht hier sein sollte.

Als ich endlich am Ufer ankomme, bin ich völlig fertig. Ohne Licht über die scharfkantigen Felsen unversehrt an Land zu kommen erfordert alle meine noch verbliebenen Kräfte. Über Pag tobt sich regelmäßig die gefürchtete Bora mit bis zu 200 km/h aus. Hier wächst kein Baum und kein Strauch. Einfach nur Steine. Der beste Schlafplatz, den ich auf der Insel finden kann, ist harter, unebener Boden hinter einer Trockensteinmauer. Nachts regnet es wieder, und mein einziger Schutz ist mein Notfall-Biwaksack, den ich über mich ziehe. Eine grässliche Nacht. An Schlaf ist nicht zu denken. Wieder einmal.

Am nächsten Morgen herrscht wieder strahlender Sonnenschein. Ich schwimme unter der Brücke hindurch, die Pag an der engsten Stelle mit dem Festland verbindet, und steuere an der südöstlichen, etwas windgeschützten Inselseite die Ortschaft Vlašići an, wo ich aus dem Wasser klettere und einen geöffneten kleinen Supermarkt finde. Wahrscheinlich kaufen hier nicht so viele Leute im Neoprenanzug ein, dementsprechend groß werden die Augen des Ladeninhabers.

Salzwasser, immer nur Salzwasser

Es geht mir nicht gut. Ich habe die letzten Tage viel zu wenig gegessen, und die Schnittwunde am Fuß meldet sich immer wieder mit heftigem Protest gegen alles, was ihr zugemutet wird. Dazu kommen ein paar Scheuerstellen vom Neoprenanzug. Nichts davon heilt im Wasser richtig, aber, sage ich mir mit pragmatischer medizinischer Analyse, wenigstens wird alles ein bisschen desinfiziert. Was der Haut gut tut, ist für den Magen umso schlimmer: Andauernd schlucke ich Salzwasser. Das alles hinterlässt seine Spuren.

Der folgende Tag beginnt mit einem Unwetter. Ich komme erst am Nachmittag ins Wasser und habe zum ersten Mal starken Rückenwind, der mich zwar voranbringt, dafür muss ich allerdings auch mit einer Strömung und hohen Wellen kämpfen.

Ich möchte durch eine schmale Lücke zwischen zwei vorgelagerten Inseln, kann die Passage aber nicht erkennen, weil hinter ihr wieder andere Inseln liegen, sodass alles wie Land aussieht. Es bleibt mir nichts übrig, als ungefähr die Richtung anzupeilen und mich im Wind hinübertreiben zu lassen. Die Wellen sind so hoch, dass ich beginne, die Kontrolle zu verlieren. Bevor es zu gefährlich wird, gehe ich an der nächsten kleinen Insel lieber an Land, breite Liegematte und Schlafsack aus und verbringe die Nacht dort.

Der nächste Tag lässt sich endlich etwas besser an. Ich gehe schon um acht Uhr ins Wasser, um die günstigen Bedingungen zu nutzen. Laut Vorhersage wird sich gegen Mittag der Wind gegen mich drehen. Bis dahin muss ich unter der großen Brücke zwischen der Insel Vir und dem Festland durch sein, denn ab dort gibt es wieder Siedlungen mit Supermärkten und vielleicht bessere Schlafplätze. Damit ist auch die Querung geschafft, und ich kann wieder der Küstenlinie folgen.

Mein größtes Problem ist nicht das Schwimmen an sich, sondern Essen, Trinken und Schlafen. Da meine Reichweite im Wasser gering ist, macht es einen großen Unterschied, ob ich an der Küste Ortschaften mit Restaurants und Läden finde oder nicht.

Warmes Essen und ein Bett

Am 9. Oktober, Tag 13, erreiche ich die Stadt Zadar, wo ich an Land gehe, um mir ein gutes Restaurant und ein komfortables Hotelzim-

JONAS
DEICHMANN
komoot
RYZON
SCHWALBE
wahoo

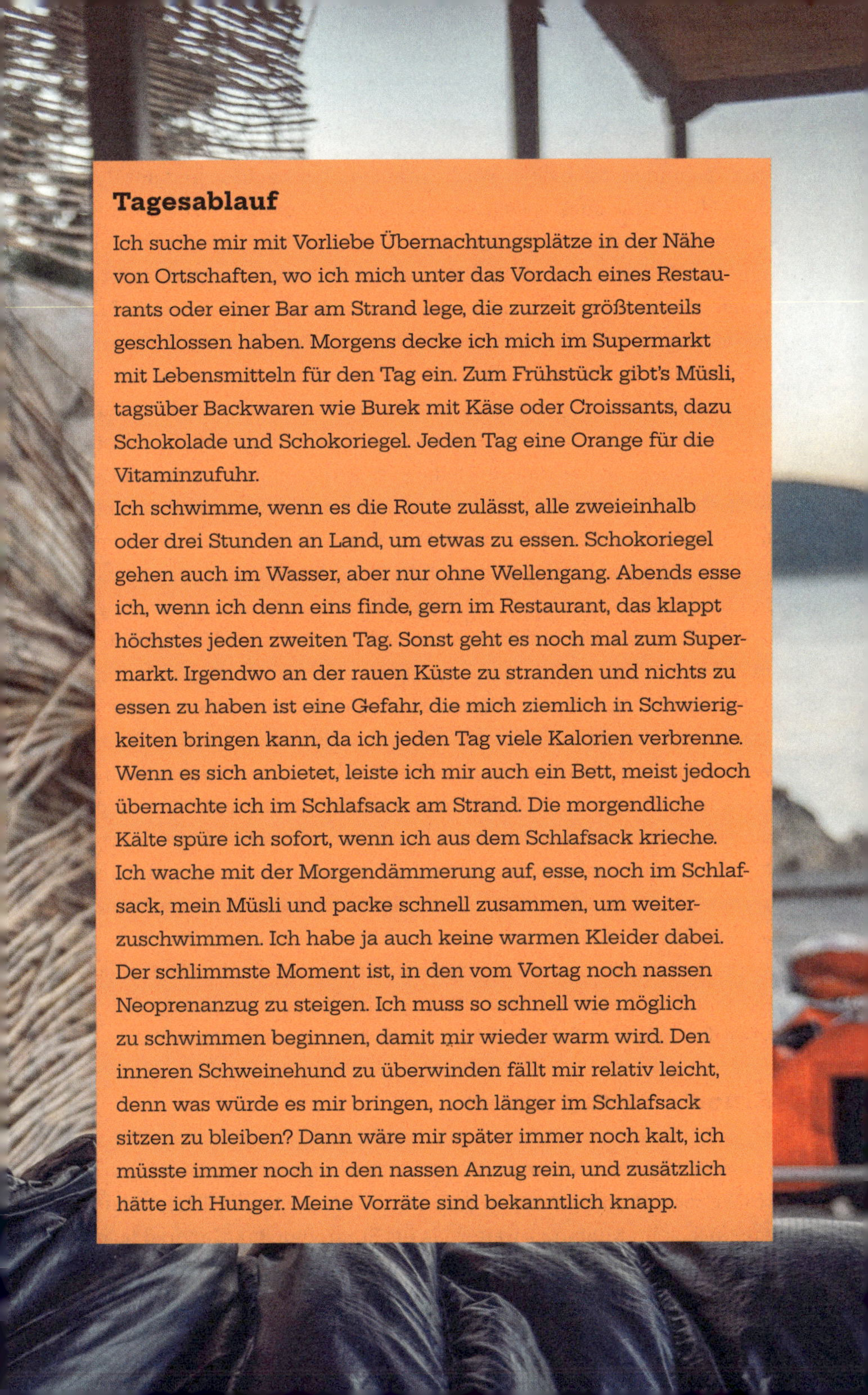

Tagesablauf

Ich suche mir mit Vorliebe Übernachtungsplätze in der Nähe von Ortschaften, wo ich mich unter das Vordach eines Restaurants oder einer Bar am Strand lege, die zurzeit größtenteils geschlossen haben. Morgens decke ich mich im Supermarkt mit Lebensmitteln für den Tag ein. Zum Frühstück gibt's Müsli, tagsüber Backwaren wie Burek mit Käse oder Croissants, dazu Schokolade und Schokoriegel. Jeden Tag eine Orange für die Vitaminzufuhr.

Ich schwimme, wenn es die Route zulässt, alle zweieinhalb oder drei Stunden an Land, um etwas zu essen. Schokoriegel gehen auch im Wasser, aber nur ohne Wellengang. Abends esse ich, wenn ich denn eins finde, gern im Restaurant, das klappt höchstes jeden zweiten Tag. Sonst geht es noch mal zum Supermarkt. Irgendwo an der rauen Küste zu stranden und nichts zu essen zu haben ist eine Gefahr, die mich ziemlich in Schwierigkeiten bringen kann, da ich jeden Tag viele Kalorien verbrenne. Wenn es sich anbietet, leiste ich mir auch ein Bett, meist jedoch übernachte ich im Schlafsack am Strand. Die morgendliche Kälte spüre ich sofort, wenn ich aus dem Schlafsack krieche. Ich wache mit der Morgendämmerung auf, esse, noch im Schlafsack, mein Müsli und packe schnell zusammen, um weiterzuschwimmen. Ich habe ja auch keine warmen Kleider dabei. Der schlimmste Moment ist, in den vom Vortag noch nassen Neoprenanzug zu steigen. Ich muss so schnell wie möglich zu schwimmen beginnen, damit mir wieder warm wird. Den inneren Schweinehund zu überwinden fällt mir relativ leicht, denn was würde es mir bringen, noch länger im Schlafsack sitzen zu bleiben? Dann wäre mir später immer noch kalt, ich müsste immer noch in den nassen Anzug rein, und zusätzlich hätte ich Hunger. Meine Vorräte sind bekanntlich knapp.

mer zu gönnen. Nach einer Woche draußen übernachten und unzähligen Litern geschluckten Salzwassers leiste ich mir diesen Luxus ohne einen Funken schlechten Gewissens. Ich vertrete mir die Füße und schaue mir die wunderschöne Altstadt an. Zadar hat mehrere Yachthäfen und einen großen Industriehafen, dazu kommt der Fährverkehr. Ich habe enormen Respekt vor den Schiffen. Besonders die Hafeneinfahrten sind extrem gefährlich für einen Schwimmer.

Viele meinen ja, Feuerquallen und Haie seien eine Gefahr für Schwimmer im Meer, tatsächlich ist das Risiko sehr gering. Ja, selbst im Mittelmeer gibt es Haie, doch die paar Attacken, von denen man – weltweit! – hier und da hört, werden von den Medien aufgebauscht (oder liefern Stoff für Kinofilme). Von einem Boot einfach über den Haufen gefahren zu werden, das ist die viel größere Gefahr, erst recht in Küstennähe.

An den Yachthäfen komme ich am nächsten Tag irgendwie schwimmend vorbei (dem Saisonende sei Dank), aber beim Industriehafen kapituliere ich, klettere an Land und laufe lieber außen herum. Durchs Wasser wäre es eine Schwimmstrecke von vielleicht zehn Minuten gewesen und das reinste Russische Roulette. Von diesen großen Schiffen aus sieht man einen Schwimmer im Meer überhaupt nicht, und sie sind viel zu schnell, als dass ich ihnen ausweichen könnte. Ich könnte zudem Ärger mit der Polizei bekommen, denn es ist natürlich verboten, dort zu schwimmen – vom öligen, verdreckten Wasser ganz abgesehen.

Der Fußmarsch durch das ganze Industriegebiet mit dem Floß über der Schulter kostet mich zwei Stunden. Ich hoffe, dass dies der letzte große Hafen ist, bei dem ich aus dem Wasser muss.

Erneute Zwangspause

Langsam finde ich meinen Rhythmus, doch es ist schon wieder schlechtes Wetter vorhergesagt mit viel Wind und Blitz und Donner. Ich schwimme noch zehn Kilometer weiter bis ins Städtchen Sukošan und lege dort wieder einen Ruhetag ein. Die erste Nacht verbringe ich in einem kleinen Park. Es regnet die ganze Nacht. So wird das nichts mit der Erholung, deshalb nehme ich mir am 14. Tag ein kleines Apartment. Draußen ist das Wetter scheußlich, drinnen ruhe ich mich aus, versorge meine abklingenden Wunden und esse mal wieder eine warme Mahlzeit. Mein Magen kann sich so viel Zuneigung gar nicht erklären, aber er nimmt sie mit Genugtuung an.

Am nächsten Morgen gehe ich bei leichtem Rückenwind ins Wasser. In zwei Tagen möchte ich in Biograd sein. Ich habe dort eine Einladung bei Freunden, die ich letztes Jahr auf einer Radtour durch Kroatien kennengelernt habe. Die Bedingungen sind nicht schlecht, ich gebe gut Gas und finde abends auch einen hübschen Schlafplatz unter einer Kiefer. Gut gelaunt hüpfe ich am nächsten Morgen wieder ins Wasser. Der Himmel ist blau, und doch weht ein Wind beständig von der Landseite her.

Schreckmoment

Kurz vor Biograd spüre ich eine ablandige Strömung und stelle erschrocken fest, dass ich immer mehr vom Land wegtreibe. Ich komme kaum gegen diese Strömung an. Fünf Kilometer vor der Küste wäre für den Notfall noch die Insel Pašman, doch da möchte ich auf keinen Fall hin. Nach zehn Minuten volle Kraft voraus schaffe ich es mit Mühe und Not, aus der Strömung rauszukommen und halte mich für den Rest des Tages ganz dicht am Ufer.

»Und wenn dich die Bora aufs offene Meer hinaustreibt«, hatte mich kurz vor dem Start – halb im Ernst, halb im Spaß – in München ein Bekannter gefragt, »was machst du dann?« – »Dann lege ich mich quer über mein Floß und lasse mich bis zur nächsten Insel treiben – oder, wenn es hart auf hart kommt, über die ganze Adria bis nach Italien«, hatte ich geantwortet. So leichthin mit einem Lächeln. Die Wirklichkeit jetzt ist nicht ganz so geil. Wenn man in der Situation drinsteckt, wird einem schon ziemlich anders.

Doch es geht gut aus, ich komme glücklich in Biograd an und werde mit Barbecue und Kuchen sehr herzlich von meinen Freunden Maria und Milan aufgenommen. Der Duft vom Grill hängt mir noch tagelang wie ein süßer Traum nach, besonders wenn ich mal wieder den ganzen Tag von Müsli leben muss.

Es folgen zwei schwere Tage mit Gegenwind, an denen ich nur wenige Kilometer schaffe. Wenigstens ist die Infrastruktur gut. Es kommen immer wieder Ortschaften, in denen ich mich versorgen kann, und abends schwimme ich in eine Bucht, in der ich einen geschlossenen Campingplatz finde. Ich lege mich mit dem Schlafsack in einen verlassenen Pavillon mit herrlichem Blick aufs Meer und fühle mich bei Meeresrauschen wie in einem Fünf-Sterne-Hotel. Das ist es wieder, dieses Glücksgefühl.

Jetzt ändert sich auch das Wetter, es wird schön! Die nächsten Tage erwarten mich beste Bedingungen. Es wird wärmer, 18 Grad, und der Wind weht konstant aus Nord – Rückenwind! Ich komme sehr gut voran, muss jetzt allerdings von Insel zu Insel einige längere Querungen von mehreren Kilometern bewältigen. Dabei ist es schwierig, die Orientierung zu halten, weil hinter jeder Insel wieder eine weitere Insel liegt und die Orientierungspunkte schwer auszumachen sind. Mein Blickpunkt liegt gerade mal zehn Zentimeter über der Wasseroberfläche. Ich navigiere mit der App, kann aber das Handy nur benutzen, wenn ich an Land bin. Deshalb suche ich mir von Land aus jeweils eine Landzunge, auf die ich zuschwimme. Trotzdem verliere ich mehrmals die Orientierung.

Besuch auf der Yacht

Ich passiere den schmalen Kanal im Städtchen Tisno, der das Festland von der Insel Murter trennt. Ich habe es jetzt eilig, denn am kommenden Abend bin ich mit meinem Vater und Markus Weinberg verabredet, die mit einem Segelboot in einer Bucht auf der Insel Zlarin vor Anker liegen wollen. Davor habe noch eine fünf Kilometer breite

Querung nach Zlarin zu bewältigen, in der ich den Fährverkehr fürchten muss, der von der Stadt Šibenik kommt. Solange die See glatt ist, bin ich mit meinem Floß mit Fahne ganz gut sichtbar, doch nachmittags kommt Wind auf, und dann habe ich zwischen den Wellen selbst Mühe, die Schiffe zu sehen.

Als ich auf Zlarin an Land krieche, dämmert es bereits. Ich nehme einen Pfad über eine hügelige Landzunge und kämpfe mich in der Dunkelheit durchs Dickicht zu der Bucht, in der schon das Segelboot vor Anker liegt. Ein wunderbarer Anblick. Man kann sich heute ja fast überall auf der Welt per GPS zuverlässig treffen, aber dass das Schiff tatsächlich dort liegt, wo ich es erwartet habe, erscheint mir unwirklich. Die Begrüßung ist herzlich, und ich verbringe die Nacht an Bord. Am Morgen laufe ich samt meinem Floß den Landweg zurück zum Ausgangspunkt, um mich erneut ins Wasser zu lassen. Es ist ein herrlicher Tag mit strahlend blauem Himmel, Traumbedingungen. Markus und mein Vater begleiten mich ein Stück, um vom Boot aus Videoaufnahmen für den Dokumentarfilm zu machen. Ich fühle mich rundum gut.

Die Bedingungen könnten jetzt besser nicht sein. Es herrscht herrlichstes Wetter, das Meer liegt still da wie eine Badewanne. Euphorie erfüllt mich. Was kann es Besseres geben, als genau hier und jetzt zu schwimmen? Dann jedoch folgt eine weitere Sechs-Kilometer-Querung, von Zlarin hinüber zu einer kleinen Insel nahe am Festland. Es ist immer noch kein gutes Gefühl, so weit vom Ufer weg zu sein, denn in dieser Gegend kann ich nie sicher sein, ob nicht plötzlich Wind aufkommt oder ich in eine Strömung gerate. Hier gäbe es im Ernstfall noch nicht mal vorgelagerte Inseln, die mich »auffangen« könnten. Zumindest sind zu dieser Jahreszeit nur wenige Schiffe unterwegs.

Jedenfalls komme ich gut rüber und ruhe mich kurz auf den Felsen aus. Ich muss zusehen, dass ich den Rest der Strecke zum Festland noch schaffe, denn nachmittags frischt der Wind stark auf und beschert mir richtig fiese Wellen. Ich zwinge meine müden Arme hindurch und erreiche abends das Städtchen Primošten, wo ich wieder

auf meinen Vater und Markus treffe, die in der Zwischenzeit völlig entspannt hierhergesegelt sind. Ein gutes Essen und eine weiche, warme Koje sind mir für diese Nacht sicher. Ich schlafe mit dem zutiefst befriedigenden Gefühl ein, heute zwölf Kilometer geschafft und damit das erste Drittel der Schwimmstrecke hinter mich gebracht zu haben.

Beste Bedingungen

Die nächsten Tage verwöhnen mich mit gutem Wetter, freundlicher Begleitung und viel Ablenkung. Mein Vater, Markus und drei weitere Gäste begleiten mich die ganze Woche per Segelyacht oder Dingi und machen Aufnahmen für den Dokumentarfilm über meine Reise. Hin und wieder lasse ich mich abends zum Essen oder Schlafen einladen. Wenn ich das Wasser verlasse, steige ich stets genau an derselben Stelle wieder hinein.

Anstrengend sind die Tage trotzdem. Die Küste hier besteht vor allem aus tief eingeschnittenen Buchten, was teils mehrere Kilometer lange Querungen von Landzunge zu Landzunge erfordert. Glücklicherweise sind die Bedingungen insgesamt sehr gut – es ist 18–22 Grad warm, die Sonne scheint, und nachmittags kommt ein Föhnwind auf, was leichten Rückenwind und nur wenig Seegang bedeutet.

Ich komme mit dem Schwimmen im offenen Wasser inzwischen besser zurecht als noch am Anfang. Nur die Quallen, die mir manchmal ins Gesicht schwimmen, sorgen für wirklich unliebsame Begegnungen. Mein Vollbart schützt mich ein wenig, doch die Berührungen an Stirn und Wange brennen heftig. Nun ja, Wunden habe ich schon genug, da kommt es darauf auch nicht mehr an.

Besonders erhebend ist es, abends die Sonnenuntergänge über der Adria zu erleben. Es ist wie eine Belohnung nach einem harten Tag. Man hat mit den Wellen gekämpft, Wasser geschluckt und trotz Neoprenanzug auch gefroren. Abends klettert man aus dem Wasser, zieht trockene Sachen an (ein Hoch auf mein wasserdichtes Floß!) und freut sich darauf, dass es gleich was zu essen gibt. Manchmal kann ich ein kleines Lagerfeuer machen, manchmal wärme ich mich im Schlafsack auf. Und dann geht über dem stahlblauen Meer die Sonne unter. Gänsehaut. Jede Faser meines Körpers genießt diese Momente.

Abschied in Trogir

Ich nähere mich Split, dem nächsten Meilenstein. Die eigentlich geplante Route, die außen an der Insel Čiovo vorbeiführen sollte, ändere ich nochmals spontan. An der Engstelle zwischen dem Festland und der Insel liegt Trogir, von dessen Hafen ein reger Schiffsverkehr ausgeht. Ich weiche lieber näher an die Küste aus, auch wenn die Route länger ist und direkt durch den Hafen führt. Die Schiffe haben hier noch nicht volle Fahrt aufgenommen, außerdem könnte ich notfalls an Land gehen. Hier verabschiede ich mich von der Crew der Segelyacht und werde jetzt bis Dubrovnik wieder allein sein.

Heute zaubere ich zwischen zwei Armzügen ein Lächeln auf meine Lippen. Es gibt etwas zu feiern: Ich habe nach 200 Kilometern den bisherigen Rekord des Briten Sean Conway für die längste Swimpacking-Strecke geknackt, die er 2016 entlang der britischen Küste aufgestellt hatte. Ich bin nicht in erster Linie hier, um Rekorde zu brechen. Das ergibt sich gewissermaßen nebenbei, wenn ich alles so durchziehen kann wie geplant. Dennoch erfüllt mich diese Überlegung mit Freude: Wird es mir gelingen, Marken aufzustellen, die für lange Zeit als Rekorde bestehen können? Das wird sich später zeigen. Im Moment habe ich noch nicht mal die Hälfte meiner Schwimmstrecke hinter mir.

Meine Wunden, die ich mir in den ersten beiden Schwimmwochen zugezogen hatte, sind mittlerweile auf ein tolerierbares Niveau verheilt. Dafür haben sich mein Mund und Rachen durch das viele Salzwasser entzündet. Ich kann nichts Scharfes mehr essen. Der erste Neoprenanzug ist komplett aufgerissen und muss ersetzt werden. Mein Sponsor kümmert sich darum und schickt mir einen neuen.

Halbzeit

Der Tag in Trogir beginnt mit strömendem Regen. Ich gehe trotzdem ins Wasser, doch als nach vier Kilometern die Wellen höher werden, ist an Vorwärtskommen nicht mehr zu denken. Ich schleppe mich zurück ans Ufer und verbringe den Rest des Tages in einer Bar. Zeit für Social-Media-Arbeit.

Am nächsten Tag hat sich das Wetter zum Glück beruhigt. Ich muss jetzt Gas geben, um nach Split zu kommen. Ich schwimme zunächst entlang der Nordküste von Čiovo und habe als nächstes eine zwei Kilometer lange Querung mit viel Bootsverkehr vor mir, hinüber auf die Halbinsel, auf der Split liegt. Das Wetter ist gut, und ich bin froh, dass das Wasser ruhig ist, sodass man mich gut erkennen kann. Ich komme gut rüber, habe mich allerdings mit der Zeit etwas verschätzt.

Es wird jetzt schon sehr früh dunkel, und ich schaffe es nicht mehr ganz bis in die Stadt, sondern muss mir vorher noch an der Spitze der Halbinsel einen Schlafplatz suchen. Hotel Felsennische, na, das kenne ich ja schon. Am Morgen schwimme ich den letzten Kilometer bis in den Hafen von Split, muss dann aber aus dem Wasser. Der Wind ist wieder so stark, dass es keinen Sinn macht, dagegen anzuschwimmen.

Der einzige Tourist im Ort

So nehme ich mir gleich für zwei Nächte ein schönes Hotelzimmer in Split, das ich – Glück im Corona-Unglück – jetzt schon für 10–15 Euro die Nacht bekomme. Ich schaue mir die wunderschöne Altstadt an, in der ich zurzeit wahrscheinlich der einzige Tourist bin. Meinem Körper tut die Unterbrechung merklich gut; die Wunden heilen weiter ab. In Split bin ich kurz vor der Halbzeitmarke meiner Schwimmstrecke, und gefühlt habe ich sie schon erreicht.

Am 28. Oktober, als das Wetter es zulässt, springe ich wieder ins Wasser und schaffe gleich 14 Kilometer entlang der Küste. Abends habe ich allerdings Probleme mit der Schulter. Hat wahrscheinlich auch damit zu tun, dass ich durch den Ruhetag aus dem Rhythmus gekommen bin. Ich bin jetzt im wahrscheinlich einfachsten Teilabschnitt der Schwimmstrecke. Von Split aus geht es 70 Kilometer südwärts, immer dicht entlang der Küste, die hier kaum Buchten hat und durch die vorgelagerten Inseln Brač und Hvar zum offenen Meer abgeschirmt ist. Ruhiges Wasser, kein Wind, 20 Grad und Sonne. Alle paar Kilometer kommt eine Ortschaft mit Gelegenheiten zum Essen – perfekte Bedingungen. Meist übernachte ich am Rand von kleinen Dörern, wo ich leer stehende Strandhütten, Bars oder Restaurants finde, unter deren Vordächer ich mich legen kann. Für mich sind das ideale Schlafplätze.

Social-Media-Arbeit von unterwegs

Dass möglichst viele Leute meine Reisen mitverfolgen, liegt mir sehr am Herzen, deshalb versuche ich auch möglichst täglich, meine Follower auf Instagram, Facebook und Komoot Collections auf dem Laufenden zu halten. Dazu kommen von Zeit zu Zeit Videos auf meinen YouTube-Kanal, und auf meiner Website jonasdeichmann.com wird mein aktueller Aufenthaltsort live getrackt. Ich verwende praktisch jeden Abend, nachdem ich mich an meinem Schlafplatz eingerichtet und etwas gegessen habe, eine halbe bis ganze Stunde darauf, von meinem Handy aus Berichte und Bilder, manchmal auch Videos zu posten, und beantworte auch Kommentare meiner Follower. Alle paar Wochen, wenn abzusehen ist, dass ich viel Zeit habe, mache ich eine Q&A-Fragestunde. Da kommen immer sehr viele Fragen, die ich alle gar nicht beantworten kann. Fünf Stunden gehen da locker drauf, und dann habe ich von 250 Fragen vielleicht 50 geschafft. Angenehmer Nebeneffekt ist, dass ich dadurch viele nützliche Tipps und regelmäßig Einladungen bekomme, die ich gerne annehme, wenn sie auf meinem Weg liegen.

Mittlerweile habe ich mit 230 geschwommenen Kilometern die tatsächliche Halbzeitmarke geschafft. Es wird Zeit, die Schwimmstrecke zu Ende zu bringen. Das Wasser, das anfänglich noch »Badewannentemperatur« von 22 Grad hatte, wird schon deutlich kälter, und ich möchte im Dezember nicht mehr im Wasser sein. Nicht nur der klammen Finger und Füße wegen. Auch die Gefahr von plötzlichen Stürmen wächst.

Einladungen

Weiter entlang der Küste bekomme ich eine Einladung zu Barbecue und Übernachtung von einem Follower über Instagram, die ich gerne annehme – nicht nur, weil ich wieder etwas Leckeres zu essen bekomme, es ist auch eine willkommene Abwechslung. In der Lokalpresse sind mittlerweile zwei Artikel über mich erschienen, die dazu führen, dass mir immer wieder Leute vom Ufer aus zuwinken. Einmal kommt sogar ein Kajakfahrer vorbei, der mich gesucht hat.

Überhaupt mache ich nur positive Erfahrungen mit den Leuten hier. Alle sind ausgesprochen freundlich, und auch die Kommunikation klappt problemlos. Viele Menschen sprechen Deutsch – manche gebrochen, manche fließend –, schließlich ist man als Urlaubsland auf Deutsche und Österreicher eingestellt. Und natürlich sind sie neugierig. Wer zieht denn beim Schwimmen einen roten Sack hinter sich her? »Wo geht's denn hin?«, werde ich immer wieder gefragt. »Ich schwimme nach Dubrovnik.« Verdutztes Schweigen. Manchmal auch betretenes. Sie sind sich nicht ganz sicher, ob ich einen Scherz gemacht oder den Verstand verloren habe, bieten mir aber Mandarinen an oder Trinkwasser und machen auf jeden Fall ein Foto. Glaubt ja sonst keiner.

Ich passiere die letzte größere Stadt vor Dubrovnik, Makarska, am 1. November. Hier gibt es wieder eine 200 Meter breite, viel befahrene Hafeneinfahrt, die ich im Sprint durchpflüge. Wieder mit dem Leben davongekommen. Die Landschaft ist traumhaft. Glasklares Wasser und Strände, die zum Übernachten einladen, dahinter eine hohe Steilküste. Auf der anderen Seite sind die Inseln zu sehen. Im Abstand von circa 50 Metern schwimmt eine Gruppe von sicher zehn Delfinen an mir vorbei. Wenn das Haie gewesen wären, hätte ich weniger breit gegrinst.

Die letzten fünf Tage war ich jeweils sechs bis sieben Stunden im Wasser und habe immer jeweils über zehn Kilometer geschafft. Die Folge ist, dass die bereits halbwegs verheilten Scheuerstellen und Verletzungen wieder offen sind. Ich habe allerdings auch keine Wahl. Die Wetterbedingungen sind so perfekt, dass ich die Situation unbedingt nutzen muss, um so weit wie möglich voranzukommen. Es bleiben noch 170 Kilometer, das ist ja fast schon der Schlusssprint.

Der Wind bestimmt den Rhythmus

Von Makarska aus geht es weiter Richtung Süden, dicht entlang der Küste. Nach wie vor sehe ich immer wieder Leute am Ufer, die mir zuwinken. Gegen Abend erreiche ich das kleine Städtchen Igrane und werde dort vom einem Facebook-Follower namens Emil empfangen, der mich in sein Restaurant einlädt und mir seine leer stehende Ferienwohnung für die Nacht zur Verfügung stellt. Ich glaube, man sieht mir an, wie dankbar ich bin. Auch das Wetter ist weiter auf meiner Seite: sonnig, 18 Grad und nur sehr wenig Wind. Typisch für die kroatische Küste ist, dass es morgens normalerweise windstill ist und gegen Nachmittag der Wind auffrischt. In dieser Gegend aber gibt es ein Wetterphänomen: Hier ist es genau umgekehrt und ich kann jeweils erst etwas später starten.

Hinüber nach Hvar

Zwischen Makarska und Dubrovnik schiebt sich die lang gestreckte Halbinsel Pelješac von Südosten nach Nordwesten weit in die Adria hinaus. Davor und dahinter liegen mehrere große Inseln vor der Küste.

Um diese Halbinsel muss ich herum. Mein Plan ist es, an der schmalsten, etwa fünf Kilometer breiten Stelle zur Insel Hvar zu queren und an deren Südseite entlangzuschwimmen, bis ich die Höhe der Nordspitze der Halbinsel Pelješac erreiche. Dorthin geht es acht Kilometer über offenes Wasser – eine ernste Herausforderung. Würde ich stattdessen der Festlandküste weiter Richtung Süden folgen, müsste ich die Halbinsel irgendwo zu Fuß überqueren. Das möchte ich vermeiden.

Der Auftakt ist ermutigend. Ein paar Kilometer südlich von Igrane kreuze ich rüber zur Spitze der Insel Hvar. Die fünf Kilometer Querung sind mit leichtem Rückenwind kein Problem. Mittlerweile habe ich mich an diese längeren Strecken über offenes Meer gewöhnt. Was gut und schlecht zugleich ist, denn gefährlich bleiben sie natürlich trotzdem.

Hier verläuft alles glatt. Bis zum Abend erreiche ich sicher den Leuchtturm an der Ostspitze von Hvar und schwimme noch weiter bis zur Ortschaft Sućuraj, wo ich mir mal wieder einen Besuch im Restaurant gönne. Der Bürgermeister des Dorfes ist ebenfalls einer meiner Facebook-Follower, stelle ich fest. Wie klein die Welt ist. Er besucht mich im Lokal, um mir noch einige Informationen mitzugeben. Ich kann im Hafen übernachten und mache mich am nächsten Tag auf in Richtung meines Ausgangspunktes für die geplante Querung zur Halbinsel Pelješac.

Gestrüpp

15 Kilometer Wasser liegen zwischen mir und diesem Ausgangspunkt. Ich teile die Strecke für zwei Tage ein, um für die schwierige Querung ausgeruht zu sein. Unterwegs gibt es allerdings keine Einkaufsmöglichkeit mehr. Um mich nicht mit Verpflegung für die ganze Zeit zu belasten – ich müsste dafür den zusätzlichen Dry-Bag hinter mir herziehen, der mich beim Schwimmen sehr aufhält –, habe ich die grandiose Idee, am Abend des ersten Tages einfach wieder zu-

rück nach Sućuraj zu laufen, um dort zu essen und noch einmal zu übernachten. Es sind nur sechs Kilometer, ein Spaziergang, denke ich.

Tja, dumm gelaufen, im wahrsten Sinne des Wortes. Dieser Teil der Insel ist mit so dichtem, stacheligem Gestrüpp bewachsen, dass ich drei Stunden bis in den Ort brauche. Feste Schuhe wären hier ein Traum, erst recht angesichts meiner wunden Füße … Beim Rückweg am nächsten Morgen schwimme ich die letzten zwei Kilometer lieber, als mich noch mal durch diesen Dornendschungel zu kämpfen. Ja, man lernt die kleinen Dinge zu schätzen.

Am Abend des 5. November erreiche ich die Bucht Smokvina, meinen Ausgangspunkt für die Querung. Die Bucht ist traumhaft schön. Es gibt ein paar leer stehende Sommerhäuser, sonst nur wilde Küstenlandschaft. Abends kommt ein Fischer vorbei, der mich auf der Veranda seines Hauses übernachten lässt und mich mit Informationen zum Wetter für den morgigen Tag versorgt.

Ich weiß, dass die acht Kilometer lange Querung, für die ich fünf bis sechs Stunden kalkuliere, einige Gefahren birgt. Es darf währenddessen kein Wind aufkommen, sonst könnte ich unkalkulierbar abgetrieben werden. Ich telefoniere mit meinem Vater und verabrede ein Zeitfenster, in dem ich drüben angekommen sein muss. Wenn ich mich nicht melde, wird er versuchen, von der Schweiz aus die Seenotrettung zu alarmieren.

Die Strömung ist zu stark

Der Morgen beginnt windig. Ich muss warten. Die Sonne geht immer früher unter und mein tägliches Zeitfenster verengt sich zusehends. Das mit den Jahreszeiten und Umlaufbahnen hätte das Universum auch besser lösen können. Als ich endlich losschwimmen kann, komme ich schon in Ufernähe in eine starke Ost-West-Strömung, die mich in Richtung offenes Meer zieht. Die Strömungen zwischen den Inseln können bis zu fünf Knoten stark sein, also neun Kilometer pro Stunde. Das ist eine unangenehme Überraschung, doch ich schwimme weiter mit der Hoffnung, dass die Strömung weiter draußen nachlässt. Nach einem, höchstens zwei Kilometern muss ich einsehen, dass ich dagegen keine Chance habe.

Umkehren gehört nicht zu meinen liebsten Beschäftigungen, hier habe ich keine andere Wahl. Ich schwimme zurück. Wieder ans Ufer zu kommen ist mühsam genug. Am Nachmittag stehe ich wieder in der Bucht, von der aus ich gestartet bin. Ich habe natürlich auch keine Verpflegung mehr, es war ja alles knapp durchkalkuliert. Ich muss zurück nach Sućuraj. Zumindest führt von hier ein richtiger Weg hinauf zur nächsten Straße, es bleibt mir also erspart, mich noch einmal durch die Macchia zu schlagen. Und immerhin habe ich einmal an diesem Tag Glück: Ein Freund des Bürgermeisters liest mich an der Straße auf und bringt mich mit dem Auto in den Ort.

Wieder in Sućuraj

In Sućuraj weiß mittlerweile das ganze Dorf über mich Bescheid. Ich werde zum Essen eingeladen, ein Fischer lässt mich auf seinem sanft schaukelnden Ausflugsboot im Hafen übernachten. Abends kommen einige Einheimische vorbei, die mir zeigen, wo die Strömungen verlaufen, und mich auch vor plötzlich auftretenden Winden warnen. Nicht weniger Warnungen bekomme ich auf Facebook. Die Strömungen sind stark und teilweise unberechenbar, außerdem müsste ich mich auf der Südseite von Pelješac, so ich es denn hinüberschaffe, auf eine schroffe Küste und eine lange Strecke ohne Versorgungsmöglichkeit einstellen.

Was tun? Ich grüble an einem Plan B herum. Anstatt an der schmalsten Stelle zu queren, könnte ich weiter östlich starten und mich ein Stück weit von der Strömung mittragen lassen. So käme ich vielleicht schräg durch. Die Südseite von Hvar verläuft über 15 Kilometer ungefähr parallel zur Nordküste von Pelješac, und wenn alles gut geht … Doch, das könnte vielleicht klappen.

Ich rufe meinen Vater an, mit dem ich solche Dinge am besten besprechen kann. Er ist die Stimme der Vernunft und muss auch heute nicht lang überlegen. »Bist du lebensmüde? Das ist eine völlig vage Schätzung, die du da vornimmst, und wenn du dich verschätzt, landest du draußen in der offenen Adria. Dann schwimmst du in Richtung Italien.«

Er hat recht. Ich muss den anderen Weg einschlagen, zum Festland zurückschwimmen und den Pelješac später zu Fuß überqueren. Hier wird mir wieder schmerzhaft bewusst, wie sehr ich beim Schwimmen den äußeren Bedingungen ausgeliefert bin. Anders als beim Radfahren oder Laufen kann ich nicht einfach anhalten und mich auf einen Baumstumpf setzen, wenn es nicht weitergeht. Wenn ich im offenen Wasser, Hunderte Meter von der Küste entfernt, aufhöre zu schwimmen, habe ich ein Problem. Und so sehr mich Probleme und ihre Lösungen beflügeln und motivieren können – dieses gehört nicht dazu.

Gruß von der Fähre

Es geht also zurück aufs Festland. Start ist am Leuchtturm an der Inselspitze, und es kommen sogar einige Dorfbewohner, um mich zu verabschieden. Ich nehme Kurs auf die Ortschaft Drvenik – wieder eine Querung von fünf Kilometern, aber unter guten Voraussetzungen. Zwischen Drvenik und Sućuraj verkehrt zwar eine Fähre, die mir gefährlich werden könnte, doch der Kapitän wurde von den Dorfbewohnern informiert, dass ich auf seiner Strecke unterwegs bin. Die Fähre kommt dann auch und grüßt mich mit dem Schiffshorn.

Von Drvenik schwimme ich noch ein paar Kilometer weiter Richtung Süden und übernachte an einem Strand. Jetzt komme ich wieder gut voran, und auch das Wetter ist auf meiner Seite. Um mich der hier vorhandenen Infrastruktur anzupassen, halte ich meine Tagesetappen eher kurz, immer nur sieben bis acht Kilometer. Perfekt klappt das allerdings auch nicht immer: Als ich das Städtchen Gradac erreiche, hat außer einem Supermarkt nichts geöffnet, kein Imbiss, kein Restaurant. Gibt also wieder nur Müsli zum Abendessen und Frühstück.

Die Alternativroute

Ich will mich jetzt weiter an der Küste halten und an einem geeigneten Punkt rüber zur Halbinsel Pelješac kreuzen. Dabei muss ich aufpassen, dass ich nicht in bosnisches Gebiet schwimme, denn die kroatische Adriaküste ist an einer Stelle unterbrochen: Zwischen Ploče und Dubrovnik gehört ein fünf Kilometer langer Streifen um den Ort Neum zu Bosnien-Herzegowina. Den muss ich meiden, denn es handelt sich um eine EU-Außengrenze, und einen Grenzübergang für Schwimmer gibt es meines Wissens nicht. (Den gibt es wahrscheinlich nirgendwo. Es gibt ja auch noch keine wasserfesten Pässe.) Ich kann auch nicht an der schmalsten Stelle kreuzen, weil dort gerade eine große Brücke gebaut wird, sondern muss schon eher an einer etwas breiteren Stelle hinüber. Noch zwei Wochen bis Dubrovnik!

Große Schiffe und kaltes Wasser

Die nächste Herausforderung ist der große Industriehafen der Stadt Ploče, den ich am 9. November nachmittags erreiche. Ich überlege kurz, die Bucht vor der Stadt noch am Abend zu durchschwimmen, entscheide mich allerdings dagegen. Hier sind große Frachtschiffe unterwegs, die mich ganz bestimmt übersehen würden, außerdem gibt es wieder starke Strömungen. Also gehe ich an Land und steige auf eine Anhöhe, um mir einen Überblick über den Hafen und die Gesamtsituation zu verschaffen. Die See ist unruhig, die Schiffe ziehen kreuz und quer ihre Bahnen. Nein, diese Querung hebe ich mir für morgen auf. Lieber nutze ich die Gelegenheit und laufe in den Ort, um mir ein Restaurant zu suchen. Warmes Essen, das wird mir jetzt guttun.

Ploče liegt am Ende einer engen, tiefen Bucht, was für mich drei Kilometer Fußmarsch bedeutet. Irgendwann ist mir ein Stacheldraht im Weg. Kein Hindernis für mich, ich krieche einfach drunter durch und marschiere munter voran. Ein Stück weiter kommt wieder ein Stacheldrahtzaun, und der ist mit eindeutigen Schildern bestückt: Ich habe soeben militärisches Sperrgebiet durchquert. Schnelle Blicke nach links und rechts – okay, anscheinend hat mich niemand gesehen. Für den Rückweg kann ich hier nicht mehr lang, das ist klar. Das Problem muss ich später lösen, jetzt habe ich erst mal Hunger.

Ploče ist eine Industriestadt, die vom Hafen lebt, noch im jugoslawischen Architekturstil. Ich finde eine Pizzeria, in der überraschend wohlschmeckende, saftige Riesenpizzen aus dem Ofen gezogen werden, und damit ist der wichtigste Tagesordnungspunkt für heute abgehakt. Für die Nacht lege ich mich an den Strand der Stadt und werde dort auch in Ruhe gelassen.

Um weiterzuschwimmen, muss ich am nächsten Morgen wieder zu dem Punkt zurück, an dem ich gestern aus dem Wasser gestiegen bin. Durch den Militärstützpunkt kann ich nicht mehr durch, und wie ich über Land außen rum käme, weiß ich nicht. Also rein ins dreckige Hafenbecken, in dem überwiegend chinesische und indische Frachter Kohle, Erdöl und Metallschrott aus-, ein- und umladen, und schwimmend zurück. Ein paar Soldaten beobachten mich von ihrem Militärgelände aus, betrachten mich allerdings offensichtlich nicht als Gefahr für die Sicherheit des Landes. Es ist unangenehm in diesem Dreckwasser, und ich brauche eineinhalb Stunden, bis ich wieder an mei-

nem Ausstiegspunkt angekommen bin. Jetzt muss ich noch die Bucht queren, was immerhin problemlos gelingt.

Direkt hinter Ploče beginnt das Delta der Neretva, die hier eiskalt ins nur knietiefe Meer fließt. Sogar im Neoprenanzug wird mir richtig kalt. Das Wasser ist teilweise so flach, dass meine Fingerspitzen den sandigen Untergrund streifen. Da, wo der Fluss einmündet, ist die Strömung ungeheuer stark. Ich brauche zwei Anläufe, um durchzukommen, und werde weit ins offene Wasser rausgetrieben. Inzwischen ist es schon ziemlich dunkel.

Schafskopf

Ich höre es im Wasser hinter mir tuckern. Ein Kutter kommt neben mich, und der Fischer ruft mir zu, wie viel Glück ich gehabt hätte, dass er mich nicht einfach übergemangelt hat. Im Dämmerlicht sei ich kaum noch zu sehen. Ich muss so schnell wie möglich ans Ufer und lande in der kleinen Ortschaft Blace, wo ich eine offene Bar finde. Sie hat eigentlich keine Küche, dafür hat der Besitzer, der mit Freunden am

Nebentisch beim Essen sitzt, ein großes Herz. Er macht mir ein ganz besonderes Geschenk: einen Schafskopf auf einem Teller. Sehr gewöhnungsbedürftige Kost. Da ich keine echte Alternative habe und auf keinen Fall undankbar oder unhöflich erscheinen will, kann ich nicht nein sagen und koste vorsichtig. Es schmeckt gar nicht mal schlecht. Auch sonst ist der Wirt supernett. Er lässt mich kostenlos in einer freien Ferienwohnung übernachten und telefoniert schon, um mir auch für den nächsten Tag eine Übernachtung drüben auf der Halbinsel Pelješac zu organisieren. Das war der Schafskopf allemal wert.

Eine letzte große Querung

Am nächsten Tag geht es also endlich hinüber zum Pelješac. Es sind fünf Kilometer über offenes Wasser, aber es geht nicht anders. Ich kann nicht an der Küste bleiben, denn dort käme ich wenige Kilometer später in bosnisches Hoheitsgebiet.

Die Querung hat es in sich. Es ist kalt, und ich habe wieder mit Strömungen zu kämpfen, doch immerhin herrscht hier kein nennenswerter Schiffsverkehr mehr – Ploče war der letzte größere Hafen. So komme ich wohlbehalten auf der anderen Seite in der Ortschaft Sreser an. Die versprochene Übernachtung klappt und erweist sich als komfortables Zimmer mit Blick aufs Meer und einem großen, flauschigen Bett.

Weiter geht es längs der Nordküste der Halbinsel. Als nächste Herausforderung wartet die Baustelle der Pelješac-Brücke auf mich, die hier von einer chinesischen Firma gebaut wird, um die Durchfahrt durch Bosnien-Herzegowina in die Enklave Dubrovnik zu umgehen. Aber zunächst muss ich schon nach sechs Kilometern beim Ort Brijesta aus dem Wasser, um an Verpflegung zu kommen. In den letzten Tagen zittere ich mich regelrecht durchs Wasser. Heute ganz besonders. In diese Bucht hier münden viele kalte Flüsse, doch der eigentliche Grund liegt woanders. Seit Tagen habe ich nicht gut gegessen und keine wärmenden Fettreserven mehr. Es dauert jedes Mal zwei Stunden, bis mir im Schlafsack wieder warm wird.

Die Pelješac-Brücke

Die nächste Etappe, auf der ich auch die Brückenbaustelle passieren muss, ist 13 Kilometer lang. So weit muss ich es unbedingt schaffen, weil es unterwegs keine Möglichkeit gibt, an der steilen, wilden Küste an Land zu gehen, geschweige denn einen Übernachtungsplatz zu finden. Deswegen schwimme ich so früh wie möglich los.

Langsam nähere ich mich der riesigen Baustelle. Hier sind viele große Schiffe im Wasser, und im Nu rast ein Motorboot heran, um mir klarzumachen, dass ich hier nicht durchschwimmen kann. Aus dem Wasser heraus zu diskutieren hat keinen Sinn, außerdem wäre es auch mir selbst zu gefährlich. Ich kann wohl nicht davon ausgehen, dass auf mich Rücksicht genommen wird.

Ich klettere an Land, um die Baustelle zu Fuß zu umgehen. Einmal um die abgesperrte Stelle herum und danach gleich wieder ins Wasser, so stelle ich mir das vor. Aber so leicht wird es mir nicht gemacht. Es ist nicht nur das eigentliche Baustellengelände mit einem großen Gitterzaun umgeben, hier steht auch eine ganze Wohnanlage aus Containerbaracken, in der die chinesischen Arbeiter leben. Der Zaun ist

sehr lang, und darum herum wuchert die dichte, stachlige kroatische Macchia, mit der ich schon ein paar Mal unliebsame Bekanntschaft gemacht habe. »Einfach rumlaufen« ist nicht.

Ein Gespenst am Zaun

Ich versuche, am Zaun auf mich aufmerksam zu machen. In meinem Neoprenanzug mit dem roten Floß über der Schulter würde ich überall auf der Welt so viel Aufmerksamkeit erregen wie ein eben gelandetes Marsmännchen samt fliegender Untertasse – hier jedoch tun die Leute so, als sei ich gar nicht da. So etwas habe ich noch nie erlebt. Sie sitzen hinter dem Zaun vor ihren Hütten, vielleicht zehn Meter von mir entfernt, und bemühen sich nach Kräften, durch mich hindurchzusehen. Ich kann mir vorstellen, dass sie nicht wissen, wie sie mit diesem als Schwimmer verkleideten Gespenst umgehen sollen. Auf keinen Fall wollen sie in Probleme verwickelt werden. Am besten gar nicht hinsehen, dann verschwindet das Gespenst sicher von selbst.

Aber sie haben nicht mit meiner Hartnäckigkeit gerechnet. Jetzt wegzugehen würde mich einen tagelangen Umweg kosten. Ich bleibe

einfach am Zaun stehen und lasse das Unbehagen, das meine Erscheinung hervorruft, weiter vordringen. Immer wieder versuche ich, einen anzusprechen, und nach einer Weile weicht das blanke Ignorieren immerhin unwirschen Gesten, dass ich verschwinden soll. Man kommt nicht mehr umhin, mich wahrzunehmen. Und ich gehe einfach nicht weg. Nach vielleicht einer guten halben Stunde sind sie mürbe. Ein Mann mittleren Alters kommt an den Zaun, wohl eine Art Vorarbeiter, der ein paar Brocken Englisch spricht.

»What you do here?«

»I'm swimming to Dubrovnik, and because I wasn't allowed to swim through the construction site, I have to pass here.«

»No, no, you go away.«

Er dreht sich auf dem Absatz um und geht wieder weg. Ich bleibe stehen. Nach einer Weile kommt er wieder.

»Why you still here? Go back!«

»I'm sorry, but I can't. I have to pass through.«

»No, it's impossible.«

»I only need to go to the other side, it's only a few minutes, and then I'm away.«

»No!«

»Yes!«

»No, no!«

»Yes, yes!«

Er sieht mich an, ich sehe ihn an. Er scheint zu kapieren, dass er mich so nicht loswird. Schließlich tritt er zwei Schritte zurück und macht eine resignierte Kopfbewegung, die ich als Einladung interpretiere. Ich werfe das Floß über den Zaun und klettere schnell hinterher. Er führt mich die 200 Meter quer über das Gelände und ich muss ihm mehrmals versprechen, auf keinen Fall wieder zurückzukommen. Das kann ich guten Gewissens zusagen. Auf der ganzen Baustelle sehe ich übrigens keinen einzigen europäisch aussehenden Menschen. Offensichtlich sind hier nur Chinesen beschäftigt, keine Kroaten.

Vom Ausgang führt ein schmaler Pfad hinunter ans Ufer, sodass ich keine 100 Meter hinter der Baustelle wieder ins Wasser komme. Das hat lange gedauert, war aber eigentlich ganz leicht.

Den Rest des Tages schwimme ich einfach nur Vollgas, um gerade noch vor Einbruch der Dunkelheit den Strand des Dorfes Duba Stonska zu erreichen, wo ich mein Nachtlager aufschlage. Bis hierhin musste ich kommen, sonst hätte ich ein gewaltiges Problem – ohne Essen und mit kaum noch Trinkwasser an einer unwirtlichen Steilküste, wo es keinen Platz gibt, um sich auch nur bequem hinzusetzen, von schlafen ganz zu schweigen. Giftschlangen soll es dort auch geben.

Noch ein Fußweg

Der Wasserarm, der den Pelješac vom Festland trennt, wird zusehends schmaler. Hier mischen sich Salz- und Süßwasser, was die Ansiedlung von großen Miesmuschel- und Austernfarmen gefördert hat. Bei Mali Ston erreiche ich die schmalste Stelle der Halbinsel, die ich nun zu Fuß überqueren muss.

Das ist die Konsequenz dessen, dass ich vor einer Woche bei der Querung von Hvar zum Pelješac gescheitert bin. Streng genommen muss man sagen: Ich kann nicht die gesamte Strecke ausschließlich schwimmend zurücklegen. Die Gesamtstrecke, die ich im Wasser absolviere, bleibt unverändert, denn die eineinhalb Kilometer über Land von Mali Ston ins Städtchen Ston verlaufen quer zu meiner Nordwest-Südost-Reiseroute. Ich steige also am Strand von Ston auf der gleichen Höhe wieder ins Wasser, auf der ich in Mali Ston herausgeklettert bin.

Zunächst nutze ich die gute Infrastruktur, denn darauf folgt wieder lange nichts. Ston ist ein Touristenort mit einer alten Römerfestung und vielen Restaurants. Ich decke mich mit Lebensmitteln für zwei Tage ein und gehe abends essen. Und einmal mehr erlebe ich die große Gastfreundschaft, die mir in Kroatien so oft begegnet ist. »Wo schläfst du denn?«, werde ich im Restaurant gefragt. »Am

Strand«, antworte ich. »Das kommt ja überhaupt nicht in Frage, ich habe eine Ferienwohnung, die steht sowieso leer.« So viel Freundlichkeit von Fremden berührt mich. Ich habe eigentlich kein Problem damit, am Strand zu übernachten, aber ein Bett ist immer willkommen. 400 Kilometer habe ich jetzt schon geschafft.

Im Sternerestaurant

Auf der anderen Seite der Halbinsel ist das Wasser wieder etwas wärmer, und ich habe mir zwölf Kilometer für den Tag vorgenommen. Die erste Hälfte der Strecke läuft gut. Mittags gehe ich an Land und leiste mir ein Essen in einem Luxusrestaurant: Das Gastro Mare Kobaš ist während der Saison ein beliebter Seglertreff, jetzt hat er nur am Wochenende geöffnet. Es ist Sonntag, ich habe also Glück, und auch Inhaber Toni Bjelančić, ein veritabler Sternekoch, und seine Assistentin Maja sind ganz begeistert, dass ich komme. Sonst ist hier ja nicht viel los. Ich vertilge einen vorzüglich gebratenen Riesenfisch mit frischem Gemüse, bestellte zweimal Kartoffeln nach und werde nach dem Essen auf einen Kaffee eingeladen.

Der Abstecher hat mich an die Südseite des Stonski-Kanals gebracht, und um auf die Festlandseite zu kommen, muss ich diese Bucht überqueren. Also noch einmal über offenes Wasser. Ich breche gut gestärkt auf, doch nach zwei Kilometern frischt der Wind so stark auf, dass ich nicht mehr vorankomme. Ich muss einmal mehr umkehren. Zurück im Restaurant werde ich von Toni und Maja freudig aufgenommen. Sie laden mich zum Essen ein und stellen mir eine Ferienwohnung zum Übernachten zur Verfügung. Ich bin mehr als satt, und es sind

supernette Leute, die gut Englisch können und mit denen ich einen zauberhaften Abend verbringe.

Ausgebremst kurz vor dem Ziel

Der Blick aus dem Fenster am nächsten Morgen ist deprimierend: Dunkle Wolken ballen sich zusammen und die peitschenden Wellen sprechen eine deutliche Sprache. Auch die Wettervorhersage für die nächsten Tage hört sich grausam an. Bora ist angesagt. Der Wind ist so stark, dass ich nicht mal aus der Bucht rauskommen würde. Ich bin jetzt kurz vor dem Ziel, bis Dubrovnik sind es nur noch knapp vierzig Kilometer, was unter normalen Bedingungen etwa vier Tage bedeuten würde. Stattdessen muss ich hier abwarten, bis es etwas ruhiger wird. Langsam wird auch ein Wettlauf gegen die Zeit daraus, denn die Kälte setzt mir immer mehr zu.

Zwei volle Tage sitze ich fest. Das Wetter ist einfach nur katastrophal. Da meine Gastgeber Toni und Maja lediglich am Wochenende hier sind und sich am Montagmorgen auf den Rückweg nach Split gemacht haben, bin ich jetzt ganz allein in der Bucht. Ich werde nicht nur nicht mehr lecker bekocht, auch meine mitgebrachten Vorräte gehen zur Neige. Am Dienstag gehe ich zu Fuß zurück nach Ston, acht Kilometer hin und acht zurück, um mich im nächstgelegenen Supermarkt für die kommenden Tage einzudecken. Immerhin muss ich mich dafür nicht durchs Unterholz schlagen, sondern kann einer Straße folgen.

Am Mittwoch kann ich endlich weiter. Der Wind ist immer noch heftig, doch nun kann ich ihn zeitweilig für meine Zwecke nutzen: Er kommt eher seitlich von hinten und schiebt mich an. Ich wage es, direkt auf die schräg gegenüberliegende Landzunge zuzuhalten, anstatt die Bucht auf dem kürzesten Weg zu queren und der Küstenlinie zu folgen. Ich habe es jetzt eilig. Am Ende des Tages habe ich elf Kilometer geschafft und unterwegs wieder ein paar Quallen getroffen. Also, sie haben mich getroffen. Es wird höchste Zeit, die Schwimmstrecke zu Ende zu bringen. Es ist jetzt merklich windiger. Häufig weht die Bora aus Nord, die Strömungen und Kälte bringt.

Die Wettervorhersage sieht wieder schlecht aus. Ich weiß, dass ich die nächsten Tage noch einmal irgendwo an Land gehen muss. Deswegen entschließe ich mich, lieber den etwas längeren Weg längs der Festlandküste zu nehmen anstatt den kürzeren entlang der vorgelagerten Inseln. Dort ist jetzt nämlich alles geschlossen.

Und noch eine Zwangspause

Der nächste Tag lässt sich zunächst gut an, doch nachmittags frischt der Wind wieder auf, sodass ich nach acht Kilometern an einen der wenigen Strände unterhalb der Steilküste an Land gehe, um auf besseres Wetter zu warten. Und wieder sitze ich zwei Tage fest.

Es ist frustrierend, praktisch in Sichtweite des Ziels noch so aufgehalten zu werden. Es sind gerade mal noch 22 Kilometer bis Dubrovnik. Die letzten Wochen haben mich gelehrt, dass es keinen Sinn hat, bei zu starkem Wind loszuschwimmen, um am Ende auf irgendeinem Felsen festzusitzen. Hier sitze ich immerhin an einem Strand fest. Dass ich ankommen werde, und zwar bald, das weiß ich. Es ist reine Kopfsache, jetzt gelassen zu bleiben. Einfach abzuwarten, ohne sich verrückt zu machen. Eine einfache Lektion hat mich die Adria gelehrt: Schwimmen ist etwas anderes als Fahrradfahren. Jedes Kind weiß das, aber was es wirklich bedeutet, habe ich erst jetzt, nach über 430 Kilometern, wirklich begriffen. Ich bin im Meer, und wenn das Meer nein sagt, heißt das nein. Ich kann es nicht ändern.

Finale in Dubrovnik

Am Sonntag sind die Bedingungen zwar immer noch recht rau mit Wind und vielen kleinen Wellen, doch die Sonne scheint wieder. Ich arbeite mich neun Kilometer näher an den Stadtrand von Dubrovnik heran, finde wieder einen Schlafplatz und werde tags darauf mit Gesellschaft belohnt: Zwei Schwimmer aus Dubrovnik, Emilio und Ivan, begleiten mich die letzten beiden Tage im Wasser. Nachmittags wird die See rau, aber wir schaffen es gegen Abend bis in die Außenbezirke der Stadt. Sollte ich wirklich angekommen sein? Eine letzte Nacht am Strand und ein letzter Morgen, an dem ich mich in meinen nassen Neoprenanzug zwängen muss. Ich kann es kaum glauben.

Es ist der 24. November 2020. Wir schwimmen um die Halbinsel herum, auf der Dubrovnik liegt, und an der großartigen Kulisse der Altstadt vorbei.

Um 14.10 Uhr schlage ich im alten Hafen an der Ufermauer an, atme durch und klettere an Land. Es ist geschafft. Markus Weinberg mit dem Ravir-Filmteam und ein hiesiges Fernsehteam warten bereits. Spontaner Applaus brandet auf und jemand wirft mir eine Decke zu. Ich lächle nur und blicke zurück auf das Wasser. 54 Tage und 460 Kilometer waren es. Ich habe gerade die längste je geschwommene unbegleitete Schwimmstrecke beendet. Bin ich glücklich? Ja. Und zugleich froh, dass es vorbei ist.

Quer über den Balkan

Und ab in die Sackgasse

Wenn einer im Ziel mit Schampus übergossen wird, könnte man denken, dass er gerade die Tour de France gewonnen hat. Aber das Gefühl ist anders – kein Triumph, mehr Erleichterung.

Klar bin ich stolz. Ich habe nicht nur einen neuen Rekord aufgestellt, ich habe vor allem eine ganz persönliche Herausforderung gemeistert. Radfahren ist mein Ding, Laufen fällt mir im Vergleich auch ziemlich leicht – Schwimmen, das war von Anfang an klar, würde mir einiges abverlangen. Es war ein Sprung ins kalte Wasser in jeder Hinsicht, und am Ende war die Aufgabe noch viel schwieriger, als ich mir nach meiner Generalprobe im Bodensee hätte träumen lassen.

Dass ich wieder zurück in mein ureigenstes Element darf, aufs Fahrrad, ist mir Belohnung und Ansporn zugleich.

Deswegen gibt es abends zwar noch eine kleine Feier mit den anderen, und natürlich übernachte ich in Dubrovnik. Ich träume, wie sollte es anders sein, vom Wasser. Ich habe es selbst noch nicht ganz verstanden, dass ich morgen früh nicht mehr in den Neoprenanzug und in die eiskalten Wellen zurück muss. Es geht schon fast die Sonne auf, als ich voller Zufriedenheit einschlummere. Dennoch fühle ich mich am Morgen topfit und ausgeruht. Wie sollte es auch anders sein? Endlich werden die Räder wieder zusammengebaut. Die nächsten Wochen versprechen, großartig zu werden. Ich kann es kaum erwarten.

Los geht's!

Markus wird mich ab jetzt wieder zehn Tage lang begleiten, Material für den Film aufnehmen und seine eindrucksvollen Fotos schießen. Wir wollen gegen Mittag losfahren und zum Einrollen die 90 Kilometer bis nach Kotor in Montenegro schaffen. Zur Abfahrt kommen ein paar Fahrer des einheimischen Triathlonverbands dazu. Sie wollen uns die ersten Kilometer begleiten; auch ein Team vom kroatischen Fernsehen ist da.

Doch bevor es richtig losgehen kann, stelle ich fest, dass mein rechter Schalthebel kaputt ist. Transportschaden. Normalerweise keine große Sache, ein Standardteil, das ausgewechselt gehört. Nur herrscht

in der derzeitigen Situation ein extremer Engpass bei Fahrradersatzteilen. Die meisten werden in Asien hergestellt, und die Lieferketten sind durch Corona unterbrochen. Ein passender Hebel ist nicht aufzutreiben, aber ein findiger Mechaniker im örtlichen Radladen bastelt mir ein Provisorium, mit dem ich einigermaßen sauber schalten kann.

Als wir schließlich loskommen, ist es 15 Uhr. Endlich wieder auf dem Rad! Es geht gleich steil bergauf, und nach kurzer Zeit tut sich eine fantastische Aussicht auf Dubrovnik und über das Meer auf. Wir dürfen uns davon leider nicht zu sehr ablenken lassen, denn die Straße ist sehr schmal mit viel Verkehr. Vielleicht ist das der Grund dafür, dass die kroatischen Kollegen bereits nach circa 20 Kilometern abdrehen, während Markus und ich weiter zur Grenze nach Montenegro fahren.

In Montenegro

Am Übergang hat der Grenzbeamte große Freude an uns. Er ist ganz begeistert, dass hier zwei Menschen mit deutschen Pässen daherkommen, ruft sogar seine Frau an, die etwas besser Deutsch spricht, um ein wenig mit uns zu plaudern. Das freut uns zwar, doch da wir verspätet losgefahren sind, können wir uns nicht lange aufhalten. Wir erreichen Kotor gegen 21 Uhr und steuern gleich das gebuchte Hotel an. Was wir nicht wussten: In Montenegro gilt aufgrund der Covid-Maßnahmen eine Ausgangssperre. Ab 18 Uhr ist alles zu, und ab 20 Uhr darf man eigentlich noch nicht mal mehr vor die Haustür. Die Rezeptionistin des Hotels schafft es dennoch, Pizza für uns kommen zu lassen. Mit dem Gefühl, irgendwie etwas Verbotenes zu tun, schmeckt sie gleich noch mal so gut.

Glücksgefühle

Der nächste Morgen beginnt mit einem wunderbaren Highlight. Schon die Fahrt bei königlichem Wetter über 24 Serpentinen hinauf auf den Berg Lovćen in 1600 Meter Höhe ist ein Hochgenuss. Einer der schönsten Anstiege überhaupt, und immer mit Blick über die Bucht von Kotor. Auf den Gipfel steht das Mausoleum einer montenegrinischen Berühmtheit: Petar II. Petrović-Njegoš war im 19. Jahrhundert nicht nur Fürstbischof von Montenegro, sondern auch ein gefeierter Dichter, der in der gesamten Region immer noch sehr verehrt wird. Das Mausoleum hat etwas von einem Wallfahrtsort in spektakulärer Lage. Ivan, der Triathlet, der mich schon auf den letzten Kilometern im Wasser vor Dubrovnik begleitet hat, ist extra mit dem Auto nach Kotor gekommen, um die Fahrt mitzumachen. Die letzten 100 Meter zum Gipfel müssen wir zu Fuß aufsteigen. Oben erwartet uns eine Aussicht, die uns den ohnehin kaum noch vorhandenen Atem raubt: Von hier überblickt man fast ganz Montenegro, weiter bis hinüber nach Albanien und Nordmazedonien im Süden und Osten sowie Kroatien im Nordwesten. Die ganze Welt scheint uns zu Füßen zu liegen und nur darauf zu warten, dass wir sie durchqueren.

Ivan verlässt uns hier, und Markus und ich machen uns auf die lange Abfahrt auf einer kleinen Schotterstraße hinunter nach Cetinje, der alten Hauptstadt von Montenegro. Wir halten uns dort nicht auf, sondern fahren weiter, bis es so dunkel ist, dass die Augen der Kat-

zen und sonstiger Tiere, die abseits der Straße herumstreifen, zu leuchten beginnen. Bitterkalt ist es auch geworden. In einem kleinen Ort finden wir ein Hotel für die Nacht und stellen begeistert fest, dass es mit einem Kamin ausgestattet ist, in dem bereits fröhlich ein Feuer lodert. Die Wärme tut den durchgefrorenen Knochen unglaublich wohl.

Ende einer Karriere

Ich ertappe mich immer wieder dabei, dass ich wie ein Honigkuchenpferd strahle, nur weil ich wieder auf dem Rad sitzen darf. Am ersten Tag hatte ich noch etwas Umstellungsschmerzen – bisschen Beine, bisschen Hintern, bisschen Rücken –, aber langsam komme ich wieder in Form. Und auch mit der Eintönigkeit ist es vorbei: In diesen ersten beiden Tagen habe ich schon mehr gesehen als in den zwei Monaten zuvor im Wasser: Menschen auf der Straße, alte Frauen an geöffneten Fenstern, Autowracks in Hinterhöfen und streunende Hunde, die uns kläffend folgen.

Beim Schwimmen war ja letztlich nix los. Nur Wasser um mich herum, ein paar Felsen, immer wieder Plastikmüll und manchmal ein paar Fische. Genau genommen habe ich in der Adria mehr Plastik als Fische schwimmen sehen. Dass auch an Land überall Müll herumliegt, sollte uns ebenfalls zu denken geben. Nun, man könnte ihn leichter wegschaffen, wenn man wollte. Das Meer ist verletzlich. Es ist auf uns angewiesen, ebenso wie ich in den letzten Wochen auf es angewiesen war. Es war etwas ganz Neues für mich, eine unbekannte Herausforderung – die ich in ihrer Größe komplett unterschätzt hatte. Wenn man es objektiv sieht, bin ich völlig blauäugig ans Schwimmen gegangen. Die paar Tage im Bodensee konnten mich in keiner Weise darauf vorbereiten, was Strömungen, Wellen und Wind mit einem im Wasser anstellen.

Meine Grundhaltung ist ja, dass es schon klappt. Dass ich mit Hartnäckigkeit immer durchkomme. Ich unterschätze im Vorfeld alle meine Projekte. Ich gehe aus Prinzip immer davon aus, dass die Bedingungen ganz besonders gut sind, wenn ich daherkomme. Sonst bräuchte ich erst gar nicht anzufangen. Wie es dann wirklich wird, sehe ich unterwegs und stelle mich drauf ein. Selbst in den frustrierendsten Momenten, als ich wegen des schlechten Wetters irgendwo an der Adria festsaß, war es nicht schwer, die Motivation oben zu halten. Hey, ich erfülle mir gerade einen Traum, ich bin genau da, wo ich sein will, und irgendwann geht es auch weiter. Es ist Kopfsache. Ohne Optimismus geht's nicht.

Wir sind im Guten auseinandergegangen, das Meer und ich, aber ich bin froh, dass meine Schwimmkarriere hiermit beendet ist. Wir werden gut ohne einander auskommen. Es gibt noch andere interessante Sachen auf der Welt.

Durch Albanien

Am dritten Tag auf dem Rad erreichen wir den wunderschönen Skutarisee im gleichnamigen Nationalpark. Der westliche Teil gehört zu Montenegro, der östliche zu Albanien. Das Wetter ist immer noch präch-

tig; die schmale Straße schlängelt sich etwas oberhalb des Südufers entlang, immer ein bisschen hoch und runter. Traumhaft! Gegen Abend erreichen wir die albanische Grenze und fahren noch weiter bis zur Stadt Shkodra, wo von Einschränkungen durch Corona nicht viel zu sehen ist. An die 2000 Höhenmeter haben wir heute gemacht.

Der kommende Tag beginnt mit einem hübschen kleinen Pass auf 800 Meter Höhe. Der Asphalt ist hier vergleichsweise in gutem Zustand, da haben wir schon ganz andere Ruckelpisten erlebt, dennoch ist die Straße kaum befahren. Die wenigen Autos sind meist alte Mercedes und BMW, die oft hupen, um zu grüßen. Sehr nette Leute, viele winken vom Straßenrand aus. Wir machen Mittagspause in einem Restaurant auf dem Pass und lassen uns Spaghetti schmecken. Die albanische Küche ist stark italienisch geprägt, und auch sprachlich komme ich mit meinem gebrochenen Italienisch meist besser durch als mit Englisch oder Deutsch.

Die Sonne strahlt, die Bäume leuchten rot und gelb; es ist eine Lust, durch diese wunderschöne Herbstlandschaft Rad zu fahren. Wir kommen durch kleine Dörfer, vorbei an Industriebauten aus kommunis-

tischen Zeiten, teils heruntergekommen, teils schon halb abgerissen. Überall, besonders in Grenznähe, stehen Bunker. Angeblich gibt es davon noch über 20 000 in Albanien, die langsam verfallen. Der Beton bröckelt, Müll sammelt sich in den Türöffnungen, und hier und da streunen Hunde herum. Abends kommen wir wieder in die Dunkelheit und haben Mühe, ein Hotel für die Nacht zu finden.

Weiter geht's durch die Berge. Die Straße hat sich mittlerweile in eine Schlaglochpiste verwandelt, die uns zu Schlangenlinien zwingt, aber wir kommen voran – und dann sind wir auch schon wieder raus aus Albanien. Kaum über die Grenze, jagen zwei riesige Hütehunde laut bellend hinter uns her. Wir treten in die Pedale, wie wir nur können, bis ein schriller Pfiff von hinten die Hunde endlich abdrehen lässt.

Das Städtchen Debar, das wir abends erreichen, liegt bereits in Nordmazedonien. Wir wundern uns nur, dass überall albanische Fahnen wehen. Ein Passant, mit dem wir in Gespräch kommen, erzählt uns, dass Debar historisch eine albanische Stadt ist, die nach dem ersten Balkankrieg 1913 zu Serbien geschlagen wurde. Somit wurde sie Teil Jugoslawiens und gehört seit dem Zerfall dieses Staats zu Nordmazedonien. Die Bevölkerung besteht immer noch hauptsächlich aus Albanern und Roma.

Debar bietet uns unsere bislang beste Unterkunft, ein Hotel in einem ehemaligen Kloster mit hervorragendem Essen dazu. Da das Preisniveau im Land sehr niedrig ist, können wir uns so etwas leisten. Ein bisschen Luxus, bevor es über den nächsten Pass hinunter nach Skopje zum Coronatest geht, den wir für die Einreise nach Bulgarien benötigen. Das Wetter ist umgeschlagen; es hat angefangen zu regnen, und auf der Passhöhe liegt sicher Schnee. Trotzdem: Ich habe wieder richtig Spaß am Radfahren.

Wintereinbruch

Der Morgen beginnt kalt. Der Weg durch den Mavrovo-Nationalpark ist landschaftlich schön, doch oben auf dem Pass schneit es wie befürchtet, und Markus hat das Pech, dass ihm der Zug der Schaltung reißt. Er muss sich also durchgehend im selben Gang mit einer unangenehmen Übersetzung den Berg hochquälen, schafft das aber mit Bravour. Wir sind froh, als es wieder abwärts geht – raus aus den Bergen über Tetovo bis in die Hauptstadt Skopje.

Selten habe ich eine Hauptstadt mit so wenig Verkehr gesehen. Wir fahren direkt zum Corona-Testzentrum. Hier wird sehr effizient gearbeitet; wir kommen praktisch gleich dran. Die Leute sind wieder ausgesprochen nett, auch wenn die sprachliche Verständigung eher holprig läuft. Nun ja, es ist klar, warum wir hier sind. Stäbchen in die Nase gebohrt zu bekommen ist uns fast schon zur Gewohnheit geworden. Besonders viel ist nicht los, aber ich denke mir, dass mein Risiko, mich anzustecken, hier im Testzentrum wohl am größten ist. Wir bekommen die Zusicherung, das Ergebnis innerhalb von 20 Stunden zu bekommen. 20 Stunden? Da können wir ohne Weiteres übernachten und am nächsten Tag noch Markus' Schaltzug reparieren lassen. Wir finden ein Hotel und bekommen mit Glück noch etwas zu essen, bevor wieder die Ausgangssperre in Kraft tritt.

Am nächsten Morgen suchen wir uns also erst eine Fahrradwerkstatt und brechen deshalb relativ spät auf. Die Sonne ist zwar wieder herausgekommen, dennoch ist es deutlich kälter als in Albanien. Der größte Teil der Strecke führt durch Tiefland, erst gegen Abend wird es wieder ziemlich steil. Als wir den Grenzübergang auf der Passhöhe erreichen, sind wir erneut auf über 1000 Meter Höhe geklettert.

Die Grenzbeamten weisen uns freundlich auf die Testpflicht hin. Markus' Testergebnis ist inzwischen per Mail gekommen, meins fehlt. Super! Wir müssen warten. Es ist saukalt hier oben, minus neun Grad, alles vereist. Wir stapfen durch den Schnee und finden einen kleinen

Shop, wo wir heißen Tee trinken und uns aufwärmen können. Irgendwann trifft im Spam-Ordner neben allerlei Lottogewinnbenachrichtigungen und Newslettern auch mein Testergebnis ein, und wir können endlich die Grenze passieren.

Es folgen 15 Kilometer Bergabfahrt auf spiegelglatter Straße bei beißender Kälte. Da sind wir lieber sehr vorsichtig und entsprechend langsam. Hier in Bulgarien nimmt man Corona ernst; gleich hinter der Grenze sind dreimal Polizeikontrollen zu passieren. Einer der Beamten schüttelt nur den Kopf über die Verrückten, die da im Winter mit dem Fahrrad unterwegs sind. Ihm ist schon vom Rumstehen kalt, sagt er. Dann solle er Radfahren, das wärmt auf, empfehlen wir ihm. Als wir in der Dunkelheit in Kjustendil ankommen, der ersten Stadt nach der Grenze, hat alles zu. Keine Möglichkeit mehr, essen zu gehen oder auch nur etwas einzukaufen. Ein Hotel immerhin findet sich. Die Rezeptionistin legt sich für uns ins Zeug und besorgt uns mit einiger Mühe Pizza, die uns aufs Zimmer gebracht wird. Mal wieder gerettet!

Wieder allein unterwegs

Markus verlässt mich am nächsten Morgen. Obwohl es uns beiden leidtut, machen wir nicht viel Aufhebens daraus. Es ist einfach zu kalt dazu. Außerdem werde ich ihn später auf der Reise wiedersehen. Er biegt an einer Kreuzung ab, um von Sofia aus zurück nach Dresden zu fliegen, ich, als er winkend hinter der nächsten Anhöhe verschwunden ist, mühe mich bei minus zehn Grad auf vereisten Straßen weiter voran Richtung Osten. Es ist so kalt, dass ich alles anziehe, was ich bei mir habe, und darüber die Daunenjacke. Nach gut 80 Kilometern lasse ich es gut sein und übernachte im Städtchen Samokov.

Der nächste Tag beginnt mit einem kleinen Anstieg und einer langen Abfahrt ins lange Tal, das mich bis nach Plovdiv bringt, die zweitgrößte Stadt Bulgariens. Der Tag ist trüb und erneut bitterkalt. Es ist ziemlich deprimierend, wenn alles so grau und nebelig ist, verstärkt durch die bulgarische Architektur. Brachiale Klötze im sozialistischen

Stil. Alles ist zu, nur stehen etwas überraschend fast in jedem Dorf Kaffeeautomaten an der Straße, an denen ich mich zumindest ein bisschen aufwärmen kann. So etwas würde ich mir auch in Deutschland wünschen. Die Landschaft ist eintönig geworden. Felder reihen sich an Felder, dazwischen schnurgerade Straßen. Die Nebenstrecken sind in einem miserablen Zustand, und die größeren sind für Radfahrer ziemlich gefährlich, weil sie keinen Seitenstreifen haben. Das gibt mir einen ganz guten Vorgeschmack darauf, was mich in Russland mit vorbeidonnernden Lastwagen erwarten wird. Ich wechsle immer mal wieder von großen auf kleinere Straßen, je nach Situation. Manchmal wird eine Straße plötzlich zum verschneiten Schotterweg, auf dem es nur zu Fuß weitergeht. Es ist wirklich mühsam.

Diskussion an der Grenze

Noch ein Übernachtungsstopp, dann erreiche ich endlich die türkische Grenze – und zwar auf der Autobahn. Das ist der direkte Weg, die Hauptverbindung über die E80 bei Edirne. Es gäbe zwar noch einen anderen Übergang weiter nördlich, der für Radfahrer auch der rich-

tige wäre, doch das würde 40 Kilometer Umweg bedeuten. Es wird auch schon wieder dunkel.

Ich nähere mich dem Übergang auf Nebenstraßen und fahre erst die letzten beiden Kilometer auf dem Standstreifen der Autobahn an die Kontrollstelle heran. Die Bulgaren wundern sich kein bisschen, lassen mich anstandslos passieren, und auch auf der türkischen Seite komme ich durch die ersten beiden Kontrollen. Am dritten Häuschen, wo der Pass abgestempelt wird, fällt jemandem auf, dass ich mit dem Fahrrad hier eigentlich nichts zu suchen habe. Drei Grenzbeamte reden in aufgeregtem Türkisch auf mich ein. Ich verstehe kein Wort, oder tue zumindest so, denn die Gesten sind eindeutig: Ich soll zurück nach Bulgarien. Ich antworte auf Englisch, was wiederum bei den Beamten für ratlose Gesichter sorgt.

Immerhin, sie bleiben freundlich. Einer zückt sein Handy, um mit Google Translate zu übersetzen: »You must go back!« Ich spiele überrascht, bleibe stur. Nein, ich muss jetzt hier rüber, das ist doch kein Problem, ich fahre bei der nächsten Gelegenheit ja auch wieder runter von der Autobahn. Lasst mich einfach durch, dann bin ich sofort weg. Ich erinnere mich an meine Beharrlichkeit bei der chinesischen Baustelle. Nach einer halben Stunde Diskussion ist das Problem keines mehr, und ich kann passieren. Ich muss ihnen nur fest versprechen, nicht zurückzukommen. Gern, darin bin ich Experte.

Leere Autobahn, Feldwege, kläffende Hunde

Der Grenzübergang Edirne liegt an der Hauptroute zwischen Europa und Asien. In normalen Zeiten herrscht hier dichter Verkehr. Jetzt sehe ich gerade mal ein paar LKW und sonst gähnende Leere. Der Grund: Es ist Wochenende, und da gilt zurzeit in der Türkei eine Ausgangssperre – mit Ausnahme allerdings für Geschäftsreisende und ausländische Touristen. Ich bin ja in gewisser Weise beides.

Ich fahre die 15 Kilometer bis zur Stadt Edirne auf der Autobahn weiter, diesmal sogar auf der Fahrspur, die ich praktisch für mich allein habe. Kein Grund, auf Nebenstraßen zu wechseln. Interessante Erfahrung, so muss das beim Sonntagsfahrverbot in den 1970er-Jahren gewesen sein.

Edirne ist eine tolle Stadt mit vielen schönen Moscheen, die eine Pause verdient. Läden und Restaurants sind zum größten Teil geöffnet, doch man kann sich nirgends reinsetzen zum Essen, es gibt nur Take-away. »Komm, nimm was mit«, werde ich gleich eingeladen. Viele der Leute hier haben schon mal in Deutschland gelebt, sprechen deutsch und freuen sich über meinen Besuch.

Ab Edirne wechsle ich wieder auf kleinere Straßen. Die Landschaft wird jetzt hügeliger, also interessanter. Agrarland. Die Straßen sind leer, bis auf die Hunde, die mich in jedem, wirklich jedem Dorf jagen. Hunde mögen Fahrradfahrer ja grundsätzlich nicht, und schon auf dem Balkan habe ich das immer wieder zu spüren bekommen. In der Türkei ist es wirklich schlimm. Da herrscht die reine Jagdlust auf das flüchtige Wild auf dem Drahtesel. Die meisten rennen nur kläffend hinter mir her, manche versuchen aber auch, mich anzuspringen und in die Waden zu beißen. Ich entkomme jeweils mit einem Sprint; manchmal spritze ich sie mit der Wasserflasche nass. Das mögen sie gar nicht. Ich muss nur aufpassen, dass mir nicht einer ins Vorderrad rennt und ich in Gefahr komme zu stürzen. Das wäre viel gefährlicher als gebissen zu werden.

Die wenigen Menschen, die ich treffe, sind dagegen äußerst hilfsbereit. Wenn ich mir irgendwo was zu essen rausreichen lasse – denn reinkommen darf ich ja nirgends –, bekomme ich meist noch einen Kaffee dazu. Nur die Verständigung wird langsam schwieriger. Mit denen, die in Deutschland gelebt haben, geht es, doch Englisch kann kaum jemand.

Ich nähere mich Istanbul auf kleinen Schotterstraßen, zum Teil auf Feldwegen. Nach der Kälte und Tristesse in Nordmazedonien und Bulgarien macht Radfahren hier in der Türkei wieder richtig Spaß. Die Sonne scheint. Die Landschaft und das schon leicht orientalische Ambiente sind reizvoll, und die Leute sind freundlich.

Istanbul

Es ist Montag, als ich Istanbul erreiche. Der Wochenend-Shutdown ist vorbei, der Verkehr hat das für diese Metropole, die sich über einen Großraum von mehr als 150 Kilometern ausbreitet, anscheinend übliche Chaos angenommen. Ich entscheide mich für die Autobahn, die sich von zwei auf vier, dann auf sechs und schließlich auf zehn Spuren erweitert, weil alle Nebenstraßen hoffnungslos verstopft sind. Da meist Stop-and-go herrscht, ist das nicht besonders gefährlich; ich bin teilweise sogar schneller als die Autos. Ein unglaubliches Verkehrschaos, wie ich es sonst bisher nur in Nairobi angetroffen habe.

Im Zentrum treffe ich mich mit Simon, einen Radreisenden, der aus Deutschland in die Türkei gefahren ist und ab hier erst mal festsitzt. Er hat ein Airbnb gemietet und mich für die erste Nacht in Istanbul eingeladen.

In Istanbul gibt es viel zu tun, deshalb bleibe ich einige Tage in der Stadt. Ich muss die Zeit nutzen, um verschiedene Konsulate zu besu-

chen. Die Frage ist, wie es ab hier weitergeht. Die Südroute über Iran, Pakistan, Indien und China ist momentan unpassierbar, weil alle Länder östlich der Türkei ihre Grenzen für Touristen geschlossen haben. Ich könnte Geschäftsvisa bekommen, mit denen ich per Flugzeug einreisen dürfte. Die Landgrenzen sind zu.

Natürlich sehe ich mir diese großartige Stadt an mit all ihren Moscheen, der Hagia Sophia, dem Bosporus und dem Goldenen Horn. Ich genieße das herrliche Essen und lasse mich durch die Gassen und über die Märkte treiben. Mit meinen Fahrradschuhen muss ich mich vorsichtig auf dem holprigen Pflaster bewegen, um nicht auszurutschen, doch andere Schuhe habe ich nun mal nicht dabei.

Im russischen Generalkonsulat

Die einzige realistische Option, die bleibt, ist die Nordroute über Russland. Wenn ich da reinkomme, habe ich freie Fahrt bis Wladiwostok. Also versuche ich, Kontakt zum russischen Konsulat zu bekommen.

Telefonisch komme ich nicht durch, meine Mails blieben ohne Antwort. Das ist bei den meisten Konsulaten leider gängige Praxis. Anrufe werden erst gar nicht entgegengenommen. Also versuche ich, persönlich vorzusprechen. Ich stelle mich brav in die Schlange vor dem Gebäude, werde aber nicht eingelassen. Der Visa-Service für Ausländer wurde eingestellt. Kein Russe, kein Türke? Wenden Sie sich bitte an das Konsulat in Ihrem Heimatland. Njet, kein Eintritt. Der Türsteher ist darauf trainiert, Besucher abzuwimmeln und knallt mir die Tür vor der Nase zu.

Ich bleibe stehen. Ich weigere mich einfach wegzugehen. Ich kann hier in meiner Fahrradmontur auch noch eine Stunde stehen bleiben. Und noch eine. Am Zaun bei den Chinesen war ich noch im Neopren-Smoking gewesen. Die türkischen Grenzposten habe ich mit grenzenloser Ausdauer besiegt. Ich habe heute nichts Besseres mehr vor. Hier reinzukommen und ein Visum zu erhalten ist nämlich das Einzige, was ich heute vorhabe.

Es wirkt wieder. Tatsächlich kommt irgendwann ein Mann heraus, der Englisch spricht und mit dem ich zumindest diskutieren kann. Erstaunlicherweise beginnt er, sich für meine Geschichte zu interessieren. Er verspricht mir, jemanden im Haus ausfindig zu machen, der mir weiterhelfen kann. Ich soll warten.

Ich warte.

Nach 20 Minuten kommt er tatsächlich zurück. Heute sei leider nichts mehr zu machen, wenn ich morgen um dieselbe Uhrzeit wiederkäme, hätte ich einen Termin.

Really? Okay, besser als nichts.

Am nächsten Tag bin ich pünktlich da und werde eingelassen. Ich muss zwar erst wieder eine Stunde warten, aber ich werde eingelassen. Der Konsulatsangehörige, dem ich mein Anliegen präsentiere, duftet nach Aftershave, sieht mich aus zusammengekniffenen Augen an und sagt nichts. Ich versuche es mit einer direkten Frage.

»Gibt es eine Möglichkeit für mich, über die Landgrenze nach Russland einzureisen?«

»No.«

»Gibt es eine andere Stelle, wo ich das beantragen kann?«

»No.«

»Ist es möglich, mit einem Ihrer Vorgesetzten zu sprechen?«

»No.«

»Es muss doch eine Möglichkeit geben. Lastwagen überqueren die Landgrenze doch auch immerzu?«

»No.«

»Könnte man mir in der Botschaft in Ankara weiterhelfen?«

»No.«

Sein aktives Englisch beschränkt sich auf ein Wort. Das reicht für die Aufgabe aus, für die er trainiert wurde. Nach fünf Minuten ist der Termin vorbei.

Abgeblitzt

Ich wusste schon bei der Abfahrt in München, dass so etwas passieren kann, und seither hat sich die Corona-Situation nicht gerade verbessert. Der Besuch hat auf jeden Fall eines klargemacht: Auf konventionellem Weg wird es nicht funktionieren. Es ist ja noch nicht mal die Einreise als solche das Problem; mit dem Flugzeug wäre das schon irgendwie machbar. Doch zu fliegen widerspricht vollkommen meinem Vorhaben. Ich muss es auf anderem Weg angehen. Ich habe über die sozialen Medien sehr viele Kontakte, die teilweise auch in politische und diplomatische Kreise reichen. Ich muss versuchen, Leute zu mobilisieren, die auf höherer Ebene etwas bewirken können. Das wird

Geduld erfordern. Aber ich bin diesmal nicht auf einer Geschwindigkeitsrekordfahrt. Ich habe Zeit. Irgendwann wird es irgendwie weitergehen.

Ich bringe mein Rad wieder in Schuss, was nicht vollständig gelingt. Ich fahre ja seit Dubrovnik mit einem Provisorium als Schalthebel und hatte mir ein neues Originalteil nach Istanbul schicken lassen. Das ist jetzt zwei Wochen her, doch als ich mein Päckchen abholen will, steckt es noch immer im türkischen Zoll fest. Manche Provisorien müssen eben länger halten.

Jetzt will ich raus aus der Stadt. Ich muss Zeit überbrücken, bis sich die Visafrage klärt, und da ist es das Beste, wenn ich in Bewegung bleibe. Es könnte ja ganz einfach sein: Ich halte im Prinzip den Kurs, fahre also in der Türkei weiter nach Osten, mit einem Schwenk nach Süden an die Mittelmeerküste. Dann weiter entlang der syrischen Grenze bis zur iranischen Grenze, hier Schwenk nach Norden durch die Berge (wo es ziemlich kalt werden dürfte – gute Vorbereitung für Sibirien) bis an die Grenze zu Georgien. In dieser Zeit könnte sich eine Lösung ergeben haben, so käme ich idealerweise durch Georgien und über den Kaukasus nach Russland und hätte schon ein gutes Stück Weg zurückgelegt. Das ist natürlich ein Umweg – am Schwarzen Meer entlang wäre es deutlich kürzer –, aber ich muss ja ein bisschen Zeit schinden. Und damit ich gut trainiert bleibe, werde ich unterwegs auch möglichst jeden Pass in der Umgebung mitnehmen.

Über den Bosporus

Es ist wieder Wochenende, und ich nutze die Ausgangssperre, um ohne Verkehrschaos aus Istanbul rauszukommen. Noch vor Sonnenaufgang überquere ich den Bosporus mit der Fähre, denn leider ist die große Brücke für Radfahrer gesperrt, und hier gibt es keine Ausnahme für mich. Extrem schade, das wäre ein Highlight gewesen.

Das Schiff ist fast leer, denn außer ausländischen Touristen darf momentan eigentlich niemand draußen sein. Simon und seine Freundin Karo erwarten mich auf der anderen Seite und begleiten mich noch ein Stück, bleiben aber irgendwann hinter mir zurück.

Ich bekomme auf meinen Reisen immer wieder Gesellschaft von mehr oder weniger ambitionierten Radfahrern, die mir auf den sozialen Medien gefolgt sind. Manche sind schneller als ich, manche langsamer, und ich habe mir angewöhnt, einfach bei mir und meinem Tempo zu bleiben.

130 Kilometer fahre ich heute auf der asiatischen Seite von Istanbul, und das bedeutet: 130 Kilometer urbanes, durchgehend bebautes Gebiet, schmutzige Industrie- und Wohngegenden, die durch den ständigen Regen besonders trostlos wirken. Es gibt keinen Flecken freie Fläche. Spaß macht das nicht.

Meine Route führt mich in den folgenden Tagen entlang der Küste rund ums Marmarameer, manchmal mit einem Abstecher über die umliegenden Hügel – immer auf kleinen Straßen. Es regnet die ganze Zeit, und der Wind wird teilweise so heftig, dass es mich fast vom Rad weht. Brutal. Die Straßen, selbst die asphaltierten, sind furchtbar matschig, einmal bleibe ich beinahe im Schlamm stecken. Der Dreck strapaziert die Kette zusehends, sie springt immer wieder vom Zahnrad. Ich muss täglich mein Rad waschen.

Die Leute sind dafür wieder unglaublich freundlich, und die Gegend ist auf eine unspektakuläre Art sehr schön. Viele kleine Dörfer, in denen ich oft auf eine Kleinigkeit eingeladen werde.

Ich treffe noch mal Karo und Simon, die nicht ganz ums Marmarameer herumgefahren sind, sondern den östlichsten Arm mit der Fähre abgeschnitten haben. Wir zelten eine Nacht zusammen.

Wieder am Mittelmeer

Am Mittwoch überquere ich einen Pass, und mit einem Mal wechselt das Wetter total. Eben war es noch grau und neblig, jetzt ist es plötzlich sonnig und warm. Die Passstraße führt hinunter zur Ägäis, die Landschaft wird mediterran, es gibt Olivenbäume, Strand und Meer. Traumhaft. Ich nehme allerdings nicht die stark befahrene Küstenstraße, sondern bleibe lieber oberhalb auf kleineren Sträßchen in den Bergen. Izmir will ich im großen Bogen umfahren und mir danach einen abgelegeneren Küstenstreifen suchen.

Bei der weiteren Reiseplanung tut sich bislang noch nichts Konkretes. Ich hatte ja schon in Istanbul über Facebook verbreitet, dass ich Schwierigkeiten habe, nach Russland einzureisen, und daraufhin eine Menge Kommentare bekommen. Einer meinte, ich solle doch nicht so »deutsch« korrekt sein, sondern an irgendeinem kleinen Übergang die Grenzer schmieren, damit sie mich rüberschmuggeln, und später wieder auf dieselbe Weise raus. Ein anderer riet mir, alles abzubrechen – könne man halt nix machen. Ist ja Pandemie. Danke für die »guten Ratschläge«, doch weder das eine noch das andere kommt in Frage.

Es gibt aber auch einige Rückmeldungen, die ein wenig die Hoffnung nähren. Ein Follower, offensichtlich ein hoher Diplomat im Auswärtigen Amt, hat angeboten, das Thema mit einem russischen Kollegen anzuschneiden. Ich habe noch nicht ganz verstanden, wie das konkret aussehen soll und bin sehr gespannt, was dabei herauskommt. Direkt wird das Auswärtige Amt jedenfalls nichts unternehmen. Der einzige Weg für mich nach Russland geht zurzeit nur über Vitamin B. Mal sehen, ob sich mein Vitaminspiegel noch ein bisschen anheben lässt. Auf jeden Fall muss ich über eine Alternativplanung nachdenken.

Auf den Spil Dağı

Zumindest das Wetter meint es endlich wieder gut mit mir. Bei kühlen, sonnigen Bedingungen fahre ich auf kleinen Bergstraßen im Hinterland um Izmir herum und knöpfe mir gegen Abend noch den Anfang des Anstiegs auf den Spil Dağı mit 1400 Höhenmetern vor. Das ist ein ganz schön langer Uphill, den ich bis zum Einbruch der Dunkelheit erst etwa zur Hälfte geschafft habe. Ein schöner Platz lädt mich ein, mein Zelt aufzuschlagen und ein Lagerfeuer zu machen. Camping im November. Ich fühle mich am richtigen Ort.

Morgens bekomme ich Besuch von zwei wirklich netten Hunden, die meinen Lagerplatz auskundschaften und sich friedlich unter den Baum nebenan legen. Also aufs Rad und ganz auf den Spil Dağı hinauf, von dem ich eine Aussicht auf die quirligen Städte unten in der Ebene und das Meer habe – und danach nur noch ausrollen Richtung Küste. Es ist fast zu schön.

Weihnachten im Zelt

Es ist ein ungewöhnlicher Heiligabend. Ich zelte in einem Olivenhain in der Nähe von Bodrum, hole mir noch ein Kebab zur Feier des Tages, und mache es mir gemütlich. Weihnachten wird hier natürlich nicht gefeiert, da die Türkei ein muslimisches Land ist, aber das gehört zur Reise. Es ist nicht das erste Mal, dass ich mir mein Weihnachtsgeschenk selber mache. Und durch die moderne Technik sind wir ja gar nicht mehr so weit voneinander entfernt, egal, wo wir sind. An der Weihnachtsfeier meiner Familie kann ich virtuell am Handy teilnehmen. Ich liege in einem Zelt in der Türkei und höre den Kindern zu, wie sie 2000 Kilometer entfernt Weihnachtslieder singen. Ich kann alle sehen, mit allen sprechen. Ich bin weit entfernt von ihnen, und doch bin ich auch irgendwie zu Hause.

Bodrum

In Bodrum treffe ich mich tags darauf mit einem einheimischen Triathleten, dem ich vor vier Wochen ein Paket geschickt habe. Es steckt noch immer im türkischen Zoll fest – wie übrigens auch mein Schalthebel. Wir machen eine kleine Rundtour um die Halbinsel von Bodrum, die voller Hotelburgen ist und nur im hinteren Teil ein paar kleine Traumstraßen am Meer bereithält. Das Wetter jedenfalls ist herrlich.

Meine Tagesetappen sind zurzeit nicht länger als 120 bis 160 Kilometer, was nicht besonders viel ist, es geht ja aber auch, was mein Ziel angeht, in die falsche Himmelsrichtung. Tags darauf, ich bin wieder allein, finde ich einen abgelegenen Kiesstrand. Auf Verdacht bin ich einen kleinen Schotterweg eingebogen, der durch einen Olivenhain hinunter ans Meer führte. Ich bin allein, es ist warm, der Tag geht zur Neige, und ich habe heute sonst nichts mehr vor. Also nehme ich ein Bad im gar nicht mal so kalten Meer. Dann mache ich ein Feuerchen und lege mich zur Ruhe. Abende wie dieser gehören zu den schönsten Belohnungen auf meinen Touren.

Nichts geht voran

Es folgt ein Tag mit Dauerregen, die Straßen sind überschwemmt. Ich sitze wieder fest, auch im übertragenen Sinn. Aus hohen diplomatischen Kreisen (wie man so schön sagt) habe ich gehört, dass Russland für Deutsche momentan keine Ausnahmegenehmigung herausgibt. Offiziell wird die Corona-Pandemie als Grund angegeben, inoffiziell ist völlig klar, dass es am derzeit sehr angespannten deutsch-russischen Verhältnis liegt, das durch die Nawalny-Affäre dem Gefrierpunkt so nahe ist wie die Temperaturen auf den türkischen Passstraßen.

Ich werde mich damit abfinden müssen, dass die Russland-Route zu ist, ich also überhaupt nicht nach Osten weiterkomme. Das macht die Sache ziemlich verzwickt. Aufgeben kommt natürlich nicht in Frage. Ich könnte auf den Faktor Zeit setzen, also versuchen, die Sache hier auszusitzen. Doch könnte man es noch einen »Triathlon rund um die Welt« nennen, wenn ich monatelang pausiere?

Lieber arbeite ich an Plan C, und das heißt, die Richtung meiner Route umzukehren. Das würde bedeuten, nach Westen zurückzufahren, weiter an den Atlantik, beispielsweise nach Portugal, und dort versuchen, auf ein Schiff zu kommen, das in die USA fährt. Dort würde ich die Laufstrecke in umgekehrter Richtung absolvieren, also von Ost nach West, und hoffen, dass sich in den Monaten, die dabei vergehen, die politische und die Corona-Lage so weit entspannt, dass ich von der US-Westküste über den Pazifik nach Asien komme, sei es Russland, sei es China. Ziemlich viele Wenns und Vielleichts ...

Dass neue Corona-Mutationen aufgetaucht sind, macht die Sache nicht besser. Außerdem ist unklar, wie die Einreisebestimmungen in die USA sein werden, wenn Joe Biden als Präsident eingeführt ist. Derzeit laufen ja noch die letzten Tage von Trumps Präsidentschaft.

Alles Gründe, die Ruhe zu bewahren und weiter abzuwarten. Es gibt schlechtere Orte zum Überwintern als die Südküste der Türkei. Für morgen ist besseres Wetter angesagt, und dann werde ich mal die Datça-Halbinsel erkunden, die zwischen Rhodos und Kos weit in die Ägäis hinausragt. Es gibt nämlich auch wieder einen viertägigen Lockdown, der für leere Straßen sorgt. Nur ich als ausländischer Tourist darf mich frei bewegen.

Kreuz und quer Richtung Antalya

Ich fahre weiter entlang der Küste Richtung Südosten. Zurzeit bin ich mehr Fahrradtourist als Extremsportler. Das Wetter meint es gut mit mir, die Gegend ist wunderbar mit vielen einsamen Buchten. Es ist 20 Grad warm, und auch die Wassertemperatur genügt zum Baden. Meine Follower befürchten schon, ich würde wieder eine Schwimmstrecke einlegen. Keine Sorge, das Thema ist ein für alle Mal erledigt.

Die Silvesternacht verbringe ich in einem Hotel. Habe gehofft, vielleicht noch irgendwo ein Bier aufzutreiben, aber ab 21 Uhr ist doch alles zu.

In Fethiye treffe ich nochmals Simon und Karo, die von Istanbul eine direktere Route gefahren sind. Simon begleitet mich hoch auf den 1970 Meter hohen Babadağ. Der Anstieg von Meereshöhe über 20 Kilometer mit etlichen 20 Prozent steilen Rampen ist härter als alles, was ich aus den Alpen kenne. Der Lohn ist eine grandiose Aussicht auf das Meer und die schneebedeckten Taurusberge im Landesinneren. Alpine Bedingungen oben, zehn Kilometer weiter Traumstrände und Badewetter!

Ich zelte noch zwei weitere Tage am Strand und nutze die viele freie Zeit für kleinere Ausfahrten in die Umgebung. Einem kuriosen Unfall entgehe ich nur mit Glück: Ein Auto, das mich überholt, verliert plötzlich eines seiner Räder. Es rollt in mein Vorderrad, und das Auto macht eine Vollbremsung. Ein beherzter Sprung in die Wiese neben der Straße rettet mich. Nur ein paar Schrammen, und auch das Rad ist heil geblieben, genauso wie der provisorische Schalthebel.

Der Entschluss umzukehren

Ich bin in Antalya angelangt, wo ich ein paar Dinge einkaufen möchte und einen Fototermin mit der örtlichen Filiale von Deichmann-Schuh habe (nicht verwandt und daher auch kein Rabatt auf die Schuhe).

Ich habe mich entschlossen, nicht mehr weiter Richtung Osten zu fahren, denn es hat keinen Sinn. Das Tor nach Russland ist weiterhin versperrt, und auch die Grenze nach Georgien ist geschlossen. Ich bin in einer Sackgasse angelangt.

Mittlerweile gibt es zwar Kontakte zum Russischen Olympischen Komitee, die hilfreich sein könnten, aber was ich wirklich davon halten soll, weiß ich nicht. Sollte sich auf sportpolitischer Ebene tatsächlich eine Lösung ergeben, wäre ich superhappy, verlassen möchte ich mich darauf nicht.

Deshalb gehe ich Plan C jetzt konkret an. In einem Aufruf an meine Follower auf Facebook und Instagram bitte ich um Hilfe: Ich suche ein Segelboot, das mich im Februar, März oder April über den Atlantik an die amerikanische Ostküste bringt. Wer weiß etwas, wer kann mir helfen?

Es kommen viele Kommentare, die mir Glück wünschen, einige, die versprechen, sich umzuhören, und einige, die mir zum Abbruch der Reise raten. Es gibt jetzt auch die Argumentation, dass mein ganzes Vorhaben möglicherweise unethisch ist: Wie will ich eine Reise um die Welt rechtfertigen, wenn alle sonst im Lockdown schmoren? Warum muss ich mir unbedingt eine Extrawurst braten?

Ich sehe das anders. Es kommt darauf an, wie man reist. Ich bin fast ununterbrochen im Freien, übernachte im Zelt und habe ein Minimum an realen Kontakten zu anderen Menschen. Mein Risiko, mich mit Corona zu infizieren, ist minimal, das Risiko, zu ertrinken oder von einem rollenden Autoreifen erschlagen zu werden, dagegen ungleich höher. Und so ist es auch sehr unwahrscheinlich, dass ich jemand anderen anstecke. Im sesshaften Leben in den Städten ist es deutlich gefährlicher.

Dazu kommt: Es ist mein Beruf. Auch andere Sportveranstaltungen finden statt, eine Handball-WM in Ägypten beispielsweise. Wenn ich allein mit dem Fahrrad durch Sibirien fahre, erhöhe ich das Ansteckungsrisiko dieser Welt um 0,0 Prozent. Ich kann die Frage nachvollziehen, doch ihr fehlt der Kontext. Dass ich mich überall sehr vorsichtig verhalte, anderen Menschen mit der gebotenen Rücksicht und Respekt begegne und schon aus Eigeninteresse sehr behutsam bin (denn eine Erkrankung würde meine Tour extrem gefährden), versteht sich von selbst.

Eine Einladung

Auch nach diesem Schritt ist weiter Warten angesagt. Osten oder Westen, ich bin auf die Hilfe anderer angewiesen. In dieser Situation hätte es keinen Sinn, sich in irgendeine Richtung zu bewegen. Und nun kommt Hilfe von anderer Seite: Rami, ein Radfahrer und Follower von mir, besitzt in Göcek eine leer stehende Ferienwohnung und hat mich eingeladen, dort zu bleiben.

Göcek liegt am Golf von Fethiye direkt am Meer, im Hinterland gibt es Berge mit kleinen Straßen – perfekt, um im Training zu bleiben, und zugleich ein fester Ort, an dem ich Medienarbeit betreiben, Vorbereitungen treffen und meine Kontakte pflegen kann. Hier verbringe ich den Rest des Januars mit Joggen, Wandern, Radfahren. Rami begleitet mich manchmal, und zwei Tage bin ich mit Serkan unterwegs, einem Journalisten, der für die Deutschen Welle in der Türkei arbeitet. Ich gebe Online-Interviews und versuche, nicht zu viel zu faulenzen, aber ich muss mir eingestehen: Ich bin im Zwangsurlaub.

Südosteuropa

Wann im Leben kommt man schon mal nach Transnistrien?

Urlaub ist gut und schön, und Göcek ist besonders schön, nach zwei Wochen fühlt es sich nicht mehr gut an, sondern wie Rumsitzen. Ich bin jetzt erholt genug und habe schließlich ein Ziel. Es dürfte langsam mal weitergehen.

Ein Segelboot über den Atlantik ist allerdings weit und breit nicht in Sicht.

Eine Tür geht auf

Dafür kommt Anfang Februar überraschend die Nachricht, dass es womöglich doch noch mit einem Visum für Russland klappen könnte. Einige Menschen mit guten Kontakten haben sich intensiv für mich eingesetzt, die Deutsche Triathlon Union DTU und das Deutsch-Russische Forum sind beim Russischen Olympischen Komitee vorstellig geworden, das sich bereit erklärt hat, meine Sache zu unterstützen, und am Ende ist es gelungen, das Russische Sportministerium mit ins Boot zu holen. Ich soll Ende der Woche ein Visum bekommen, das ich in Istanbul auf dem Generalkonsulat abholen kann.

Von einem Moment auf den anderen bin ich elektrisiert. Nichts hält mich mehr in Göcek, ich packe hektisch meine Sachen zusammen, bedanke mich noch einmal bei Rami für seine enorme Großzügigkeit und mache mich auf den Weg. Ich möchte schließlich nicht den Winter in Russland verpassen – dafür hatte ich mich doch extra in der Kältekammer der Deutschen Bahn vorbereitet! Da die Grenze zu Georgien immer noch zu ist, wird es zurück nach Bulgarien gehen und via Rumänien und Moldawien in die Ukraine – sozusagen linksherum ums Schwarze Meer.

Und los!

Am Montag, den 8. Februar geht es los. Meine Waden sind träge, sie hatten schon ganz vergessen, was es heißt, in die Pedale zu treten. Aber das wird schon werden. Ich nehme die direkte Route über die Berge, die über mehrere Pässe zwischen 800 bis 1200 Metern führt. Sofort komme ich in eine ganz andere, verwunschene Landschaft fernab von den üblichen Touristenrouten. Sie ähnelt ein bisschen dem Schweizer Jura. Es gibt weite Hochebenen, auf den Bergen liegt Schnee. Hier ist Anatolien, alles macht einen traditionelleren, konservativeren Eindruck als unten an der Küste. Die Menschen begegnen mir jedoch unverändert sehr freundlich.

Die erste Nacht habe ich großes Glück. Es ist bereits dunkel, als ich an ein Restaurant komme, in dem ich erstens meinen Hunger mit einem leckeren Pide stillen kann, und das zweitens einen Holzanbau hat, in dem ich übernachten darf. Wahrscheinlich dient der Raum im Sommer als eine Art Festsaal. Er ist mit breiten Kissen auf dem Boden ausgelegt, auf denen ich sehr bequem liege. Wegen Corona konnte ich in der Türkei ja nur selten Einladungen annehmen, hier geht das mit der Holzhütte. Nachts wird es auf der anatolischen Hochebene richtig frostig, und ich bin froh, mein Zelt nicht aufbauen zu müssen.

Der nächste Rückschlag

Schon am Tag darauf bekomme ich das Update, dass mein Visum für Russland doch nicht in Istanbul wartet. Stattdessen soll mir ein Einladungsschreiben ausgestellt werden, mit dem ich ein Visum beantragen kann – allerdings nur auf einem Konsulat in meiner Heimat. Ich muss dafür zwar nicht nach Deutschland zurück, sondern kann das in irgendeinem Land im Schengenraum machen, in der Türkei ist es nicht möglich. Ich habe schon mit gefährlichen Strömungen kämpfen müssen, mit Schneestürmen, Hunger und Durst, doch was mir wirklich das Leben schwer macht, ist die Bürokratie. Dabei ist das noch nicht einmal eine besondere Schikane Russlands, sondern in vielen Ländern gängige Praxis.

Das nächstgelegene Schengenland wäre Griechenland. Bulgarien und Rumänien gehören zwar zur EU, nicht jedoch zum Schengenraum. In Griechenland müsste ich bei der Einreise in Quarantäne. Außerdem ist die Grenze zwischen Griechenland und der Türkei geschlossen; es ginge also nur über Bulgarien, und da wäre ein zusätzlicher Test erforderlich. Ziemlicher Aufwand, um ein Visum abzuholen.

Zum Glück habe ich zwei Reisepässe.

Ich fahre am Mittwoch einen Umweg über die Stadt Uşak, wo es eine DHL-Agentur gibt, und schicke von dort per Express einen meiner Pässe zusammen mit einer Vollmacht in die Schweiz zu meinem Vater Sammy Deichmann. Denn die Schweiz ist zwar nicht in der EU, dafür im Schengenraum.

Natürlich habe ich mir vorher bestätigen lassen, dass das so möglich ist, dass ich nicht persönlich antanzen muss. Das Einladungsschreiben dürfte jedenfalls hieb- und stichfest sein, es kommt von ganz oben aus dem russischen Sportministerium. Es wird direkt nach Bern geschickt, und mein Vater ist ermächtigt, das Visum für mich zu beantragen. Soweit die Theorie.

Hoffentlich klappt das auch wirklich. Der Fall hat inzwischen so viele Wendungen genommen, dass ich einfach nur froh bin, wenn ich endlich nach Russland reinkomme und mich wieder auf das Radfahren konzentrieren kann. Der Pass mit dem Visum muss ja auch rechtzeitig wieder zu mir zurückkommen. Ich habe keine Wahl. Weiteres Warten und riesige Umwege kommen nicht in Frage. Mal sehen, wer schneller ist, mein Pass mit DHL oder ich auf dem Fahrrad.

Am Donnerstag schiebt mich ein warmer Südwind von hinten an, den ich nutze, um bis kurz vor Istanbul Gas zu geben. Danach ist nämlich ein Wetterwechsel angekündigt mit einer Kaltfront aus Osten, die Minustemperaturen und Schnee bringen soll. Erneut ein gutes Training für Sibirien, denke ich mir.

Schnee

Um ohne Verkehrschaos durch Istanbul zu kommen, fahre ich am Freitag nur bis an den Stadtrand und nutze den Wochenend-Lockdown. Kurz vor der Stadt muss ich noch über einen 1400 Meter hohen Pass und bekomme tatsächlich einen ersten Vorgeschmack auf Sibirien, aber lustig ist das nicht, denn ich habe ja noch nicht die richtige Winterausrüstung dabei. Im heftigen Schneegestöber bei minus acht Grad wird mir bitterkalt. Auch unten in der Stadt wird es nicht wirklich besser. Der Anblick ist allerdings bezaubernd – die Dächer, die Minarette, die Palmen sind weiß überzuckert. Istanbul liegt unter einer Schneedecke.

In die Stadt hinein bekomme ich Begleitung von einem einheimischen Radfahrer, der eigentlich wegen des Lockdowns zu Hause sein müsste. Er hat sich davongeschlichen, weil er unbedingt 20 Kilometer mit mir mitfahren wollte. Bis zum nächsten Supermarkt hätte er

sich bewegen dürfen, dann hat er seinen Radius einfach ausgeweitet. Kontrolliert werden wir nicht.

Abends fahre ich noch über den Bosporus und übernachte auf der europäischen Seite im selben Hotel, in dem ich schon vor zwei Monaten war. Der Herr an der Rezeption kennt mich noch. Wir beide hätten nicht gedacht, dass ich so schnell wieder zurückkomme.

Noch mehr Schnee

Am nächsten Morgen, es ist Sonntag, beginnt der Tag mit den heftigsten Schneefällen in Istanbul seit 25 Jahren. Die Nachrichten überschlagen sich mit Katastrophenmeldungen. Es ist knapp unter null Grad, ein kalter Nordwind pfeift und auf der Straße häuft sich der Schneematsch. Kein besonders ungewöhnliches Winterwetter, wenn man wie ich aus einem nördlichen Land kommt, und trotzdem extrem schlechte Fahrradbedingungen. Ich bin am Zweifeln, ob ich überhaupt losfahren soll – doch am Montag ist der Lockdown wieder zu Ende, und der sowieso chaotische Verkehr dürfte mit dieser Witterung noch einmal potenziert werden.

Also ab aufs Rad und hinaus in den Schnee. Es ist brutal. Streckenweise weiß ich nicht mehr, ob ich noch in der Stadt bin oder schon draußen, so schlecht ist die Sicht im Schneesturm. Schließlich gelange ich wieder auf die Autobahn, längst ist meine Kleidung bis auf die unterste Schicht nass, und der Wind weht so heftig, dass jede Pedalumdrehung zur Herausforderung wird. Ich friere wie ein Schneider und komme gerade mal 70 Kilometer voran an diesem Tag.

Und noch mehr Schnee

Der Lockdown ist vorüber, die Verhältnisse sind nicht besser geworden. Ich will jetzt lieber auf kleineren Straßen weiterfahren. Ganz plötzlich kommt ein weiterer Schneesturm auf, und gegen den war der gestrige eine Sommerbrise. Auf den Straßen bricht das reine Chaos aus. Die Autos schlittern nur so herum, krachen ineinander, bleiben liegen. Die Schneeräumung kommt nicht hinterher – auf so etwas ist man hier offensichtlich nicht eingestellt. Ich muss selbst wiederholt absteigen und schieben und dabei höllisch aufpassen, dass keiner der herumschlitternden Wagen mich erwischt.

Da auf den kleinen Straßen alles blockiert ist, wechsle ich wieder auf die Autobahn, um voranzukommen. Ungefährlich ist das nicht, weil die Seitenstreifen wegen der Schneemassen teilweise unbefahrbar sind. Immerhin komme ich an diesem Tag noch bis Kırklareli, der letzten größeren Stadt vor der bulgarischen Grenze. Hier mache ich am nächsten Morgen den Coronatest, den ich später für die Einreise nach Rumänien brauche.

Auf dem Pass mit dem falschen Pass

Danach breche ich sofort auf. Der Test darf nicht älter als 48 Stunden sein, deshalb muss ich mich sputen, durch Bulgarien zu kommen. Nicht ideal bei diesen Bedingungen. Die Grenze liegt auf einem Pass im Strandscha, dem Grenzgebirge zwischen der Türkei und Bulgarien, wo es wieder knackig kalt ist. Mein Thermometer zeigt minus neun Grad.

Am Grenzübergang bin ich etwas nervös. Ich habe ja einen meiner Reisepässe in die Schweiz geschickt, nämlich den, auf dessen Passnummer mein Einladungsschreiben für das Russland-Visum ausgestellt wurde. Mit eben diesem Pass bin ich auch in die Türkei eingereist, was bedeutet, dass ich in dem Pass, mit dem ich jetzt ausreisen will, keinen Einreisestempel habe. Ich musste es drauf ankommen lassen, das Visum stand an oberster Stelle der Priorität – aus der Türkei würde ich schon irgendwie rauskommen.

Natürlich merken die türkischen Grenzbeamten das sofort. Es beginnt eine längere Diskussion darüber, wie ich denn ohne Einreisestempel in die Türkei reingekommen bin. Es bleibt mir schließlich nichts anderes übrig, als ihnen den etwas verwirrenden Sachverhalt zu erklären. Und siehe da: Sie finden meine Ausführungen überzeugend, sind ganz freundlich und lassen mich durch.

Auf der bulgarischen Seite bin ich der Einzige, der eine Maske trägt. Weder die Grenzbeamten noch die Leute vom Gesundheitsamt, die dort einen Stand haben, scheint das Thema zu interessieren.

Im Eiltempo durch Bulgarien

Ich fahre runter nach Bulgarien und muss mich sputen, um die 48-Stunden-Gültigkeit des Coronatests nicht zu überschreiten. Außerdem bin ich mit Markus Weinberg in Constanța an der rumänischen Schwarzmeerküste verabredet – er wird mich von da bis in die Ukraine begleiten und Aufnahmen für den Film machen. Ich freue mich auf ihn. Auch das Wetter ist wieder etwas besser, sogar die Sonne lässt sich manchmal blicken.

Bulgarien ist nicht mein Lieblingsland. Der Eindruck, denn ich schon Anfang Dezember hatte, bestätigt sich: Alles ist grau, und der Architektur sieht man noch den Kommunismus an. Die Landschaft ist leicht wellig, fast wie Deutschland, nur ohne Highlights.

Wegen Corona ist alles zu, und da es nach wie vor Minusgrade hat, ist es nicht angenehm, wenn man nirgends rein kann. Abends komme ich noch durch Burgas, die erste Stadt an der Schwarzmeerküste, und übernachte etwas außerhalb in einer Ruine. Ein paar Räume des verwinkelten Gebäudes, das vielleicht mal eine Fabrik war, haben noch Wände und Decken. Es gemütlich zu nennen, wäre übertrieben, aber es muss reichen.

Am nächsten Tag schneit es wieder. Ich mache Tempo, fahre abends noch durch Warna und komme bis 40 Kilometer vor der rumänischen Grenze, wo ich doch noch mein Zelt im Schnee in einem Waldstück aufbauen muss. Meine Winterausrüstung fehlt mir jetzt wirklich. Die Kälte kommt von unten durch die Matte, und so friere ich mich durch die Nacht. Morgens sind es wieder minus neun Grad.

Ein Anruf aus der Schweiz

Hinter Warna wird die Landschaft absolut eintönig. Flaches Ackerland mit schnurgeraden Straßen. Dann bin ich endlich an der Grenze. Die rumänischen Grenzer sind supernett zu mir, heißen mich willkommen und winken mich direkt rüber. Für meinen Coronatest interessiert sich niemand.

Ich komme pünktlich in Constanța an, aber Markus verspätet sich. Sein Flieger ist zwar planmäßig in Bukarest gelandet, die Bahn wollte allerdings sein Fahrrad nicht mitnehmen, weshalb er auf den Bus ausweichen musste.

Ich vertreibe mir die Wartezeit mit ein bisschen Internetrecherche und bekomme mit, dass Georgien die Grenze wieder geöffnet hat. Tja. Zu spät. Über den Kaukasus zu fahren hätte mich wirklich gereizt, doch jetzt drehe ich nicht noch einmal um.

Endlich trifft Markus ein, und wir gehen essen und suchen uns ein Hotel. Markus filmt gleich ein paar Szenen, denn es gibt schon weitere Neuigkeiten – leider keine guten. Mein Vater funkt durch, dass er Probleme mit der Beantragung meines Russland-Visums in der Schweiz hat ... Aber lassen wir ihn selbst berichten.

Sammy Deichmann in Bern

Also, dass ich da in Bern auf der Botschaft nur das Visum abholen muss, das stimmte schon mal nicht. Gekommen ist nur ein Einladungsschreiben, mit dem man ein Visum beantragen kann. Was das bedeutet, wird ganz schnell klar: Ich muss erst einmal einen Haufen Formulare ausfüllen und Unterlagen beibringen.

Jonas' Pass habe ich natürlich dabei und auch die Vollmacht, dass ich in seinem Namen den Antrag stellen kann. Aber die Vollmacht, hm, ja, die Vollmacht ... Da müsse er nachfragen, meint der sehr korrekte Beamte.

Er fragt nach. Ob die Vollmacht denn beglaubigt sei? Nein? Ja, die müsse unbedingt beglaubigt werden. Da könne ja jeder kommen. (Nein, Letzteres hat er nicht gesagt, aber er hat es wahrscheinlich gedacht –, zumindest habe ich gedacht, dass er es gedacht haben könnte.) Er bleibt höflich und korrekt, ich bleibe höflich und korrekt und fahre die 45 Kilometer zurück, um die Beglaubigung zu organisieren.

Ein Notar, der zur Familie gehört, kommt auf mein Bitten zu mir und bestätigt mit Brief und Siegel, dass ich Jonas' Vater bin, dass die Vollmacht echt und die Unterschrift nicht gefälscht ist.

Ich fahre wieder hin und lege das Konvolut der Unterlagen vor. Der Beamte fängt an zu blättern. Er ist sehr höflich und korrekt.

»Sehr schön«, meint er, »aber der Antragsteller muss den Antrag natürlich auch unterschreiben.«

»Nun, ich denke, ich kann für ihn unterschreiben, ich bin ja bevollmächtigt. Die Vollmacht akzeptieren Sie doch jetzt?«

»Ja, vielen Dank. Die Vollmacht mit der Beglaubigung ist in Ordnung. Aber sehen Sie hier: Eigenhändige Unterschrift des Antragstellers.«

»Aber er ist irgendwo in Rumänien oder schon in der Ukraine. Wie stellen Sie sich das vor?«

Sinnlose Frage. Er antwortet auch gar nicht darauf.

Er ist nicht nur höflich und korrekt, er ist tatsächlich hilfsbereit. Ihm ist anzumerken, dass er den Fall zu einem positiven Abschluss bringen möchte. Das Einladungsschreiben hat wahrscheinlich Eindruck gemacht.

»Wenn Sie bitte ein paar Minuten draußen warten könnten … Vielleicht gibt es hierfür eine technische Lösung.«

Nach einer halben Stunde komme ich wieder, und eine technische Lösung ist gefunden.

Das Blättern in den Unterlagen geht weiter. »Oh, hier ist noch ein Problem.« Auch das lässt sich beseitigen, und ein, zwei weitere dazu. Doch dann taucht ein Hindernis auf, das so einfach nicht aus der Welt zu schaffen ist. Im Einladungsschreiben ist Jonas' Reisepassnummer genannt – und es ist die falsche. Bei all dem Hin und Her und der verschlungenen Kommunikation durch nicht ganz überschaubare Kanäle war diese entscheidende Information offensichtlich fehlgelaufen. Obwohl Jonas extra noch einmal nachgefragt hatte.

»Das geht leider nicht. Die Nummer muss stimmen. Auf diesen Pass kann ich Ihnen das Visum nicht ausstellen. Es tut mir wirklich leid.« Ich glaube ihm das. Er sieht ehrlich bekümmert aus. Aber es hilft nichts, ich muss wieder unverrichteter Dinge abziehen.

Ich telefoniere mit Jonas, ob das Einladungsschreiben vielleicht noch umgeschrieben werden könne, diesmal auf die richtige Passnummer. Aber wir verwerfen die Idee gleich wieder. Das hat schon beim ersten Mal Wochen gedauert und so viele Stellen durchlaufen müssen, das ist keine Option. Die einzige Möglichkeit: Pässe tauschen.

Trotzdem: weiter!

Pässe zu tauschen ist gar nicht so einfach, schließlich habe ich noch ein paar Grenzen zu überqueren. Wir vereinbaren, dass mein Vater den einen Pass nach Charkiw in der Ukraine schickt, denn dort will ich die Grenze nach Russland passieren. Ich meinerseits muss erst noch über die moldawische und die ukrainische Grenze kommen, danach schicke ich den Pass, den ich bei mir habe, in die Schweiz. Innerhalb der Ukraine könnte ich also im Fall der Fälle nur meinen deutschen Personalausweis vorzeigen, aber es wird schon gut gehen. Das ist ein kalkulierbares Risiko.

Also weiter voran. Markus und ich verlassen Constanța gegen Mittag, und weiter geht es mit den endlosen, schnurgeraden Straßen durch monotone Felder und abweisende Industriegebiete. Schwerindustrie aus kommunistischen Zeiten. Eigentlich kenne ich Rumänien als wunderschönes Land, doch in dieser Ecke ist das überhaupt nicht der Fall. Besonders weit kommen wir nicht an diesem Tag, gerade mal 70 Kilometer.

Abends finden wir einen verlassenen Kuhstall, in dem wir übernachten können. Ein prima Schlafplatz, der uns sogar mit einem frischen, sauberen Geruch überrascht.

Wir leisten uns einen Besuch im Dorfrestaurant, auch um uns aufzuwärmen, denn die Lokale in Rumänien sind wieder offen. Die Leute sind unglaublich nett, und ein Tischnachbar stellt uns eine Flasche Schnaps hin, die noch etwa zu einem Viertel voll ist. So eine Einladung kann man hier unmöglich ausschlagen. Wir trinken den Schnaps und ziehen uns anschließend gut gelaunt in unseren Kuhstall zurück.

Am nächsten Tag geben wir uns trotz eines leichten Katers alle Mühe, um es bis in die Stadt Galați zu schaffen, die kurz vor der moldawischen Grenze liegt – ein Tagespensum von ungefähr 140 Kilometern. Erst probieren wir eine Schotterstraße aus, die sich allerdings nach kurzer Zeit in eine echte Schlammpiste verwandelt. Also wieder zurück auf die langweiligen Landstraßen. Immerhin ist es jetzt nicht mehr ganz so kalt, und nachmittags wird die Landschaft mit ein paar Hügeln doch noch ein bisschen abwechslungsreicher. Es ist bereits dunkel, als wir das Ufer der Donau erreichen, die hier über einen Kilometer breit ist. Wir überqueren sie mit der Fähre und übernachten in Galați.

Moldawien

Wir könnten von Rumänien auch direkt in die Ukraine wechseln, indem wir Moldawien südlich umfahren, aber ich freue mich ganz besonders auf dieses Land – zum einen, weil ich noch nie dort war, und zum anderen, weil wir versuchen wollen, in die abtrünnige Republik Transnistrien zu kommen. Wie das in Bezug auf Corona mit der Einreise funktioniert, wissen wir nicht genau. Im Internet stand etwas von Transitrouten. Als wir an die Grenze kommen, sind die Grenzbeamten einsichtig und lassen uns schnell und problemlos passieren. Es ist eigentlich ein großer Grenzposten, über den normalerweise jede Menge Verkehr geht, doch heute scheinen wir die Einzigen zu sein.

Wir halten uns auf kleinen Nebenstraßen, die meist geschottert sind, erst in nördlicher, dann nordöstlicher Richtung. Es sieht alles relativ flach aus, geht allerdings nonstop hoch und runter und ergibt am Ende des Tages doch 2000 Höhenmeter. Die Landschaft ist nicht gerade spektakulär, aber die Dörfer haben ihren Charme, und die Menschen begegnen uns wieder überaus freundlich. Es wirkt, als ob die Zeit stehen geblieben wäre.

Besonders schnell kommen wir auf diesen Straßen nicht voran. Als es dunkel wird, haben wir vielleicht 115 Kilometer geschafft. Auf einem kleinen Markt machen wir ein paar Einkäufe, und wir kommen mit dem Verkäufer ins Gespräch. Sergei spricht sehr gut Italienisch, das ich – zu Markus' Überraschung – ja auch einigermaßen beherrsche. Wie fast jeder, den ich unterwegs treffe, ist auch Sergei neugierig, schüttelt (wie ebenfalls fast jeder) den Kopf, als er meine Geschichte hört – und bietet uns spontan eine Übernachtung an. Er ist im Zweitberuf LKW-Fahrer und lässt uns in den Kojen in der Kabine seines großen Brummis schlafen. Morgens macht er uns sogar Frühstück. So viele Menschen, auf die ich bei meinen Reisen treffe, begegnen mir mit Gastfreundschaft und Hilfsbereitschaft! Auch das ist – neben der rein sportlichen Dimension und dem Faktor Abenteuer – einer der Gründe, warum ich so gerne unterwegs bin. Schwierigkeiten machen eher Behörden, überaus pflichtbewusste Beamte und zurzeit natürlich ein Virus.

Tags darauf geht es mit den Begegnungen unmittelbar weiter; hier kommt der Faktor Neugier hinzu. Wir haben kurz angehalten, weil Markus ein paar Aufnahmen machen will, als ein einheimischer Radfahrer vorbeikommt, ebenfalls anhält und uns anspricht. »Deutsch, Sie sind Deutsche? Oh, ich muss Ihnen zeigen.« Ivan hat eine Zeit lang in Deutschland gelebt und spricht noch gut genug Deutsch, dass es für die Verständigung reicht. Er lässt es sich nicht nehmen, uns durch sein Heimatdorf zu führen. Hier in Vișniovca lebten bis 1940 deutsche Siedler (sogenannte Bessarabiendeutsche), die am Anfang des 2. Weltkriegs »heim ins Reich« geholt wurden. Spuren von ihnen sind heute noch überall zu sehen, und die Einwohner scheinen recht stolz auf diese Geschichte zu sein. Jedenfalls lassen sie uns nicht eher gehen, als bis wir noch ein Bier mit ihnen getrunken haben. Eine große Strecke schaffen wir an diesem Tag nicht mehr, aber wir treten noch so lange in die Pedale, bis wir unser Tagesziel kurz vor dem Fluss Dnjestr erreicht haben. Dunkel geworden ist es da schon lange.

Transnistrien

Nach dem Zerfall der Sowjetunion in die einzelnen Teilstaaten brach innerhalb Moldawiens ein Konflikt zwischen der rumänischsprachigen Mehrheit und der russischsprachigen Minderheit auf, welche vorwiegend in dem schmalen Streifen östlich des Flusses Dnjestr (rumänisch Nistru, deswegen Transnistrien) und der ukrainischen Grenze lebt. Transnistrien gehört völkerrechtlich nach wie vor zu Moldawien, ist aber seit 30 Jahren ein eigenständiges Gebiet. Als eigenes Land wird es von keinem anderen Staat anerkannt, ist faktisch allerdings unabhängig. Es gibt eine eigene transnistrische Regierung und Verwaltung, eine eigene Währung, ein eigenes Militär.

Alle verfügbaren Informationsquellen einschließlich des deutschen Außenministeriums hatten uns gewarnt, dass eine Einreise nach Transnistrien derzeit nicht möglich sei. Wir wollen es trotzdem probieren.

Ich bin aufgeregt wie ein Kind. Es muss ja irgendwie ein Relikt aus Sowjetzeiten sein, eine Reise in die Vergangenheit des Ostens. Plastikgeld soll es da geben, Münzen aus Kunststoff, die ein vollwertiges Zahlungsmittel sind. Die möchte ich unbedingt mal in der Hand haben.

Ob es möglich ist, transnistrisches Geld zu tauschen? Und vor allem: Kommen wir überhaupt rein? Und wenn wir reinkommen: Kommen wir auch wieder raus? »Markus, wenn du deine Drohne da fliegen lässt, sind wir vielleicht morgen im Gulag, das weißt du schon, oder? Ist bestimmt alles militärisches Gelände.«

Markus grinst: »Transnistrien ist viel zu klein für Gulags. Da gibt's höchstens normale Gefängnisse. Und mehr als ein paar Jahre werden wir schon nicht kriegen.«

»Na, vielleicht schießen sie die Drohne ja auch nur ab.«

»Und wir sind doch schneller als so ein rostiger Sowjetpanzer, wenn wir auf dem Rad richtig Gas geben.«

»Also, machen wir's?«

Klar machen wir's. Wenn sie uns nicht durchlassen, kostet uns das mindestens 100 Kilometer Umweg. Eigentlich will ich so schnell wie möglich nach Russland, doch das hier, das ist eine einmalige Gelegenheit. Ich will das Risiko eingehen.

Wir kommen am Rand der Hochebene an, über die wir bisher gefahren sind. Fast wie zwei Feldherren vor der Schlacht stehen wir auf der Anhöhe, unter uns strömt der Djnestr in breiten Schleifen dahin. Am anderen Ufer liegt wohl Transnistrien? Jetzt gibt es kein Zurück mehr. Also los, auf ins Abenteuer, ab geht's.

Die Grenze: nicht anerkannt, aber existent

Halt, Moment, ist das schon die Grenze hier? Was pfeift der Typ in Uniform da hinter uns her? Wir sind doch noch gar nicht über den Fluss! Fast wären wir einfach durchgerauscht; ja, das war ein Checkpoint eben.

Wir sind am Stadtrand von Bender (Bendery), dem einzigen größeren Ort Transnistriens, der am westlichen Flussufer liegt. Hier verläuft die De-facto-Grenze, auch wenn sie im Vorhinein nicht angekündigt ist. Moldawien erkennt Transnistrien schließlich nicht an, sondern betrachtet es als (abtrünnigen) Teil des Landes. Wenn wir jetzt von dem kleinen moldawischen Posten nach vorne schauen, erkennen wir einen Schlagbaum, ein bisschen Stacheldraht und transnistrisches Militär.

Der moldawische Grenzer lässt uns nach kurzer Kontrolle weiterfahren. Wir rollen die breite Straße auf die Grenze zu, steigen ab und holen unsere Pässe heraus. Wir sind übrigens nicht allein, ein Moldawier möchte ebenfalls passieren.

Ein Moldawier? Er wohnt in Berlin, ist Imker von Beruf und möchte das Grab seiner Großeltern besuchen, die in Transnistrien begraben sind. Begegnungen wie diese passieren mir auf meinen Reisen immer wieder, so unwahrscheinlich sie jedes Mal auch sein mögen. Er spricht fließend Deutsch und ist für uns natürlich ein Glücksfall, weil er für uns dolmetschen kann. Dass transnistrische Grenzer etwas anderes als Russisch oder vielleicht noch Rumänisch sprechen, kann man schließlich nicht erwarten. In beiden Sprachen bin ich eine Niete.

Die Grenzposten sehen uns zweifelnd an, weisen uns aber nicht sofort ab. Ich versuche zu erklären, worum es geht und dass wir ja nur im Transit sind. Das geht ein bisschen hin und her, schließlich nimmt einer der Posten die Pässe und verschwindet damit in seinem Kabuff. Wir warten.

Das ist doch schon mal ein vielversprechender Anfang, finde ich. Ich bin jetzt überzeugt, dass es klappen wird, und im Übermut rufe ich meinen Vater an und mache mir einen kleinen Spaß: »Du, wir sind hier an der transnistrischen Grenze, und Markus ist eben verhaftet worden. Er hat mit der Drohne Aufnahmen gemacht, und da wurden sie ganz aufgeregt, haben Militari, Militari gerufen und ihn mitgenommen.« Sammy ist konsterniert, versucht aber sofort, konstruktiv zu werden. Hm, in Transnistrien gibt es keinerlei konsularische Unterstützung; an wen könnte ich mich also jetzt wenden? Ich halte das Ganze fünf Minuten aufrecht, während Markus versucht, sich das Lachen zu verkneifen. Der Moldawier, der mit uns wartet, findet es weniger lustig. Schließlich lösen wir den Ulk auf, und nachdem Sammy zweimal geschluckt hat, kann er auch darüber lachen.

Bald darauf kommt der Grenzer mit den Pässen zurück und händigt uns dazu einen »Transitzettel« aus. Einer der Beamten sagt, dass wir drei Stunden Zeit für den Transit haben, der andere meint, dass eine gewisse Verspätung nicht allzu schlimm sei, dass wir aber auf keinen Fall übernachten dürfen. Da sie Russisch sprechen, sind wir uns allerdings nicht sicher, was nun genau gilt. Unser moldawischer »Dolmetscher« ist da bereits von ihnen zurückgewiesen worden. Wir haben ihm kein Glück gebracht. Irgendwie plagt uns ein schlechtes Gewissen, auch wenn uns keine Schuld trifft.

Tiraspol

Wir wissen nicht recht, auf was wir uns eingelassen haben, doch wo wir schon mal hier sind, wollen wir auch was sehen. Wir überqueren im leichten Regen die Brücke über den Dnjestr und erreichen kurz darauf das Ortsschild der Hauptstadt Tiraspol.

Es fühlt sich unwirklich an, hier zu sein. Ein bisschen verboten und zugleich aufregend. Kurz: Wir sind begeistert. High five mit Markus. Ich war schon in vielen Ländern der Welt, aber das hier ist etwas Besonderes. Vielleicht sollte ich mir als nächstes Ziel vornehmen, alle abtrünnigen Regionen ehemaliger Sowjetrepubliken zu besuchen? Transnistrien habe ich jetzt schon, fehlen noch Abchasien und Südossetien.

Gleichzeitig bin ich ein bisschen enttäuscht. Es gibt Häuser und Straßen und Verkehr und Menschen. Alles ein bisschen so wie sonst überall auf der Welt. Was hatten wir auch erwartet? Zumindest sind in Tiraspol die Sowjetzeiten noch präsent. Hammer und Sichel in der Flagge, Panzerdenkmal, Plattenbauten und Lenin-Denkmal vor dem Regierungsgebäude. Kein Vergleich zur alten DDR, wie Markus sie noch erlebt hat, und wahrscheinlich auch keiner zur echten Sowjetunion. Tiraspol ist eine moderne Stadt mit breiten, sauberen Straßen und großen Wohnblocks, die eine fast schon behäbige Normalität ausstrahlt. Man sieht, dass in den letzten Jahren viel Geld hineingeflossen sein muss. Die Stadt macht einen wohlhabenderen Eindruck als das meiste, was wir in Moldawien gesehen haben. Es ist interessant hier, ja, doch von einigen vorgefassten Vorstellungen müssen wir uns wohl oder übel lösen.

Da es nur noch 45 Kilometer bis zur ukrainischen Grenze sind, nehmen wir uns die Zeit für ein bisschen Sightseeing. Wir setzen uns in ein Café im Zentrum, essen einen Burger und lassen erst mal alles auf uns wirken. Das Lokal hat WLAN mit bester Internetverbindung, sodass ich die Gelegenheit nutze und ein paar Posts in den sozialen Medien nachhole, die in den vergangenen Tagen aufgrund schlechter Netze nicht möglich waren. Plastikgeld bekomme ich leider keines in die Hand, obwohl ich einige Läden danach abklappere. Die Münzen, die mir herausgegeben werden, sind aus Aluminium.

Abends erreichen wir die Grenze, und hier wird es wieder kurios. Erst kommt ein transnistrischer Ausreiseposten, dann – schon auf ukrainischem Territorium – der moldawische und schließlich noch der ukrainische Einreiseposten. Ich bin ein bisschen nervös, weil wir um einige Stunden überzogen haben, aber nirgendwo macht man uns Schwierigkeiten. Es gibt noch nicht einmal eine Ermahnung, dass wir die Zeit überzogen hätten. Wir übernachten in einem kleinen Hotel gleich nach der Grenze und machen uns am Morgen auf den Weg ins 75 Kilometer entfernte Odessa. Landschaftlich wieder ohne Highlights auf schnurgeraden Straßen. Das Land sieht östlich des Dnjestr genauso aus wie westlich.

Die schöne alte Stadt am Schwarzen Meer

Odessa dagegen ist eine prachtvolle Stadt mit jeder Menge nostalgischem Charme. Die reiche Vergangenheit ist allgegenwärtig, verschnörkelte Häuser und regelrechte Prunkbauten sieht man an jeder Ecke. Viele Gebäude sind etwas heruntergekommen, was die besondere Atmosphäre dieser wunderbaren Hafenstadt nur verstärkt.

Wir treffen gegen zwei Uhr nachmittags ein und haben ein paar Dinge zu erledigen. Wir brauchen einen Radladen, denn das Provisorium mit meinem Schalthebel hat nun ein Ende. Vom türkischen Zoll werde ich mein Paket wohl niemals mehr ausgehändigt bekommen, daher hat Markus mir ein Originalteil mitgebracht, das ich jetzt einbauen lassen kann. Außerdem muss ich meinen zweiten Pass in die Schweiz schicken, damit die Visaangelegenheit abgeschlossen werden kann.

Den Rest des Tages nutzen wir, um uns die Stadt anzusehen. Markus wundert sich zum wiederholten Male darüber, dass ich das alles in Radschuhen mache, auch wenn ich nicht auf dem Fahrrad sitze. Abends haben wir eine Einladung zur Eröffnung eines Cafés für Radfahrer. Wir werden ein wenig als VIPs herumgereicht, was einerseits schmeichelhaft, mir allerdings auch immer ein bisschen unangenehm ist. Wir tref-

fen Dimitri, der jedes Jahr ein großes Radrennen in Odessa organisiert und früher Vizegouverneur der Stadt war. Ein herzensguter Mensch, der genau weiß, wie Radfahrer sich fühlen und volles Verständnis für all die kleinen und großen Herausforderungen hat, denen wir uns stellen. Danach verlängern wir den Abend noch ein bisschen, weil hier alles offen ist und man endlich mal wieder in Ruhe ein Bier trinken gehen kann. Übernachten dürfen wir in der Wohnung eines meiner Follower, den wir tagsüber in einem Internetcafé getroffen haben und der sein Date extra für uns versetzt hat. Fast schon zu schön.

Ukrainische Straßen

Die Bedingungen am nächsten Morgen sind perfekt. Sonnenschein und leichter Wind von schräg hinten. Wir wollen die Chance nutzen und nehmen eine Hauptstraße raus aus Odessa, die schnell in eine Schotterpiste übergeht. Also, es ist immer noch die Hauptstraße, über die auch reichlich Schwerlastverkehr rollt, nur eben Schotter über 75 Kilometer. Wir schaffen trotzdem 210 Kilometer und finden abends in der Dunkelheit eine einsame Bushaltestelle, in der wir uns für die Nacht einrichten. Es wird kalt, minus vier oder fünf Grad.

Der nächste Tag beginnt wieder mit Schotter und endlos langen, schnurgeraden Straßen durch graue Landschaften. Wir erreichen die

Am Wegesrand

Markus: Also, ich find' das echt krass, du hast da wirklich nur die Fahrradschuhe an den Füßen – ich kann mir gar nicht vorstellen, wenn die nass sind … Du musst ja auch mal einkaufen gehen oder so, und dann hast du noch nicht mal ein Paar Laufschuhe oder irgend so was dabei.

Jonas: Geht doch wunderbar. Hab' ich von Anfang an so geplant. Ich hab' doch 'ne schöne Komfortausrüstung dabei.

Markus: Ich seh' keine.

Jonas: Hier, ein langes Unterhemd da hinten, in meiner Tasche eine lange Unterhose, und …

Markus: Warte mal, also, als wir letztens an der Bushaltestelle aufgewacht sind, da hast du schon gesagt, dass es ein bisschen kalt war …

Jonas: Ja, das ist der entscheidende Punkt. Es war ein bisschen kalt – das ist ja immer noch Komfort. Normalerweise würde ich bitterkalt sagen. Klar, es wird schon noch ein bisschen frisch sein da drüben im März in Sibirien …

Markus: Minus 20 Grad!

Jonas: Ja, aber ich bin von minus 40 ausgegangen. Zwischen minus 40 und minus 20, das sind …

Markus: … 20 Grad Unterschied, ja.

Industriestadt Krywyj Rih, das Zentrum eines 70 Kilometer breiten Schwerindustrie- und Bergbaureviers – ein bisschen wie das Ruhrgebiet, nur heruntergekommener. Die Straße ist dafür sechsspurig und der Verkehr lebhaft. Wir sehen alte Industrietürme und Plattenbauten aus Sowjetzeiten. Markus fotografiert und macht Aufnahmen mit der Drohne.

Gegen Abend wird es ruhiger, wir fahren auf einer kleinen, asphaltierten Straße – Schlaglöcher und Schotterpassagen immer eingerechnet – und finden ein Hotel für die Nacht. Hier ist gerade eine Hochzeitsfeier am Ausklingen, was uns prompt eine Einladung auf einen Drink verschafft – oder waren es vier? Kichernd wie kleine Jungs fallen wir danach ins Bett.

Wir haben jetzt noch drei Tage bis Charkiw, von wo ich nach Russland einreisen möchte, wenn mein Pass mit dem Visum da ist. *Falls,* sollte ich wohl eher sagen.

Am Dnjepr

Wir kommen in die alte, unglaublich deprimierende Schwerindustriestadt Kamjanske am Dnjepr, dem größten ukrainischen Fluss. Die

Rauchsäulen, die aus den Schloten aufsteigen, verbinden sich mit den Wolken zu einer tief hängenden, bleigrauen Decke. Es wirkt, als habe sich die Welt hier seit 1960 nicht weitergedreht.

Als wir am Morgen das Hotel verlassen, kommt uns ein älterer Mann entgegen und spricht uns in ziemlich gutem Englisch an. Er hat ein großes Mitteilungsbedürfnis und fängt an, uns vom Konflikt im Donbass zu erzählen und der Rolle, die Russland darin spielt. Dass er den großen Nachbarn für einen Hauptverursacher hält, steht außer Frage. Weiter geht es über die alten Sowjetzeiten und die Umweltverschmutzung. »Grau fiel der Schnee damals vom Himmel, grau, nicht weiß!« Ich schaue auf die Rauchwolken aus den vielen Schloten, die der Wind waagerecht über den Himmel treibt, auf die Stahlskelette der Förderanlagen, auf den graubraunen Film, der Hauswände, Strommasten und Bäume überzieht, und wundere mich nicht. Die Umweltverschmutzung ist bis heute ein großes Problem. Wir hören ihm aufmerksam zu, aber irgendwann beenden wir das Gespräch so höflich wie möglich, denn es gibt noch ein Problem zu lösen, bevor wir weiterfahren können.

Einen guten Mechaniker findet man überall

An meinem Hinterrad hat sich das Innenlager gelöst. Wir finden einen Radladen, der auch Rasenmäher und Spielzeug verkauft, allerdings keinen Mechaniker hat. Und wieder bekomme ich unverhofft Hilfe. Direkt vor dem Laden treffen wir einen Fahrradkurier, der selbst mit einem defekten Rad hergekommen ist, ein wenig Englisch spricht und äußerst hilfsbereit ist. Er erzählt uns von einer guten Fahrradwerkstatt: Über den Fluss, kurz danach links, dann … Ach, ich bringe euch hin.

Wir fahren von der Hauptstraße in eine Seitenstraße, von dort aus in ein Seitengässchen der Seitenstraße. Ähh, … kann das stimmen? Hier ist nix. Ein paar heruntergekommene Garagen, weit und breit kein Fahrradladen. Der Fahrradkurier machte vorhin einen sympathischen und vertrauenswürdigen Eindruck, aber hier?

Er steigt vor einer der Garagen ab und hämmert mit der Faust an die Metalltür. Sie wird prompt laut quietschend geöffnet – und drinnen verbirgt sich eine gut ausgerüstete, überraschend moderne Fahrradwerkstatt mit einem ausgezeichneten Mechaniker, der mir das Lager sachgerecht einbaut. Das Ersatzteil hatte ich selbst dabei, schon im Hinblick auf die lange Strecke durch Sibirien. Einen guten Mechaniker findet man überall, aber gute Teile hingegen sind oft nicht zu bekommen. Den Laden allerdings hätten wir nicht einmal gefunden, wenn wir genau gewusst hätten, wo er ist. Und selbst dann hätten wir nicht geglaubt, dass er wirklich existiert.

Jetzt müssen wir endlich los. Das Wetter wird ungemütlich. Wir fahren noch 130 Kilometer, und ich baue mein Zelt abends hinter einer Scheune auf.

Auf einer ukrainischen Landstraße

Markus verlässt mich mal wieder. Er stößt ja nicht nur als willkommene Begleitung immer wieder dazu, sondern er produziert jede Menge Foto- und Videomaterial von meiner Reise. Jetzt ist Schichtwech-

sel. Uwe und Hans von der Filmcrew sind mit dem Auto angereist und übernehmen für die nächsten drei Tage, während Markus nach Deutschland zurückfliegt. Die Jungs bringen ihn noch am Abend nach Charkiw zum Flughafen.

Jetzt bin ich wieder allein auf dem Rad, und das wird wohl bis Wladiwostok so bleiben. Eine Tagesetappe liegt noch vor mir bis Charkiw. Dort muss ich auf meinen Pass mit dem Visum warten, aber da ich dort eine Einladung habe, muss ich das wenigstens nicht im Zelt tun. Etwa 120 Kilometer vor der Stadt treffe ich auf Jeffrin, den Chef des örtlichen Audax-Fahrradclubs. Er ist mir eigens mit dem Zug entgegengekommen, um mit mir zusammen nach Charkiw zu radeln.

Nachmittags wird es aus heiterem Himmel wieder turbulent. Mein Vater ruft mich vom russischen Konsulat in Bern an. Da läuft's gerade nicht rund.

Sammy Deichmann in Bern

Nach dem ersten, vergeblichen Anlauf habe ich also den einen Pass von Jonas nach Charkiw geschickt und den anderen etwas später per Kurierdienst bekommen. Eine gute Woche ist dabei trotzdem ins Land gegangen.

Nächster Besuch in Bern. Ich treffe auf einen anderen Beamten als beim ersten Mal. Er blättert in den Unterlagen. »Ja, alles gut, ... alles gut, ... ahhh – da gibt's ein Problem.« Als wenn ich's geahnt hätte. Es wäre zum Lachen, wenn es nicht so nervtötend wäre.

»Jaa – dieser Pass sieht schon ein bisschen sehr mitgenommen aus. Den kann ich so nicht akzeptieren.«

Der Pass sieht völlig in Ordnung aus. Oft benutzt, klar, aber nicht zerrissen oder beschädigt. Schon ziemlich voll mit vielen Stempeln, nur eine Seite hinten ist noch frei.

Ich erwarte halb und halb, dass er mich wieder wegschicken will, doch er hat eine tolle Idee, auf die nur ein Beamter kommen kann. Jonas muss schriftlich erklären, dass ihm bewusst ist, dass sein Pass beschädigt ist und dass er, sollte er aufgrund dieses beschädigten Passes in einer Kontrolle Probleme bekommen, selbst dafür verantwortlich ist.

Man stelle sich vor, was ohne eine solche Erklärung geschehen könnte: Jonas wird im sibirischen Nirgendwo angehalten und zeigt seinen Pass mit Visum vor. »Your passport is damaged. We must put you into jail.« – »But the officer at the embassy in Switzerland didn't have a problem with it. It's not my fault.« – »Ah, then we must put him into jail.« Und Jonas fährt seiner Wege, während der brave Beamte ins Straflager kommt. Nein, nein, er muss sich absichern.

Wir brauchen also diese Erklärung. Eine E-Mail reicht, nur möglichst sofort, denn die Botschaft schließt in einer Stunde.
Es braucht einige Versuche, bis ich Jonas erreiche. Er ist mit der Filmcrew gerade unterwegs in der Ukraine und muss sich eine Stelle suchen, an der er ein vernünftiges Netz hat. Von dort schreibt er mir die Mail, ich zeige sie postwendend dem Beamten.

»Gut und schön, aber ich brauche das handschriftlich. Mit Unterschrift.«

Ich erwäge kurz, nicht mehr höflich und korrekt zu bleiben, aber es würde ja nichts helfen.

Auf einer ukrainischen Landstraße

Ich bin im Liefermodus. Egal, was verlangt wird, ich mach's. Allerdings habe ich weder Papier noch Stift bei mir. Zum Glück ist die Filmcrew in der Nähe. »Hans, Uwe, habt ihr was zu schreiben da?« Ein großes Kramen in Taschen hebt an, das Auto wird durchsucht, und es finden sich eine nackte Kugelschreibermine und ein Fetzen Papier mit leerer Rückseite. Mit dem Autodach als Schreibunterlage kritzle ich den geforderten Zweizeiler hin. Mit Unterschrift! Das ist mit Sicherheit der hässlichste offizielle Visabrief in der Geschichte Russlands. Abfotografiert, verschickt ...

Wieder in Bern

... und tatsächlich akzeptiert. Der Beamte druckt das Bild des Briefs aus und nimmt es zu seinen Akten. »Wunderbar. Dann kann ich also jetzt ... Ahhh, ... das Passbild. Ist denn dieses Passbild älter als sechs Monate?« Es ist knapp ein Jahr alt. »Ja, das geht nicht, das Bild darf höchstens sechs Monate alt ein.«

Ich habe schon graue Haare, spätestens jetzt hätte ich sie sowieso bekommen.

»Jonas? Du musst jetzt ein Passbild von dir machen. Vor einer weißen Wand. Und zwar zackizacki, wir haben nur noch eine Viertelstunde.«

Auf einer ukrainischen Landstraße

Wo soll ich hier eine weiße Wand hernehmen? Da drüben ist ein graues Garagentor, das könnte gehen. Ist ziemlich niedrig, ich muss in die Knie gehen. Ich mache mit dem Handy ein Selfie und schicke es an Sammy. Es ziert jetzt mein russisches Visum, das mein Vater tatsächlich eine knappe Woche später in der Botschaft abholen kann. Jetzt muss ich es nur noch in die Hand bekommen.

Schöne Tage in Charkiw

Wieder aufs Rad und weiter auf der ukrainischen Landstraße; ich möchte heute Abend noch in Charkiw ankommen. 30 oder 40 Kilometer vor der Stadt kommen mir vier weitere Radfahrer vom Audax-Club entgegen. Gleichzeitig setzt heftiger Schneefall ein. Ganz klar mein Lieblingswetter auf dem Rad. Es wird noch einmal ungemütlich, doch das kratzt mich nicht weiter. Heute werde ich mein Zelt nicht aufbauen müssen. Charkiw kann man schon von Weitem riechen, denn vor der Stadt befindet sich eine große Chemieanlage. Als wir ankommen, ist es dunkel.

In Charkiw werde ich ein paar Tage verbringen und auf meinen Pass mit dem Visum warten. Der örtliche Radclub hat mich untergebracht und kümmert sich auch sonst rührend um mich. Es gibt ein richtiges Touristen-Programm: Wir machen Stadtführungen, fahren mit den Rädern eine größere Runde im Norden von Charkiw, zum krönenden Abschluss nehmen mich Jeffrin und seine Schwester Olga auf einen etwas außerhalb im Wald gelegenen Hof zum Reiten mit. Ich weiß nicht, wann ich das letzte Mal auf einem Pferd gesessen habe, jedenfalls quälen mich danach zwei Tage lang die schlimmsten Sitzbeschwerden meines Lebens. Es ist etwas völlig anderes, ob man auf dem bequemen Fahrradsattel sitzt oder auf einem breiten Pferderücken. Und trotzdem: Es hat zweifellos jede Menge Spaß gemacht.

Und wieder warten

Meine Winterausrüstung ist eingetroffen, und ich bereite mein Fahrrad für Russland vor. Ich steige auf breitere Reifen mit Profil um und bringe noch mal die gesamte Mechanik in Schuss. Von meinem Vater erfahre ich am Telefon, dass das Visum für Russland inzwischen ausgestellt wurde. Spontan stoße ich einen Jubelschrei aus und werfe dabei fast mein Rad um. Ich muss nur noch warten, bis es zusammen mit meinem Pass hier eintrifft, der laut Livetracker gerade in Belgien ist.

Das Warten zieht sich. Ich versuche, mich zu beruhigen, und schreibe Postkarten.

Murphy's Law

Jeden Tag überprüfe ich den Tracker der Post, und jetzt wird es wieder zäh. Meine Sendung liegt inzwischen in Holland, hat sich allerdings seit Tagen nicht mehr bewegt. Es ist schon Donnerstag, der Pass sollte bereits hier sein. Ich rufe eine Servicenummer an.

Das Dach des Logistikzentrums, von dem die Sendung weiterbefördert werden sollte, ist eingestürzt – kein Witz. Mein Pass lag tagelang unter den Trümmern. Dann wurde das Päckchen ausgegraben und – unversehrt, wie es heißt – zum Flughafen Frankfurt befördert. Doch da streikt gerade die Gewerkschaft. Die Sendung kann nicht auf den Flug nach Kiew verladen werden.

Das ist so absurd, ich weiß nicht, ob ich im Dreieck springen oder heulen soll. Es ist dann doch eher zum Lachen. Shit happens. Die Fracht kommt jetzt offenbar per LKW in die Ukraine. Bis Montag soll sie in Kiew sein. Was für ein Aufstand für einen Mann, der einfach nur schwimmen, Rad fahren und laufen wollte.

Einen ernsten Aspekt hat die Sache: Das Visum ist drei Monate gültig, doch diese Frist hat mit der Ausstellung des Einladungsschreibens vom russischen Olympischen Komitee begonnen. Das war vor mittlerweile vier Wochen, was bedeutet, dass mir nur noch 60 statt 90 Tage für die 10 000 Kilometer durch Russland im Winter bleiben. Mir läuft die Zeit davon. Was hatte ich erwartet? Alles andere wäre zu einfach gewesen.

Meine Ausrüstung für Sibirien

- Ortlieb Bikepackung-Taschen und Rucksack
- Zelt: Fjällräven Abisko Lite
- Gut isolierende Liegematte
- Winter-Daunenschlafsack
- Seiden-Innenschlafsack
- Expeditions-Daunenjacke
- Gefütterte Hose
- Lange Unterwäsche
- Lange Radhose und Radtrikot
- Regenjacke, Windweste, Socken
- Mini-Handtuch
- Wintermütze mit Ohrenklappen
- Helmmütze
- Expeditionshandschuhe, Winterhandschuhe, Überhandschuhe
- Fahrradbrille, Skibrille, Helm
- Fahrradschuhe, Expeditionsschuhe, Überschuhe
- Fahrrad-Ersatzteile
- Luftpumpe, Werkzeug, Schloss etc.
- Elektronik (Powerbank, GoPro, Livetracker, Lichter etc.)
- Pass, Dollars, Kreditkarte etc.
- Hygieneartikel
- Faltbare Müslischale und Titanlöffel
- Feuerzeug

Russland

Eis, Schnee, Sturm und Matsch, Matsch, Matsch

Am Sonntag sehe ich auf dem Posttracker, dass mein Pass morgen ankommen soll. Endlich! Ich gehe sofort los, um einen Coronatest zu machen, und bekomme das erwartete negative Ergebnis schon nach wenigen Stunden – effizient übrigens auch auf Englisch, obwohl im Testzentrum niemand diese Sprache spricht.

Montagmittag ist der Pass tatsächlich da, ich packe meine Sachen aufs Rad und mache mich auf den Weg. Bis zur Grenze ist es nicht weit, gerade mal 40 Kilometer. Auf der schnurgeraden Straße müsste normalerweise starker Verkehr herrschen, da sie zu einem Hauptübergang zwischen Russland und der Ukraine führt. Jetzt ist praktisch nichts los. Nur Russen und Ukrainer mit Verwandtschaft auf der anderen Seite dürfen rüber; ein wenig Warenverkehr soll es angeblich auch geben. Heute ist nichts davon zu sehen, die Straße ist komplett leer. Um 18.30 Uhr erreiche ich den ersten Grenzposten, es ist schon dunkel. Hans und Uwe vom Filmteam winken mir zum Abschied noch einmal zu.

Papiere!

Ich habe alles parat: Reisepass, das Visum – ein Sportvisum des Russischen Olympischen Komitees, wie eigens vermerkt ist –, das Einladungsschreiben. Bei den Ukrainern ist alles ganz easy. Sie schauen kurz auf Pass und Visum, lachen, fragen mich, wo ich hinwill. Wladiwostok? Verwunderte Blicke, wieder Gelächter. Insgeheim erklären sie mich wahrscheinlich für verrückt. Sie klopfen mir auf die Schulter, machen Selfies mit mir und folgen mir jetzt auf Instagram. Endlich ist mal was los hier. Muss lange her sein, dass zum letzten Mal ein Ausländer durchkam, und das auch noch auf dem Fahrrad. Ich werde von einem zum nächsten durchgereicht.

Nun aber kommt der Moment der Wahrheit: Auf russischer Seite wird es erwartungsgemäß komplizierter. Der Grenzübergang ist riesig, bestimmt einen Kilometer lang mit insgesamt vier russischen Posten, und an jedem wird kontrolliert. Mein Einladungsschreiben vom Olympischen Komitee macht Eindruck, aber es muss ja trotzdem alles seine Ordnung haben, also beginnt jedes Mal das umständliche Kontrollprozedere von Neuem. Ich komme voran, von Posten zu Posten, bis ich beim letzten angekommen bin. Alle Grenzer sind nett, wenn auch verdutzt, was ich denn hier mache. Ein wenig komisch kommt es ihnen schon vor. »Ja, Pass und Visum scheinen korrekt zu sein, bitte warten Sie, wir müssen nachfragen.« Ein Vorgesetzter kommt dazu. Es wird telefoniert, bestimmt zwei Stunden lang, um abzuklären, ob das stimmen kann. Sie lassen mich zum Warten in ihr Wachhäuschen rein und bieten mir streng duftenden Tee an. Draußen schneit es, die Temperatur ist weit im Minusbereich. Ich bin nur ein paar Meter vom Zaun entfernt, dahinter beginnt die freie Straße, auf der es Richtung Wolga geht, zum Ural, nach Sibirien, an den Pazifik. Wenn ich gleich loskomme, fahre ich noch ein kurzes Stück, suche mir einen Platz für die Nacht und morgen, morgen, da geht es endlich richtig los, mit voller Kraft nach Osten.

Ah, jetzt scheint eine Entscheidung gefallen zu sein. Zwei Soldaten kommen auf mich zu, einer spricht fließend Englisch. Mit meinem Visum ist alles in Ordnung, doch da die Grenze geschlossen ist, dürfen sie nur Personen passieren lassen, die auf einer bestimmten Liste des Innenministeriums stehen. Mein Name ist nicht dabei. Sie können da leider nichts machen. Ich muss umkehren.

Ich bin zu fassungslos, um etwas zu entgegnen. Stehe einfach nur da und starre sie an. Seit drei Monaten warte ich auf die Einreise, meinte, alle bürokratischen Hindernisse überwunden zu haben, und jetzt das. Einen Moment lang dreht sich mir alles. Ich bekomme ein Schreiben in die Hand gedrückt, dass ich wieder in die Ukraine darf, und muss den Weg zurück antreten.

Die ukrainischen Grenzer machen mir keine Schwierigkeiten, wieder einzureisen. Sie scheinen das schon zu kennen. Ich bin mehr als frustriert, aber ich nehme mich zusammen. In der Nähe des Grenzübergangs ist auf ukrainischer Seite ein kleines Restaurant, in dem ich erst mal lustlos etwas bestelle. Das Essen ist heiß, scharf und überraschend wohltuend. Mein unbedingter Wille, es zu schaffen, kehrt zurück. Ich treffe eine Entscheidung: Ich fahre noch zwei Kilometer zurück, um aus dem direkten Grenzgebiet herauszukommen, schlage auf einem Feld mein Zelt auf und fange an zu telefonieren. Jeder meiner Kontakte, die helfen könnten, mich auf die Liste zu bekommen, wird angerufen. Ich habe vor, morgen um acht gleich wieder auf der Matte zu stehen.

Zweiter Versuch

Und so geht es morgens nach dem Aufstehen direkt wieder an die Grenze. Ich gehe in dasselbe Restaurant auf ein Frühstück – gestern Abend hat es schließlich auch geholfen – und warte, von meinen Gewährsleuten Rückmeldung zu bekommen. Und dann geht es relativ schnell. Ich bekomme eine WhatsApp mit einer Datei, die die aktuelle Liste des Innenministeriums enthält. Mein Name steht drauf, ganz unten, an letzter Stelle. Das muss jetzt doch wirklich reichen. Aber inzwischen ist es mir schon gleich. Selbst wenn sie eine persönliche Videobotschaft von Wladimir Putin fordern, werde ich sie besorgen.

Also wieder rein. Die ukrainischen Grenzer winken mich durch. Auf russischer Seite sind jetzt andere Grenzbeamte im Dienst, doch sie haben schon von mir gehört. Ich zeige meine Dokumente vor, und wieder geht das Prüfen, Telefonieren und Rückfragen los. Es schneit, es ist kalt, und sie lassen mich wieder rein ins Warme, um zu warten. Ich verzichte auf den Tee, schließlich muss ich noch fahren. Hoffe ich zumindest. Alle sind höflich zu mir, nervös bin ich trotzdem.

Nach drei Stunden kommt ein neuer Grenzbeamter, den ich noch gar nicht gesehen hatte, hält meinen Pass in der Hand, drückt einen Stempel hinein und händigt ihn mir aus mit den Worten »Good luck, crazy boy!« Fast steigen mir die Tränen in die Augen: Der Weg an den Pazifik ist frei.

Ich fahre

Die Temperatur ist unter null Grad und es schneit. Auf den Straßen liegt Schneematsch – genau die Bedingungen, die man als Radfahrer ganz besonders liebt. Aber ich fahre, und allein deswegen habe ich ein Dauergrinsen im Gesicht.

Ich kenne den Verkehr in Russland von früheren Durchfahrten und weiß, wie rücksichtlos die LKWs an einem vorbeidonnern. Es ist wirklich lebensgefährlich, sicherlich der gefährlichste Teil der gesamten Reise. Auf meiner Eurasien-Challenge 2017 hat mich einmal ein Lastwagen absichtlich so geschnitten, dass mir nur ein Sprung vom Rad das Leben gerettet hat. Darum meide ich im europäischen Teil Russlands die Hauptverkehrslinien nach Möglichkeit und weiche auf Nebenstrecken aus, auch wenn das 300 Kilometer Umweg, viele Schlaglöcher und in dieser Jahreszeit Schlammpisten bedeutet. Nebenstraßen sind oft nicht asphaltiert. Erst nach der Wolga wird es auf den Straßen etwas sicherer für mich werden, und ab dem Ural erwarte ich noch bessere Verhältnisse.

Ich biege also recht bald von der Hauptstraße ab und fahre noch ein paar Stunden durch die Winterlandschaft bis zu einer kleinen Stadt, wo ich ein Hotel finde, mir eine SIM-Karte besorge und die Lebensmitteleinkäufe erledige.

In der Landschaft wechseln sich endlose Felder mit heruntergekommenen Industrieanlagen ab. Alle 50 Kilometer kommt eine Stadt, wo ich mich verpflege. Die Leute begegnen mir neugierig, doch die Verständigung ist schwierig. Englisch spricht hier niemand, und die paar Brocken Russisch, die ich mittlerweile gelernt habe, reichen gerade mal, um etwas zu essen zu bestellen. Morgens liegt eine dicke Schnee-

schicht auf der Straße, am nächsten Tag wird es wärmer, was nicht unbedingt gut ist, denn dann ist die Mischung aus Schneematsch und Schlamm auf den unbefestigten Straßen teilweise so tief, dass ich stecken bleibe. Mehr als 150 Kilometer pro Tag schaffe ich selten.

Dabei muss ich Gas geben, denn mein Visum läuft am 14. Mai ab. Keine Ahnung, was passiert, wenn ich bis dahin nicht in Wladiwostok bin. Vielleicht lässt es sich verlängern. Vielleicht lochen sie mich erst ein und schieben mich am Ende ab.

Es nützt mir nur nichts, mir jetzt große Sorgen darüber zu machen. Große Dinge lassen sich am besten bewältigen, wenn man sie in kleine Teile aufspaltet und diese nacheinander einzeln angeht. Zunächst ist es wichtig, bald an der Wolga sein.

Winter in Russland

Die Bedingungen bleiben schwierig. Es schneit viel, die Temperatur bleibt zuverlässig im Minusbereich. Südlich von Woronesch kreuze ich den Highway von Moskau nach Rostow am Don, den ich 2019 auf der Cape-to-Cape-Route gefahren bin. Das ist schon cool, die alte Route noch einmal ein Stück zu fahren. Damals ahnte ich nicht, dass ich nur zwei Jahre später erneut durch genau diese Straßen fahren würde, mit ganz anderen Erfahrungen im Hinterkopf und einem ganz anderen Ziel. Für zehn Kilometer bleibe ich auf der Schnellstraße, dann reicht es mir wieder, und ich wähle das kleinere Übel, den Matsch. Wobei der Matsch kein kleines Problem ist. Er bremst mich beim Fahren ungeheuer und setzt Kette und Schaltung zu – vom Dreck, der mein Gepäck über und über bedeckt und auch zu mir hochspritzt, ganz zu schweigen.

Nachts sinkt das digitale Quecksilber auf minus zehn Grad, was mich nicht daran hindert, die eine oder andere Nacht im Zelt zu verbringen. Damit habe ich schließlich gerechnet und bin mit Schlafsack, Inlay und diversen Wäscheschichten gut ausgerüstet. (Auch dicke Winterstiefel gehören von jetzt an zur Ausrüstung. Zum ersten Mal

habe ich mehr als ein Paar Schuhe dabei.) Tagsüber taut es wieder, sodass ich mit Schneematsch oder Schlamm zu kämpfen habe, zumeist aber mit beidem. Außerdem bedeuten die Nebenstraßen zum Teil deutliche Umwege. Irgendwann bleibt mir keine Wahl, ich muss wieder auf die große E38, die von Woronesch nach Saratow führt. Es gibt einfach keine alternative Route, das Straßennetz ist bei Weitem nicht so dicht wie in Westeuropa.

Auf dem Highway

Zunächst geht es ganz gut. Es gibt einen Seitenstreifen, auf dem ich einigermaßen Abstand zum Verkehr halten kann. Jetzt wird die Straße enger, der Seitenstreifen ist einem rutschigen Abhang gewichen, und ein LKW nach dem anderen rauscht dicht an mir vorbei. Es herrscht Schneetreiben und trübes Dämmerlicht; wahrscheinlich sehen mich die Fahrer auf der Straße nicht mal richtig. Jeder Laster, der an mit vorbeifährt, erzeugt eine Druckwelle, die mich nach rechts drückt, und einen Sog nach links, wenn er an mir vorbei ist. Das Ganze bei schmierseifenglatter Fahrbahn. Wenn ich den Tag lebend überstehen will, muss ich hier runter, egal, was für einen Umweg das bedeutet. Sobald es irgend geht, biege ich rechts ab, halte an und orientiere mich neu.

Im Schutz der Kirche

Das Sträßchen hier führt nach Süden, aber ich sehe, dass ich später in einem weiten Bogen wieder Richtung Osten und nach Saratow komme. Die Großstadt an der Wolga ist mein Nahziel. Direkt wären es noch 80 Kilometer, auf der Alternativroute gut 110. So oder so müsste ich das morgen locker schaffen. Die Nebenstraße ist ja sogar asphaltiert. Eine Fünf-Sterne-Straße. Jetzt brauche ich nur noch etwas zu essen und einen Schlafplatz. Ich fahre noch ein Stück und finde abends einen kleinen Laden, in dem ich trockenes Brot und Käse erstehe. Damit ziehe ich mich in den Eingangsbereich einer alten, offenbar nicht mehr benutzten Kirche zurück, wo ich mich für die Nacht unter dem Vordach einrichte. Im Vergleich haben mir die Fabrikruine und der Kuhstall besser gefallen, aber im Rahmen der Umstände, die man im März in dieser Gegend erwarten kann, ist es ein kuscheliger Platz. Doch in der Nacht kommt Wind auf, der genau in meine Nische pfeift. Ich muss also raus aus dem warmen Schlafsack und im Dunkeln doch noch das Zelt aufbauen.

Ein grausamer Tag

Am nächsten Tag ist es vorbei mit der asphaltierten Straße. Es kommen 50 Kilometer Schlamm. Es schneit den ganzen Tag, und es bilden sich riesige Pfützen, gefüllt mit einer Mischung aus Schnee, Schlamm und Eis. Fahren ist stellenweise nicht mehr möglich, ich muss immer wieder absteigen und längere Strecken schieben. Es ist ein einziges Elend. Eine besonders tückische Pfütze lauert mit einer Eisplatte auf mich, die unter dem Wasser verborgen und für mich nicht zu erkennen ist. Ich rutsche weg und lande mit der Schulter voll im eiskalten Wasser. Meine ganze linke Seite ist klatschnass; und da ich gerade keinen Föhn zur Hand habe, um Jacke und Hose zu trocknen, wird mir den ganzen Tag über nicht mehr richtig warm.

Zur Kälte kommt Hunger – gestern nur das bisschen Brot und Käse, und jetzt bin ich schon fünf Stunden auf einer Strecke unterwegs, für die ich höchstens zwei eingerechnet hatte. Immerhin ist die Straße inzwischen asphaltiert, doch völlig aus dem Nichts bricht ein Wintersturm los, der es in sich hat. Innerhalb kurzer Zeit liegen zehn Zentimeter Neuschnee auf der Straße – und auf mir auch. Der Wind ist schneidend. Ich kann vielleicht noch 15 Meter weit sehen. Vielleicht sollte ich besser das Zelt aufbauen und den Sturm darin aussitzen? Mir ist furchtbar kalt, die Kleider sind nass, und zu essen habe ich auch nichts. Es hilft nichts, ich muss es bis Saratow schaffen, zumindest so weit, bis ich irgendwo rein und mich aufwärmen kann.

30 Kilometer kämpfe ich mich mühsam voran. Mein Bart wird ganz schwer vor lauter Schnee und Eis. Dagegen war die Kältekammer der Bahn ein Wellnesshotel. Was wohl die Autofahrer gedacht haben mögen, die mich bei diesem Wetter auf der Straße gesehen haben? Ein Gespenst?

Es ist schon ziemlich dunkel, als ich endlich die Außenbezirke von Saratow erreiche. Hier gibt es ein Hotel! Schneebedeckt und mit dicken Eiszapfen im Bart stapfe ich die Stufen hoch. Der Hotelbesitzer kann es kaum glauben, als er mich so sieht. Wer fährt denn bei diesem Wetter mit dem Fahrrad? Aber nach einer warmen Dusche und gutem Essen bin ich schon wieder fast ein richtiger Mensch.

Engels und Marx

Die restlichen 20 Kilometer ins Zentrum von Saratow fahre ich am nächsten Morgen. Der Himmel ist grau, alles wirkt furchtbar trist. Schnee fällt zwar nicht mehr, doch vom Vortag liegt noch jede Menge auf den Straßen und wird von den Autos in Schneematsch verwandelt. Es ist nass und kalt, und mit dem Rad ist die Straße fast nicht fahrbar.

In der Stadt erledige ich ein paar Besorgungen und fahre dann über die große Wolgabrücke. Trotz des trüben Tags ist es ein erhebendes Gefühl, Europas längsten Strom zu überqueren, der hier drei Kilometer breit ist. Doch nichts bewegt sich, nichts rauscht oder plätschert. Die Wolga ist komplett zugefroren, eine riesige weiße Fläche.

Am östlichen Ufer liegt die Stadt Engels, benannt nach Friedrich Engels. Sie war einst ein bedeutendes Zentrum der Wolgadeutschen, bis 1941 sogar Hauptstadt der »Autonomen Sozialistischen Sowjetrepublik der Wolgadeutschen«. (50 Kilometer flussaufwärts liegt Marx, nach Karl Marx). Ein Hauch der Geschichte ist noch zu erahnen, es gibt ein »Denkmal zu Ehren der russlanddeutschen Opfer der Repression in der UdSSR« und natürlich auch eines für Friedrich Engels (und in Marx eines für Marx). Deutsche leben hier praktisch keine mehr, nachdem Stalin die Wolgadeutschen nach dem Einmarsch der Wehrmacht im Zweiten Weltkrieg deportieren hatte lassen.

Ich mache ein paar Fotos und fahre weiter Richtung Samara. Hier habe ich wieder keine Alternative zur Hauptstraße auf der Ostseite der Wolga, die durch eine öde Industrielandschaft und flache Felder führt. Ich will endlich Tempo machen, doch schon bläst mir ein eiskalter heftiger Gegenwind direkt ins Gesicht. Noch ein Tag zum Vergessen.

Weiter gegen den Wind

Die Straßenverhältnisse werden in den darauffolgenden Tagen etwas besser, dennoch: Der Nordwind bleibt ein scharfer, eisiger Feind. Wenn ich 150 Kilometer pro Tag schaffe, bin ich schon froh. Ich liege deutlich hinter meinem Zeitplan zurück. Das ist ärgerlich, aber ich bin weit genug herumgekommen auf der Welt, um zu wissen, dass der Wind irgendwann auch von hinten kommen und mich anschieben wird. Ich muss nur einfach weiterfahren und jeden Tag so nehmen, wie er kommt.

Samara

Samara erreiche ich am 28. März. Die Millionenstadt an der Wolgaschleife war einst ein wichtiges Zentrum der sowjetischen Raumfahrtindustrie. Ich statte der 70 Meter hohen Sojus-Trägerrakete vor dem »Samara Kosmos Museum« einen kurzen Besuch ab und will gleich weiter, muss jedoch feststellen, dass sich meine Kassette gelockert hat und klappert. Das muss erst repariert werden. Man sollte meinen, dass es in einer riesigen Stadt wie Samara gute Fahrradläden gibt,

doch bis ich einen gefunden habe, der das in Ordnung bringen kann, vergehen Stunden.

Weiter geht es Richtung Osten, weg von der Wolga. Ich meide wieder die Fernstraße M5 als direkte Verbindung nach Ufa, meinem nächsten Etappenziel, und wähle eine Nebenstrecke über Buguruslan und Belebei.

Inzwischen hat Tauwetter eingesetzt, die Schneemassen schmelzen, und auf den Straßen bilden sich riesige Pfützen. Bis zu 20 Zentimeter hoch steht das Dreckwasser. Es ist unglaublich, an einer Stelle steht die Straße auf 300 Metern Länge komplett unter Wasser. Die Sonne scheint, es ist relativ warm, aber ich komme trotzdem nur im Schritttempo voran.

Baschkortostan

Erst ab Buguruslan wird es etwas besser, die Straßen sind jetzt meist trocken. Die Landschaft wird hügelig und deutlich reizvoller. Auch die Kultur verändert sich. Ich komme nach Baschkortostan, einer eigenen Republik innerhalb der Russischen Föderation, in der überwiegend Muslime leben. Als abends der Gegenwind nachlässt, der mir den ganzen Tag über ins Gesicht geblasen hat, beschließe ich, den Scheinwerfer einzuschalten, noch ein paar Kilometer gut zu machen und in die Nacht hineinzufahren.

Das Land ist tief verschneit, vor mir geht der Mond auf, ein runder, heller Vollmond. Die Luft ist kalt und klar, die Straße einsam mit kaum Verkehr.

Ich koste den Zauber dieser Nacht lange aus. Erst nach Mitternacht halte ich in einem Dorf bei einem kleinen Hotel an, wo ich Unterkunft finde. Zu essen habe ich nichts mehr, und die Restaurants haben auch alle schon längst geschlossen. Wieder einmal werde ich von der Freundlichkeit und Hilfsbereitschaft der Menschen überwältigt. Der Rezeptionist überlässt mir sein eigenes Abendessen und will als Gegenleistung nur ein Selfie mit mir. Um mein schlechtes Gewissen zu vertreiben, versichert er mir, dass er später zu Hause so viel zu essen bekommen werde, wie er will.

Als ich nach einer heißen Dusche ins Bett sinke, bin ich recht zufrieden mit mir. Heute bin ich ausnahmsweise mal richtig gut vorangekommen.

Routenplaner sind nicht allwissend

Tags darauf läuft alles schief, was schieflaufen kann. Morgens muss ich zunächst einen kleineren Defekt am Rad beheben und komme deswegen erst später los als geplant. Im Städtchen Belebei schickt mich der Routenplaner auf eine Straße Richtung Ufa, die von Minute zu Minute schlechter wird. Das Wetter hat sich auf einen Rhythmus eingependelt, nach dem es nachts bitterkalt ist, tagsüber aber taut. Der Schlamm wird immer tiefer. Ich kämpfe mich voran, Tempo zu machen ist völlig unmöglich. Ich habe vielleicht 30 Kilometer geschafft, als mir ein Auto entgegenkommt und mir bedeutet anzuhalten. Der Fahrer spricht etwas Englisch, und was er mir zu sagen hat, ist unmissverständlich: Die Hauptstraße ist noch 70 Kilometer entfernt, aber es wird noch viel schlimmer. Ich versinke förmlich im Schlamm. Ohne Traktor ist dort kein Durchkommen.

Was tun?

Umkehren. Wieder einmal. Um einmal um die Welt zu kommen, muss man erstaunlich oft in die falsche Richtung fahren. Fünf Stunden, nachdem ich in Belebei aufgebrochen bin, komme ich wieder dort an. Der Tag ist rum, ich suche mir einen Schlafplatz etwas außerhalb der Stadt und versuche, mein Zelt aufzustellen. Durch den ständigen Temperaturwechsel ist der Schnee so matschig, dass die Heringe einfach nicht halten.

Und ich werde auch noch gefilmt dabei: Andrej, ein russischer Kameramann und Freund von Markus, hält die Kamera drauf und friert fürchterlich, während ich fluchend mit der Tücke des Objekts kämpfe. Er wird in den nächsten Tagen immer wieder vorbeischauen.

Schließlich gebe ich mich geschlagen, packe den ganzen Kram noch einmal zusammen und suche mir einen anderen Standort. Dort klappt's so einigermaßen.

Mit einem so frustrierenden Tag umzugehen ist nicht leicht. Die Fahrt war grausam anstrengend und hat mich keinen Kilometer vorwärtsgebracht, und anstatt mich danach ausruhen zu können, musste ich mich wieder aufraffen und das Zelt neu aufbauen. Es ist nur so: Mit der Situation zu hadern trocknet meine Kleider nicht, hebt die Temperatur um kein einziges Grad und macht mich auch nicht satter. Optimistisch zu bleiben und darauf zu vertrauen, dass die nächsten Tage besser werden, ist die bessere Alternative. Im Frust hängen zu bleiben schwächt, zuversichtlich zu sein stärkt.

Das hat nichts damit zu tun, sich eine miese Situation schönzureden. Denn wie ist die Situation? Ich bin gesund und im Vollbesitz meiner Kräfte, mein Fahrrad und der Rest meiner Ausrüstung sind vollständig und unbeschädigt, vor allem aber: Ich bin mitten in einem großen Abenteuer, das ich mir erst erträumt und dann realisiert habe. Ich bin genau da, wo ich sein will. Es ist alles Kopfsache.

Rückenwind

Gas geben muss ich jetzt trotzdem dringend, nachdem in Russland bislang so viel schiefgelaufen ist. Ich muss jetzt schon auf einen Tagesschnitt von 190 Kilometern kommen, um rechtzeitig vor Ablauf meines Visums Wladiwostok zu erreichen, und davon war ich in den vergangenen Tagen weit entfernt. Die nächsten Tage bestätigen mich darin, Berufsoptimist zu sein. Die neue gewählte Strecke ab Belebei ist asphaltiert, der Wind hat gedreht. Er kommt jetzt von hinten und schiebt mich an.

An Ufa fahre ich südlich vorbei. Die Stadt ist mit guten Erinnerungen verbunden, denn hier habe ich 2017 meinen ersten Weltrekord für die schnellste West-Ost-Durchquerung Europas vollendet. Ich bekomme auch Gesellschaft: Anton, ein einheimischer Radfahrer, kommt mir entgegen und begleitet mich ein Stückchen. Ich kann mich mit ihm auf Englisch unterhalten, das tut auch mal wieder gut nach den vergangenen Tagen. Gut gelaunt fahre ich noch bis in die Dunkelheit und finde gegenüber einer Tankstelle einen Platz, um mein Zelt aufzuschlagen. Die Heringe halten, weil jetzt der Boden schon wieder gefroren ist. 220 Kilometer habe ich heute geschafft – so soll das bleiben.

Ural

Am nächsten Tag habe ich endlich den Ural erreicht. Er klingt furchteinflößend, ist zum Fahrradfahren aber mit seinen gut geteerten, kleinen Anstiegen kein besonders schwieriges Gebirge, und ich bin froh, endlich mal wieder klettern zu können. Seit der Türkei war alles flach, hier komme ich endlich mal wieder bis auf 800 Meter. Endlose schneebedeckte Hügelketten unter grauem Himmel. Ein eindrucksvolles Bild, egal, in welche Richtung ich mich drehe – weshalb auch das Filmteam wieder da ist. Ich wähle erneut einen Umweg über eine Nebenstrecke, die erst kurz vor Tscheljabinsk wieder auf den Highway M5 mündet. Es geht mir gut, ich genieße die abwechslungsreiche Route, das Wetter passt auch, und so schaffe ich auch an diesem Tag etwas mehr als 200 Kilometer.

Die Übernachtung plane ich im Uralstädtchen Belorezk, wo ich über eine Internetplattform ein Zimmer im Hotel »Bankir« (zu deutsch: »Bankier«) buche. Nach besonders viel Geld sieht das Gebäude trotzdem nicht aus, und das ist mir ja ganz recht. Nur: Als ich ankomme,

ist niemand dort. Ich rufe an und versuche, mich meinem nur Russisch sprechenden Gegenüber verständlich zu machen. Ausgerechnet jetzt ist Andrej nicht in der Nähe, um zu übersetzen. Irgendwann kommt eine Dame, die wirklich sehr bemüht ist – doch wie das mit dem Check-in läuft, da ich ja übers Internet gebucht habe, und wo eigentlich die Zimmerschlüssel sind, dafür braucht sie eine gefühlte Ewigkeit. Das Restaurant ist auch zu. Ziemliches Chaos. Aber freundlich, wie gesagt. Vielleicht lief das mit den Geldgeschäften des namensgebenden Bankiers ähnlich, sodass er die Branche wechseln musste?

Das Huhn stand wohl schon länger warm

Im Ural habe ich die Grenze zu Asien überquert; und mein Höhenflug hält an. Ein starker Rückenwind schiebt mich an und drückt mich sogar die Gegensteigungen mit 30 km/h hoch. Die Landschaft ist wunderschön mit vielen verstreuten, verschlafenen Dörfern, in denen ein eigenes, gemächliches Tempo herrscht. Fast schade, dass ich am Abend nach 230 Kilometern die M5 erreiche und praktisch schon wieder raus bin aus dem Ural. Das ist auch der Zeitpunkt, um Andrej Goodbye zu sagen. Ich werde ihn später wieder treffen.

Ich steige in einer Trucker-Raststätte ab und esse dort zu Abend. Das Gericht mit Huhn lacht mich an und schmeckt auch lecker, aber ich merke bald, dass das ein Fehler war. In Russland kochen die Restaurants die Gerichte vor und wärmen sie, wenn sie bestellt wurden, in der Mikrowelle auf. Man weiß nie, wie lange das Essen schon rumgestanden hat, und wie lange es gekocht wurde. Das gehört leider auch dazu. Ich muss ja unterwegs essen, was es gibt. Allzu wählerisch darf ich sowieso nicht sein. Meine Devise ist, das Risiko von ein oder zwei Lebensmittelvergiftungen pro Jahr einzugehen, aber dafür alles essen zu können. Die Alternative wäre, auf fast alles zu verzichten und immer nur trockene Nudeln zu essen. Das will ich nicht.

Jedenfalls fühlt es sich bereits ein wenig komisch an, während ich noch am Tisch sitze und die Gabel auf dem leeren Teller drapiere. Ich ahne schon, was mir bevorsteht, und leider täusche ich mich nicht: Nachts wecken mich Magenkrämpfe, und morgens habe ich brutale Kopfschmerzen. Ich gehe sogar noch zum Frühstücken runter, klappe dabei jedoch fast zusammen. Essen geht nicht mehr rein, der Magen krempelt sich allein beim Gedanken daran um. Heute kann ich nicht aufs Rad steigen. Ich lege mich wieder hin und verbringe den Tag im Bett.

Runderneuerung für Mensch und Maschine

Am nächsten Tag geht es ein bisschen besser, Magenkrämpfe habe ich immer noch. Ich fahre trotzdem die 80 Kilometer bis Tscheljabinsk, wo ich bereits über Instagram nach einem guten Radladen gesucht habe. Die sind in Russland ziemlich rar gesät.

Das Gute ist, dass ich in Tscheljabinsk eine Fangemeinde habe, in der sich rumgesprochen hat, dass ich komme. Das bringt mir eine Empfehlung für eine Werkstatt ein, in der mich Denis, der Besitzer, bereits erwartet. Die Schlammfahrten der letzten Wochen haben meinem Rad schwer zugesetzt. Alle Schrauben, alle Lager sind korrodiert. Das Tretlager, die Radlager, der Steuersatz und sogar Teile der Schaltung müssen ausgetauscht werden. Ich bin um 15 Uhr dort, und Denis arbeitet bis 22 Uhr daran – und will noch nicht mal etwas dafür. Einige meiner Fans kommen in der Zwischenzeit zum Laden, um mich zu begrüßen, und Alexeij, ein Triathlet aus Tscheljabinsk, lädt mich zu sich nach Hause ein, wo er mit Frau und Tochter lebt. Er hat eine

Sauna, in die wir noch gehen – trockene Hitze bei 110 Grad, und wir setzen dabei lustige Kappen auf. Ein geradezu surreales Erlebnis und super erholsam für mich, gerade nach den letzten beiden Tagen.

In Tscheljabinsk beginnt Sibirien. Ein weiterer Meilenstein geschafft.

Die Mühen der Ebene

Von Tscheljabinsk am Ostrand des Ural bis Nowosibirsk am Ob sind es etwa 1500 Kilometer, und dazwischen erstreckt sich das Westsibirische Tiefland. Die Landschaft ist absolut flach, die durchschnittliche Steigung auf 200 Kilometer beträgt 33 Höhenmeter. Die Distanzen werden länger; man fährt oft 80 oder 90 Kilometer, bis das nächste Dorf kommt.

Ich bin hier schon 2017 auf meiner Eurasia-Challenge durchgekommen, als ich die 14 331 Kilometer zwischen Cabo da Roca in Portugal und der russischen Pazifikküste in der Rekordzeit von 64 Tagen gefahren bin. Den größten Teil der Strecke legt man auf dem Transsibirischen Highway zurück, der über Omsk, Nowosibirsk, Irkutsk und Chabarowsk nach Wladiwostok führt. Alternativen dazu sind rar.

Ich breche morgens relativ spät auf – das wunderbare Frühstück, das Alexeijs Frau bereitet hat, kann ich schon wieder genießen, aber etwas flau ist mir immer noch nach meiner Lebensmittelvergiftung. Die Straße, als ich aus Tscheljabinsk rausfahre, entpuppt sich wieder mal als lebensgefährlich – eng, kein Seitenstreifen und dichter LKW-Verkehr. Glücklicherweise kann ich hier noch auf eine andere Strecke ausweichen, die mich über Schadrinsk statt über Kurgan nach Ischim bringt. Ab dort habe ich keine Wahl mehr.

Dieser erste Teil fährt sich richtig gut. Der Verkehr lässt sofort spürbar nach, es gibt nur noch Wälder, hier und da ein paar Felder und Holzhütten. Die Eintönigkeit beflügelt mich, es gibt nichts anderes zu tun, als auf der schnurgeraden Straße bis hinter den Horizont zu fahren, also kann ich regelrecht in den Zeitfahrmodus gehen. Ich komme schon am ersten Tag 180 Kilometer weit, die nächsten Tage werden es regelmäßig mehr als 200. Nach einem Tag mit noch einmal heftigen Schneeschauern bessert sich das Wetter, und vor allem: Ich bekomme Rückenwind. Zwei Tage lang fliege ich mit bis zu 40 km/h durch die Ebene. Auch mein Fahrrad fährt sich nach der Runderneuerung wieder wunderbar.

Etwa 300 Kilometer vor Omsk, der zweitgrößten Stadt Sibiriens, biege ich wieder auf den Transsibirischen Highway ein, und was mir gestern noch gefallen hat, wird mental zur Belastung. Die Landschaft wird abermals monotoner und öder – sumpfige Steppe, abgelöst von eintönigen Birkenwäldern, auf die wiederum sumpfige Steppe folgt, so weit das Auge reicht. Ich habe das Gefühl, ich fahre und fahre und komme keinen Kilometer voran. Nun, nach jedem High kommt unweigerlich ein Low, das kenne ich zur Genüge. Irgendwann wird es vorbeigehen. Auch wenn diese Steppe nie endet.

Wenigstens versprechen die Lastwagen etwas Abwechslung, allerdings der unangenehmen Natur. Ich versuche, auf dem vielleicht 50 Zentimeter breiten Seitenstreifen so viel Abstand wie möglich zu den vorbeidonnernden Trucks zu halten. Es ist nicht ganz so schlimm wie im westlichen Teil Russlands, wenig Platz auf der Straße zerrt jedoch immer an den Nerven.

Stunde um Stunde kurbele ich so missmutig dahin. Alle 80 Kilometer kommen eine Tankstelle und ein kleines Restaurant, wo ich etwas esse und weiterfahre. Dieser Streckenabschnitt erinnert mich ans Schwimmen, nur dass es hier noch langweiliger ist. Es gibt einfach gar nichts Interessantes. Nix. Null. Ich mühe mich den ganzen Tag über ab, und es passiert absolut nichts.

Entscheidender Faktor ist jetzt der Wind. Auf zwei Tage Rückenwind folgen drei Tage Gegenwind, der das Fahren zur Hölle macht. Ich schaffe vielleicht 18 oder 19 km/h, und das auch nur bei größtmöglicher Anstrengung. Es ist zermürbend. Zelten kann ich kaum; das

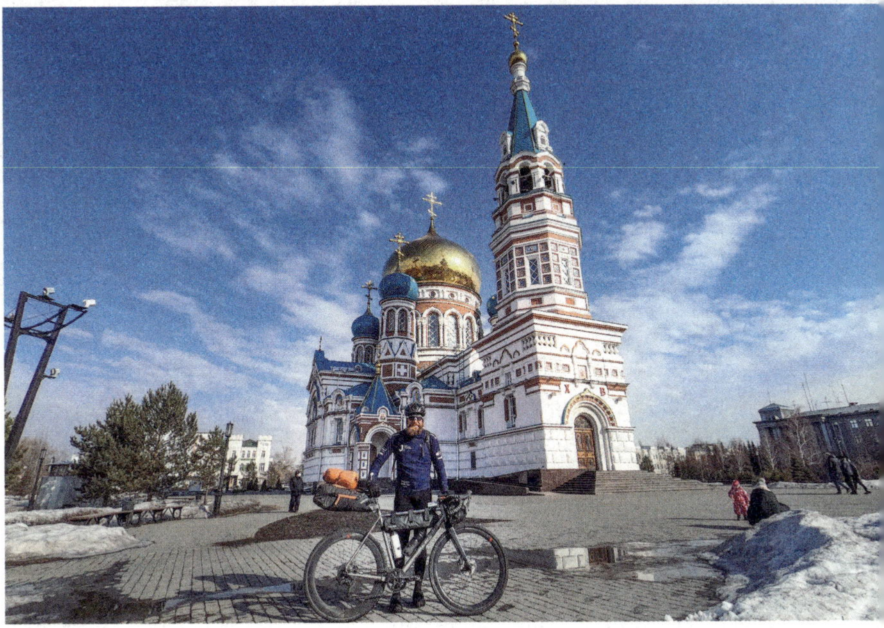

Land ringsum ist ein einziger nasser Sumpf, in der Steppe genauso wie in den Wäldern.

Einmal, vor Omsk, muss ich 30 Kilometer lang suchen, bis ich etwas von der Straße entfernt eine Stelle finde, wo ein kleines bisschen Gras unter dem Schnee herausschaut. Befestigen kann ich das Zelt kaum in dem tiefen Matsch.

Um der Monotonie des Highways zumindest einmal zu entkommen, fahre ich durch Omsk und mache immerhin ein schönes Foto vor der Kathedrale. Die reine Freude ist das auch nicht. Der Verkehr ist heftig, und auf dem Weg wieder raus aus der Stadt lande ich noch einmal auf einer völlig überfluteten, unbefestigten Straße im tiefen Matsch. Ich hätte es besser wissen müssen: Russland folgt seinen eigenen Gesetzen. Und eines davon lautet: Hier gibt es keine Abkürzungen.

Hinter Omsk folgt noch ein fürchterlicher Tag mit Regen und strammem Seiten- und Gegenwind, dann bessert sich das Wetter: Sonne,

bis zu zehn Grad und Rückenwind. Die Nächte sind mit Temperaturen weit im Minusbereich immer noch kalt, und die Straße ist immer noch endlos eintönig, aber ich komme jetzt immerhin gut voran. Nach Nowosibirsk, wenn ich den Ob überquert habe, werden wieder Hügel und Wälder kommen – und vor allem wird der Verkehr nachlassen, weil dort wichtige Straßenverbindungen nach Süden abbiegen, nach Kasachstan und in die Mongolei.

Ich erinnere mich noch von meinem Eurasia-Rekord an dieses Gebiet – damals hatte ich genau dasselbe Gefühl wie heute: Wann kommen endlich wieder Berge? Das Leben ist viel zu kurz, um nur im Flachen zu fahren!

Jenseits des Ob

Meine Erinnerung hat mich nicht getrogen. Nachdem ich die Plattenbausiedlungen von Nowosibirsk, die mit 1,6 Millionen Einwohnern größte Stadt Sibiriens, am 12. April passiert habe, ist es wie erhofft: Die Landschaft wird langsam hügeliger und vielfältiger – fast schon abwechslungsreich. Nach und nach auch interessanter, vor allem nimmt der Verkehr jetzt deutlich ab.

250 Kilometer weiter komme ich ins Gebiet von Kemerowo. Hier lösen sich alle romantischen Vorstellungen, die man vielleicht mit Sibirien verbindet, in Luft auf, und zwar in sehr dreckige Luft. Ursprüngliche Natur, die endlosen Wälder der Taiga: Fehlanzeige. Kemerowo liegt im Zentrum einer Region, die vom Kohlebergbau lebt und in der sich folgerichtig auch viel Schwerindustrie angesiedelt hat. Die Umweltverschmutzung hier ist atemberaubend – im Wortsinn. Ich übernachte in einem kleinen Hotel im Stadtzentrum, und beim Atmen fühlt es sich an wie in einer Tiefgarage ohne Entlüftung. Brutal. Der Schnee auf den Hügeln rundum ist schon grau, wenn er vom Himmel fällt. Ich beeile mich weiterzukommen. Nachdem ich Kemerowo weit genug hinter mir gelassen habe, wird es besser. Die Landschaft verändert sich nochmals; statt der lichten Birkenwälder, die mich lange begleitet haben, kommen jetzt dichtere, dunklere Nadelwälder. Zum ersten Mal stellt sich ein Gefühl von Wildnis ein. Das Land wird hügeliger. Nie steil, aber es geht stetig auf und ab, sodass am Ende des Tages jeweils 1000 Höhenmeter auf meinem Wahoo stehen.

Mit Markus stehe ich in engem Kontakt und erfahre, dass er Chancen hat, ein Visum zu bekommen. Er plant, die letzten 2000 Kilometer bis Wladiwostok wieder mitzufahren. Die Aussicht beflügelt mich.

So macht das Fahrradfahren endlich wieder richtig Spaß, allerdings ist auch der Winter zurückgekehrt. Vor Nowosibirsk war es zeitweise richtig warm gewesen, Sonne und zwölf oder 13 Grad, doch seit Kemerowo gibt es wieder Schneeregen tagsüber und nachts Minusgrade. Herausfordernde, aber nicht unmögliche Bedingungen.

Geburtstag

Ich beeile mich, um bis zum Abend ins Städtchen Mariinsk zu kommen. Ich habe dort ein Hotel gebucht, weil ich für den nächsten Tag einen kleinen Nebenjob angenommen habe: Ich halte bei der »Future of Digital Event Conference« am 15. April einen Online-Vortrag, und dafür brauche ich eine gute Internetverbindung.

Ein bisschen skurril ist das schon, mal eben vom Fahrrad abzusteigen und virtuell gleich ganz woanders zu sein. Es ist ein Beispiel dafür, wie die Welt online zusammenwächst. Ob ich in Zürich, London oder eben Mariinsk bin – ich kann teilnehmen und für alle präsent sein.

Es ist außerdem mein Geburtstag. Ich werde 34 Jahre alt. Einen passenden Geburtstagskuchen finde ich im Supermarkt. Weihnachten hockte ich im Zelt in der Türkei, Ostern kämpfte ich mich mit den Nachwirkungen einer Lebensmittelvergiftung durch die Tiefebene hinter dem Ural, und Geburtstag feiere ich in einer netten zentralsibirischen Ortschaft. Öfter mal was anderes …

Rückenwind

Mein Geburtstagsgeschenk folgt auf dem Fuß: Ich bekomme starken Rückenwind, der mich nur so über die Hügel fliegen lässt. Mit fast 40 km/h im Schnitt schaffe ich an diesem Tag 270 Kilometer.

Die nächste Stadt, in der ich kurz Station mache, um etwas zu essen und mich ein bisschen umzuschauen, ist Atschinsk. Auch hier wird Kohlebergbau betrieben, vor allem aber scheint in Atschinsk die

Sowjetunion noch quicklebendig zu sein. Überall sind Lenin-Denkmäler und Bilder ehemaliger Sowjetleader zu sehen. Selbst Stalin wird hier offenbar noch ganz in Ehren gehalten. Es sind auch noch viele Fahnen und Plakate zu sehen, die von den Feiern zum 75. Jahrestag des Sieges im Großen Vaterländischen Krieg übrig geblieben sind – so wird der Zweite Weltkrieg in Russland genannt. Ein beklemmendes, tristes Erlebnis, diese Stadt.

Ich bleibe nicht über Nacht, sondern fahre noch gut 70 Kilometer weiter. Abends erreiche ich ein Restaurant, bei dem ich halte. Gegenüber führt ein kleiner Weg in den Wald, und ich denke mir, dass ich ja mal schauen kann, ob sich da irgendwo ein Platz zum Campen findet.

Bingo! Nach kaum 100 Metern tut sich eine kleine Lichtung mit einer Wiese auf, die zum Teil schneefrei ist – wunderschön, ein idealer Platz. Ich baue das Zelt noch nicht gleich auf, weil ich erst im Restaurant essen möchte – und als ich danach wieder nach draußen komme, schneit es heftig in dicken Flocken.

Ich baue also mein Zelt bei Schneetreiben auf und wache am Morgen in einer Wunderlandschaft auf. Die Bäume ringsum, das Zelt, das Fahrrad: Alles ist im Weiß versunken. Ich packe eilig zusammen und will mich gleich aufs Rad schwingen, doch das ist gar nicht so einfach. Vom lockeren Schnee kann ich das Fahrrad leicht befreien, aber die Eisschichten, die sich auf der Mechanik gebildet haben, sind hartnäckig. Ich komme mit den Schuhen nicht in die Klickpedale, und als ich versuche, trotzdem loszufahren, fängt die Schaltung an zu springen. Jetzt wäre ein Gaskocher eine feine Sache ... oder ein Flammenwerfer. Oder einfach ein Eimer heißes Wasser.

Zum Glück fällt mir ein Trick ein, den mir ein Freund aus Finnland mal verraten hat: draufpinkeln. Das ist warm genug, um die Teile aufzutauen, und sobald ich wieder in Bewegung bin, spielt sich der Rest auch ein. Es ist mir ein bisschen arg, meiner Esposa – wie ich mein Fahrrad getauft habe – das antun zu müssen, aber es geht jetzt nicht anders. Bei der nächsten Gelegenheit kommt wieder der Hochdruckreiniger zum Einsatz, dann ist sie wieder sauber. Ist ja nicht das erste Mal; bei meinen Schlammfahrten im Westen Russlands wäre ich ohne die regelmäßigen Abstecher in die Waschanlage überhaupt nicht vorangekommen.

Den Rest des Tages fahre ich durch eine Bilderbuchwinterlandschaft. Das ist wie Urlaub, hat allerdings den Nachteil, dass der Seitenstreifen bei Schnee nicht mehr befahrbar ist. Gut, dass hier nicht mehr so viel Verkehr ist. Auf LKWs, die mich alle Nase lang halb von der Straße drücken, habe ich echt keine Lust mehr.

Ein Wiedersehen

Krasnojarsk ist auf meiner Strecke die letzte wirklich große Stadt vor Wladiwostok, und vielleicht 50 Kilometer vorher ereilt mich ein schönes Déjà-vu.

2017 war ich während meines Eurasien-Weltrekords die gleiche Strecke gefahren. Es war kalt und regnerisch gewesen, und kurz vor

Krasnojarsk war ich völlig durchnässt und durchgefroren zu einem kleinen Restaurant gekommen. Der Besitzer hatte mich damals eingeladen, bei ihm in seinem Schuppen zu übernachten, in dem ein Bett und ein Holzofen standen. Mich dort aufwärmen und ausruhen zu können hatte mir sehr gutgetan – von der herzerwärmenden Freundlichkeit der Leute ganz zu schweigen.

Wo es genau war, weiß ich nicht mehr, halte aber die Augen offen, und als ich an diesem Restaurant vorbeikomme, erkenne ich es sofort wieder. Damals war es Anfang August gewesen, es hatte einen Temperatursturz gegeben, und ich fror erbärmlich in meinem kurzen Radlerdress. Jetzt liegt Schnee, und auch wenn ich diesmal besser ausgerüstet bin, sieht das Häuschen mit dem windschiefen Dach für mich noch einladender aus als vor vier Jahren.

Ich gehe hinein und tatsächlich – der nette Besitzer steht noch immer hinter seinem Tresen. Er erkennt mich zuerst nicht – es ist vier Jahre her –, erst als ich ihm das Foto zeige, das ich damals von uns gemacht hatte und das noch auf Instagram gespeichert ist, nickt er heftig, bricht in fröhliches Gelächter aus und lädt mich direkt wieder zum Essen ein. Ich habe das Gefühl, nach Hause zu kommen.

Taiga

Auf Ofen und Bett kann ich diesmal verzichten und breche nach dem Essen gleich wieder auf. Eine Durchfahrt durch Krasnojarsk erspare ich mir, sondern umfahre die Stadt lieber auf der Umgehungsstraße. Nachdem ich den Jenissei überquert habe, komme ich wieder in bergigeres Gebiet. Alles wird wilder, der Wald dichter, der Verkehr lässt noch weiter nach. Es gibt Anzeichen, dass hier auch Bären und Wölfe leben. Am Straßenrand sehe ich Händler, die Fuchs-, Wolfs- und Bärenpelze verkaufen. Das hinterlässt in mir gemischte Gefühle – einerseits finde ich es traurig, dass Tiere getötet werden, um ihnen das Fell abzuziehen, andererseits ist es hier nun mal gang und gäbe und auch ein Hinweis darauf, dass diese Tiere in diesen Wäldern in freier Wildbahn leben.

Die Bären müssten jetzt langsam aus dem Winterschlaf erwacht sein, und ich hoffe, noch welche zu sehen zu bekommen, auch wenn sie nach der langen Zeit ohne Nahrung sehr hungrig sein dürften.

Das Wetter ist weiter nicht allzu freundlich – tagsüber um die null Grad, nachts minus zehn. An einem Tag schneit es erst den halben Tag wie verrückt, dann geht der Schnee in Schneeregen über. Abends bin ich klatschnass und fange sofort an zu frieren, sobald die Muskeln nicht mehr arbeiten. Ein Hotel ist nicht in Reichweite, also baue ich notgedrungen irgendwo im Wald mein Zelt auf. Auch im Schlafsack wird mir nicht richtig warm; ich kann zwar einschlafen, wache aber nachts vor Kälte auf. Das ist ein schlechtes Zeichen und zugleich ein gutes: Denn ein gesunder Mensch wacht auf, bevor er im Schlaf erfriert. Wenn man krank oder alkoholisiert ist, funktioniert dieses körpereigene Alarmsystem nicht mehr, wie es soll, und es wird gefährlich. Wie auch immer, frieren ist trotzdem nicht schön. Am Morgen zeigt das Thermometer minus 13 Grad an. Jetzt auch noch raus aus dem Schlafsack und rein in die nassen Klamotten, die natürlich nicht trocknen konnten, das erfordert erhebliche Überwindung. Ein besonderer Spaß ist es, mich in die steif gefrorenen Schuhe zu zwängen. Meine Füße bleiben noch stundenlang eiskalt.

Der Tag belohnt mich dafür mit viel Sonne, Rückenwind und einer wunderschönen Landschaft. Die Flüsse zeigen offene Stellen. Die Eisschicht bricht, und riesige Schollen treiben auf dem Wasser – ein beeindruckender Anblick!

Es ist ein einsames, wildes Land, durch das ich fahre, mit viel Wald und wenigen kleinen Dörfern. Bei den Händlern, die an der Straße ihre Pilze und Tierfelle verkaufen, gibt es zunehmend auch Fisch, der direkt an der Straße geräuchert wird. Meist steht eine große Kanne Tee dabei. Ich halte kurz, lasse es mir schmecken und komme ansonsten gut voran. Ich kann die Fahrt wieder richtig genießen.

Erst als ich den Großraum Irkutsk erreiche, wird es wieder etwas »zivilisierter«. Auch der Verkehr nimmt zu. Ich umfahre die Stadt großräumig, sie reizt mich nicht, ich möchte lieber so bald wie möglich an den Baikalsee.

Unterwegs gibt es noch ein Problem zu lösen: Ich muss einen abgefahrenen Reifen wechseln, doch das Ventil ist so korrodiert, dass ich es nicht aus der Felge abbekomme. Unter den Straßenbedingungen der letzten Wochen hat es sich komplett festgesetzt und ist mit meinen Mitteln nicht loszubekommen. Beim Test in der Klimakammer der Deutschen Bahn war es mir noch gelungen, den Reifen von der Felge zu lösen, doch da hatte ich nur mit Vereisung zu tun. Mit der Korrosion hier ist es aussichtslos.

Zum Glück gibt es hinter dem Restaurant, bei dem ich angehalten habe, eine kleine Autowerkstatt. Der Mechaniker sieht sich die Sache an und holt eine Flex, mit der er dem Ventil zu Leibe rückt. Ich zucke zusammen und bereue schon fast, ihn um Hilfe gebeten zu haben.

Wenn er mit der Maschine abrutscht, ruiniert er meine sündhaft teuren Carbon-Laufräder. Als er anfängt, beruhige ich mich, denn er macht das völlig souverän. Das Ventil kommt raus, ich montiere meinen neuen Mantel und ziehe einen Schlauch ein. Bis hier bin ich am Hinterrad tubeless gefahren, und jetzt eben nicht mehr.

Am Baikalsee

Hinter Irkutsk habe ich wieder Begleitung von Andrej. Er lebt eigentlich in Dresden, kann als russischer Staatsbürger jedoch problemlos ein- und ausreisen. Unterstützung hat er von Alexander, der auch Moderator beim russischen Fernsehen in Irkutsk ist und nebenbei noch fürs russische Fernsehen etwas über mich filmt. Sie folgen mir ein paar Tage lang auf den Fersen und machen Aufnahmen für den Dokumentarfilm über meine Reise.

Unweit Irkutsk beginnt eine richtige Königsetappe: rein in die Berge mit mehreren langen Anstiegen bis auf 1000 Meter. Herrlich! Die Straße führt durch dichte, tief verschneite Wälder, und als Höhepunkt wartet eine spektakuläre Abfahrt runter zum Baikalsee auf mich. Der See ist ein persönliches Highlight, auf das ich mich schon lange freue.

Ich komme um eine Kurve, und plötzlich breitet sich das Panorama des gigantischen, zugefrorenen Sees vor mir aus. Unten, an der Südspitze des Baikalsees, liegt ein kleines Städtchen, die Gleise der Transsibirischen Eisenbahn führen hindurch, und alles wird umrahmt von hohen, schneebedeckten Bergen. Ich halte an und lasse den Eindruck auf mich wirken, bin begeistert, ergriffen, glücklich. Wenn man aus der Enge der Wälder kommt und sich unvermittelt ein solcher Anblick bietet, ist es, als ob sich in einem selbst etwas ganz weit öffnet. Als ich vor vier Jahren im August schon einmal hier war, schien die

Sonne, aber so, bedeckt mit Schnee und Eis, wirkt der See noch beeindruckender.

Unten am Ufer stoße ich auf ein Straßenschild: Moskau 5383 Kilometer in die eine Richtung, Wladiwostok 3762 Kilometer in die andere. Das erste Hinweisschild auf Wladiwostok. Noch nicht mal mehr 4000 Kilometer. Ein Hüpfer!

Die Straße führt am Südufer entlang, manchmal direkt am See, manchmal etwas im Landesinneren durch Wälder, in denen viel Schnee liegt. Den ersten Morgen am steinigen Strand nutze ich als Waschtag, was mal wieder bitter nötig ist. Ich möchte gar nicht wissen, was für eine Duftschleppe ich hinter mir herziehe. Das Eis auf dem See ist noch sehr dick, aber an dieser Stelle fließt ein kleiner Fluss hinein, deshalb gibt es Lücken, deren dünne Eisschicht sich mit einem Stein leicht aufbrechen lässt.

Alexander als echter Russe ist mit von der Partie. Gemeinsam schlagen wir einen hübschen kleinen Pool frei und nehmen ein erfrischendes Eisbad – so richtig mit dem Kopf unter Wasser für ein paar Sekunden. Ist vielleicht ein bisschen früh in der Saison – die Außentemperatur liegt knapp unter Null –, doch wann hat man schon Gelegenheit, im Baikalsee zu baden? Hinterher kribbelt mein ganzer Körper, und ich fühle mich den restlichen Tag wunderbar. Eisbaden wollte ich schon immer mal.

Übernachtung auf dem Eis

An diesem Tag fahre ich noch gut 80 Kilometer, mache allerdings früher Schluss als sonst, weil ich unbedingt noch auf dem See campen möchte. Das ist nicht ganz einfach, denn die Gleise der Eisenbahn verlaufen parallel zum See, und es gibt nur wenige Stellen, an denen man direkt ans Ufer kommt. Ich kenne allerdings noch einen wunderschönen Platz, an dem ich vor vier Jahren schon mal übernachtet habe. Kurz hinter der Siedlung Tanchoi mündet ein Fluss in den See, den die Bahn auf einer Brücke überquert. Unter dieser Brücke hindurch kommt man bequem ans Ufer und ist vor den ständig rollenden Güterzügen etwas abgeschirmt.

Draußen auf dem See sehe ich vier Eisfischer. Ich gehe auf ein Schwätzchen zu ihnen hin, auch weil ich neugierig bin. Andrej dolmetscht für mich. Die Männer bohren mit einem speziellen Bohrer Löcher ins Eis, und dann sitzen sie den ganzen Tag über davor und warten, dass einer anbeißt. An den Löchern kann ich sehen: Das Eis ist eineinhalb Meter dick. Zweifellos tragfähig. Einer der Männer zeigt mir stolz den prachtvollen Fisch, den er schon gefangen hat.

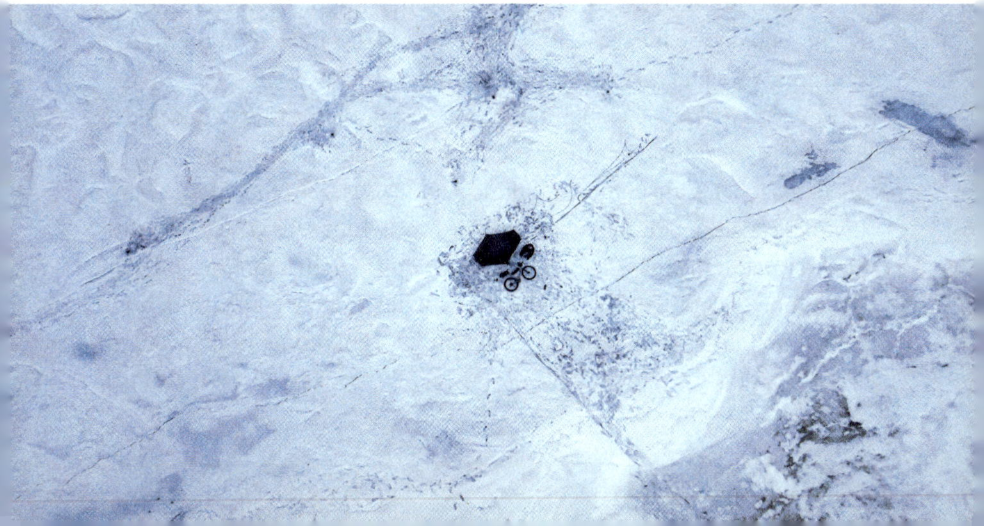

Zurück am Kiesstrand zünde ich vor einem alten Baumstamm, der mir als Bank dient, ein Lagerfeuer aus herumliegendem Treibholz an. Langsam senkt sich der Abend grau und wolkenverhangen über die Landschaft. Dunst liegt über dem See und verhüllt das andere Ufer. Direkt vor mir hat sich das Eis zu seltsamen Formationen aufgetürmt – es sieht aus, als ob hohe Wellen an den Strand schlagen, nur dass diese Wellen starr und unbeweglich sind. Das Feuer wärmt mein Gesicht. Ich bin hier, und es ist gut.

Mein Zelt habe ich etwa 20 Meter vom Ufer entfernt auf dem Eis aufgeschlagen. Als es ganz dunkel wird, kuschele ich mich in meinen Schlafsack und schlafe trotz der Kälte tief und fest.

Kaltes Erwachen

Am nächsten Morgen ist alles weiß. In der Nacht hat es kräftig geschneit. Ich packe schnell zusammen, denn inzwischen ist mir doch recht kalt, außerdem geht der Schnee langsam in Regen über. Ohne Frühstück geht's los, erst 50 Kilometer weiter erreiche ich ein Restaurant, wo ich etwas zu essen bekomme.

Der Tag wird nass. Ich kämpfe mich 50 Kilometer weiter durch den Schneeregen zur nächsten Raststätte, doch als ich ankomme, hat sie geschlossen. Meine Schuhe sind nass, die Fußsohlen taub. Ich wechsle nochmals die Schuhe, aber bei der Nässe hilft auch das nicht lange. Erst nachmittags, als die Straße vom See in Richtung Ulan-Ude abbiegt, hört es endlich auf zu regnen. Abends finde ich sogar noch ein Hotel, wo ich Wärme, Nahrung und ein Bett bekomme und vor allem meine nassen Klamotten trocknen kann. Im Zelt wäre es heute Nacht etwas ungemütlich geworden.

Burjatien und eine gute Nachricht

Ich bin jetzt in Burjatien, einer autonomen Teilrepublik innerhalb der russischen Föderation. Hier bin ich endgültig im Fernen Osten Russlands angekommen. Die Menschen sehen eindeutig mehr asiatisch als russisch aus. Vieles erinnert an die Mongolei, an die Burjatien im Süden auch grenzt. In den Restaurants hängen Bilder von Reiterkriegern; auch das Essen ist eher asiatisch geprägt. Die Religion ist mehrheitlich buddhistisch, und selbst die Architektur gibt einem das Gefühl, nicht mehr in Russland zu sein. Spannender Wechsel.

Die Straße folgt jetzt dem Lauf des Flusses Selenga. Ulan-Ude, die Hauptstadt von Burjatien, umfahre ich weiträumig. Das Wetter hat sich deutlich gebessert, die Landschaft bezaubert mit kleinen Dörfern, umrahmt von schneebedeckten Bergen. Sibirien vom Allerfeinsten!

Die Stelle, an der die Straße vom Fluss abbiegt und wieder in die Berge hochklettert, habe ich noch von meiner Eurasia-Challenge als besonders schön in Erinnerung. Ich nehme mir die halbe Stunde, um die 500 Meter auf einen Berg hochzusteigen, und genieße die fantastische Aussicht über das Tal. Es ist wie der Blick in eine vergangene Zeit: ein gewundener Fluss, an den sich hier und da kleine Siedlungen schmiegen. Gäbe es eine Modelleisenbahn-Landschaft von Sibirien, so müsste sie aussehen.

Meine ohnehin gute Laune hebt sich noch einmal durch eine Nachricht aus der Politik: Per Erlass des Präsidenten sind alle Visa für Ausländer in Russland automatisch bis zum 15. Juni verlängert worden. Ich habe plötzlich einen ganzen Monat mehr zur Verfügung! Das heißt natürlich nicht, dass ich jetzt mein Tempo drossle, aber ich werde in Wladiwostok mehr Zeit haben, meine Weiterreise zu organisieren. Eine sehr beruhigende Aussicht.

Transbaikalien

Seit ich den Baikalsee hinter mir gelassen habe, bin ich verwaltungstechnisch aus Sibirien raus (zumindest dem russischen Föderationskreis Sibirien) und im Föderationskreis Ferner Osten angelangt. Bis nach Wladiwostok liegen noch die Region Transbaikalien, die Oblast Amur, die Jüdische Autonome Oblast, die Region Chabarowsk und die Region Primorje vor mir.

Bis zu meinem nächsten Nahziel Tschita, der Hauptstadt von Transbaikalien, führt die Straße für einige Tage durch eine hügelige Landschaft, in der die Wälder nach und nach weniger und lichter werden und die immer mehr Steppencharakter annimmt. Schnee liegt hier kaum noch.

Je offener das Land wird, umso mehr Bedeutung gewinnt wieder der Wind. Kommt er von hinten, schiebt er mich die Anstiege hoch, kommt er von vorne, ist er mein erbitterter Feind. Winterlich kalt ist es nach wie vor mit Nachttemperaturen um minus 15 Grad, doch es bleibt zumindest meist trocken. Gegen solche Bedingungen schützt mich meine Ausrüstung gut; problematisch war und ist immer nur die dazukommende Nässe. Bei Trockenheit kann man sich in zweistel-

ligen Minusgraden wohlfühlen, durchnässte Kleidung bei null Grad dagegen raubt einem sehr schnell jegliche Energie und Wärme. Wie behält man in solchen Momenten den Kopf oben? Für mich ist das ein ganz zentraler Punkt meiner Einstellung: Ich bin mir zu jeder Zeit bewusst, dass ich mir einen Traum erfülle, dass ich genau da bin, wo ich sein wollte. Manchmal ist das unangenehm, manchmal einfach scheußlich. Aber es gehört zum Abenteuer dazu und ist genau das, was ich will.

Tschita

Ursprünglich hatte ich vorgehabt, straight an Tschita vorbeizufahren, aber es gibt dort einen Radclub mit vielleicht 15 oder 20 Mitgliedern, die mich über Instagram kontaktiert und sehr überzeugend gebeten haben, doch bei ihnen vorbeizukommen. »Jonas, wir haben einen königlichen Empfang für dich vorbereitet.« Wer könnte da nein sagen?

Einige von ihnen erwarten mich auf ihren Rädern schon etwa 40 Kilometer vor der Stadt, und gemeinsam rollen wir ins Zentrum. Tschita ist wieder so eine Stadt, in der die Sowjetzeiten noch lebendig scheinen, mit überlebensgroßer Lenin-Statue auf dem Hauptplatz. Gerade wird für die große Militärparade geprobt, die zum Jahrestag des Sieges im Großen Vaterländischen Krieg am 9. Mai stattfinden wird. Sowjettristesse mit Marschgetöse und Panzern.

Der Empfang ist für mich dann aber wirklich königlich. Es geht in ein gutes Hotel in der Stadtmitte, wo ein köstliches Abendessen mit würzigem Fleisch und frischem Fisch aufgetischt wird. Anschließend das Beste, was man im Winter in Russland machen kann: Saunabesuch. Und Wodka. Um genau zu sein: Wodka in der Sauna.

Ich versuche erst gar nicht abzulehnen. Nicht nur, weil das unhöflich wäre oder ich mich nicht zieren möchte, nein, ich fühle mich nach dem tollen Empfang und dem guten Essen so locker wie schon lange nicht mehr. Ich habe Lust loszulassen, ich lache über all die Trinksprüche, stoße an, genieße es, gemeinsam zu feiern. Und wenn du

nicht eisern deine Hand auf dein Glas legst, wird es dir einfach immer wieder vollgegossen. Guter Wodka brennt ja auch nicht beim Trinken, den schluckst du einfach so weg, und das ist lustig, der ganze Abend ist lustig, wann habe ich das letzte Mal so viel gelacht?

Ich fahre etwas später los

Was ich am nächsten Morgen als Erstes merke, obwohl ich noch gar nicht wach bin, geschweige denn richtig denken kann: Ich habe einen Brummschädel, der sich gewaschen hat. Ach, das Bett ist so weich, ich schlafe noch ein bisschen weiter.

Erst gegen zehn Uhr sitze ich wieder im Sattel und rolle los. Allzu gut geht es mir nicht, aber wenn ich Lebensmittelvergiftungen wegstecken kann, dann kann ein Kater mich auch nicht aufhalten. Zwei vom Club begleiten mich noch auf den nächsten 30 Kilometern. Sie wirken erstaunlich ausgeruht, obwohl sie mindestens ebenso viel getrunken hatten wie ich.

Für mich beginnt jetzt der abgelegenste, einsamste Streckenabschnitt. Die nächste richtige Stadt, Chabarowsk, ist 2100 Kilometer entfernt. Dazwischen gibt es nur ein paar Dörfer, die 100 Kilometer auseinander liegen können.

Als die Kopfschmerzen verflogen sind, macht es Spaß, hier zu fahren. Die Landschaft ist abwechslungsreich und ziemlich bergig, was mir immer am besten liegt. Am Tag nach Tschita habe ich 2500 Höhenmeter auf dem Zähler, und so geht es weiter. Die Anstiege sind nie richtig steil, vielleicht fünf oder sechs Prozent, dafür geht es immer schön rauf und runter. Zwei Tage lang zeigt sich zudem das Wetter freundlich, fast frühlingshaft, und zur Versorgung mit Essen vertraue ich darauf, zumindest alle 60 bis 100 Kilometer an ein Restaurant, eine Ortschaft oder eine Tankstelle zu kommen. Auch schöne Zeltplätze finden sich normalerweise ohne Probleme.

Hunger und heißes Wasser

Abends esse ich noch in einer etwas größeren Ortschaft und gehe am nächsten Morgen davon aus, dass es bald eine nächste Versorgungsmöglichkeit geben wird. Ich fahre morgens also los in der Hoffnung auf ein spätes Frühstück und freue mich über den Rückenwind, der mich anschiebt.

Nur wechselt das Wetter nach kurzer Zeit, jetzt bläst mir der Wind ins Gesicht, und es fängt an zu regnen. Die Berge werden steiler, der Magen knurrt vernehmlich, und weit und breit ist kein Ort zu sehen, keine Raststätte, kein einziges Haus. Ein Snickers und ein Mars habe ich bei mir, die halten nicht lange vor. Die Beine werden schwer, ich fühle mich mal wieder richtig mies. Erst nach weiteren sechs Stunden und 120 Kilometern erreiche ich völlig ausgehungert eine Tankstelle. Hier gibt es Sandwiches, Kaffee, Borschtsch und sogar Wodka (ich lehne dankend ab), und ich kann mich aufwärmen.

Nachdem ich einigermaßen wiederhergestellt bin, fahre ich noch 60 Kilometer weiter und finde ein kleines Hotel mit Restaurant an der Straße, wo ich kurz entschlossen anhalte und mich einquartiere. Der Clou ist, dass eine Banja angeschlossen ist, ein russisches Badehaus.

Das ist ein Paradies. Es gibt zwei Räume, einen mit kaltem, einen mit heißem Wasser, das auf einem Holzofen erhitzt wird. Ich nehme einen Eimer mit kaltem Wasser mit in den anderen Raum, mische heißes und kaltes Wasser und gieße es mir über Kopf und Körper. Die Haut wird krebsrot, das Herz pumpt, der ganze Körper prickelt – ich fühle mich danach wie im russischen Himmel.

Mogotscha

Die nächsten Tage bringen die sibirische Hölle zurück. In dieser Gegend ist es im Winter nasskalt, und das Frühjahr ist davon kaum zu unterscheiden. Immerhin haben wir jetzt schon Anfang Mai. Die Temperaturen schwanken zwischen plus drei und minus vier Grad, Dauerregen in den tieferen Lagen und Schneeregen weiter oben wechseln einander ab. Da heißt es, Zähne zusammenbeißen und durch. Die Distanzen betragen nach wie vor bis zu 100 Kilometer ohne Tankstelle oder Restaurant oder auch nur ein einziges Haus. Die Kälte setzt mir inzwischen ziemlich zu, vor allem Hände und Füße werden unter diesen Bedingungen starr und taub. Möglichkeiten, mich aufzuwärmen, gibt es kaum.

Ich bin jetzt in dem Gebiet, wo China am weitesten nach Norden ragt. An einer Abzweigung mache ich den kleinen Schlenker in den Ort Mogotscha. Meine Füße und Finger müssen unbedingt wiederbelebt werden. Ich finde ein Lokal, in das ich bibbernd wanke, und die alte Dame, die hinter dem Tresen steht, kommt sofort zu mir, kümmert sich um mich, bringt mir heißen Borschtsch, hängt meine Sachen zum Trocknen auf – jetzt habe ich nicht mehr vor Kälte Gänsehaut, sondern aus Dankbarkeit. Ich darf sogar in einer kleinen Kammer hinter dem Laden übernachten, sagt sie.

Während ich in eine flauschige Decke gehüllt auftaue und die Dame und das Lokal genauer betrachte, fällt mir plötzlich auf: Hier war ich doch schon mal. Genau hier, exakt auf derselben Etappe, hatte ich vor vier Jahren während meines Eurasien-Rekords meine schwerste Krise durchlebt. Es war August, und ich war mit meinen kurzen Radhosen unterwegs, als es anfing zu schneien. An der Abzweigung nach Mogotscha war ich völlig durchgefroren an genau dieses kleine Restaurant gekommen. Damals hatte die Dame hinter dem Tresen schon einen Krankenwagen für mich rufen wollen, so elend war es mir gegangen. Ich war nicht einmal mehr in der Lage gewesen zu bezahlen, weil mein Finger zu klamm waren, um das Geld zu zählen. Dieses Mal ist es nicht ganz so schlimm, weil ich besser ausgerüstet bin, ich bin aber auch diesmal für die Rettung mehr als dankbar. Ich setze an, meiner Gastgeberin das alles zu erzählen, doch sie blickt mich nur mitleidig lächelnd an und versteht, glaube ich, kein Wort. Vermutlich hält sie mich für einen verwirrten, halb dem Fieber verfallenen Mann, der dringend ins Bett muss. Und wahrscheinlich hat sie damit auch recht. Ich ziehe mich in die Kammer zurück, breite meine Sachen aus und falle sofort in einen tiefen, traumlosen Schlaf.

Die Region um Mogotscha ist für ihr scheußliches Klima berüchtigt. Kalt ist es auch anderswo in Sibirien, allerdings herrscht meist eine trockene Kälte, die man aushalten kann. Mogotscha dagegen ist kalt und nass. Zu Sowjetzeiten, so erzählte man mir, gab es in Mogotscha einen Stützpunkt der Armee, und wer hierher versetzt wurde, fühlte sich auf dem direkten Weg in die Hölle. Daher stammt der Spruch »Gott erschuf Sotschi und der Teufel Mogotscha«. Nachdem ich nun zwei Mal hier war, einmal im Mai, einmal im August und beide Male bei Schneeregen, kann ich zumindest den zweiten Teil dieser Redensart bestätigen.

So geht es fast eine ganze Woche weiter. Ich komme in die Oblast Amur, das weiterhin schlechtes Wetter, endlose Wildnis mit nur ein paar kleinen Minenortschaften und sehr wenig Verkehr für mich bereithält. Sonst nichts. Lange Tagesetappen sind hier kaum möglich; ich muss die wenigen Unterkünfte am Wegesrand nutzen, um mich immer wieder aufzuwärmen und meine Sachen trocken zu bekommen. Jetzt zu zelten würde die Gefahr, krank zu werden, unverantwortlich akut werden lassen.

Ich weiß, dass bessere Tage kommen werden. Wenn ich die Gebirge hinter mir gelassen habe, müsste sich der pazifische Einfluss mehr und mehr durchsetzen. Bis dahin halte ich meine Etappen mit ca. 100 Kilometern kurz. Voran komme ich so oder so.

Ein Frühlingsbote

Über Nacht hat sich die Landschaft verändert: Der Frühling ist da! Überall Blüten und Knospen, Vögel singen, alles wird mit einem Schlag grün. Die Natur explodiert geradezu. Kaum vorstellbar, dass ich die letzten Wochen durchnässt und halb erfroren verbracht habe. Es ist, als sei ich aus einem bösen Traum erwacht. Alles erscheint freundlich, verheißungsvoll, und sofort verspüre ich wieder Energie und die Gewissheit, genau das Richtige zu tun.

Ich habe den großen Bogen, den der Amur auf 2000 Kilometern Länge als Grenzfluss zwischen Russland und China beschreibt, zum größten Teil umfahren und mich meinem Ziel Wladiwostok auf 1200 Ki-

lometer genähert. Und kaum scheint die Sonne, ist auch schon Markus Weinberg da.

»Typisch, den russischen Winter lässt du elegant aus, aber den Frühling nimmst du mit, was? Schönwetterfahrer!«, murmel ich und beiße in das Sandwich, das ich mir eben gekauft habe. »Ja, klar, und du hältst schon für die erste Essenspause an, obwohl wir noch nicht mal 15 Kilometer gefahren sind. Das wird mir 'ne schöne Luxusreise werden«, entgegnet er.

Wir freuen uns beide wirklich sehr, uns wiederzusehen. Jede neue Begegnung mit Markus markiert einen weiteren gemeisterten Abschnitt, den nächsten geschafften Meilenstein. Nachdem Russland inzwischen wieder Geschäftsvisa für Deutsche ausstellt, ist er mit Unterstützung eines meiner Sponsoren nach Chabarowsk geflogen und mir mit der Transsibirischen Eisenbahn bis zum Örtchen Archara entgegengefahren. Das war sicherlich auch interessant, allerdings vermutlich nicht ganz so unbequem wie meine Art der Fortbewegung. Gemeinsam wollen wir den letzten Teil meiner Russlandreise bis Wladiwostok auf dem Fahrrad bestreiten.

Füße im Gesicht

Das schöne Wetter hält einen Tag, dann setzt erneut Dauerregen ein. Ich hatte erwartet, in dieser Gegend auf etwas mehr Infrastruktur zu stoßen, jede Nacht eine Unterkunft zu finden, und Markus deswegen abgeraten, ein eigenes Zelt mitzubringen. Ein Fehler, auf den er mich noch wiederholt hinweisen wird. Den Scherz auf meine Kosten muss ich aushalten, denn zwei Nächte lang müssen wir uns mein winziges Zelt teilen, weil es draußen schüttet, als würde die Welt untergehen. Wir sind nass, die Kleider sind nass, die Schuhe sind nass, der Boden ist

sumpfig. Zum Glück ist Markus ein pragmatischer Typ. »Im Biwak in der Felswand ist auch nicht mehr Platz«, meint er. Wir quetschen uns in den Schlafsäcken Kopf an Fuß ins Zelt und stehen morgens eben noch ein bisschen früher auf.

Mittlerweile sind wir in der Jüdischen Autonomen Oblast angekommen. Dieser besondere Verwaltungsbezirk geht auf Stalin zurück, der in den 1930er-Jahren hier tatsächlich ein Siedlungsgebiet für die Juden der Sowjetunion vorgesehen hatte. Heute leben kaum noch Juden in diesem Gebiet; 90 Prozent der Einwohner sind Russen.

Chabarowsk

Nach zwei Tagen sind wir durch und erreichen Chabarowsk, die erste Großstadt, seit ich Tschita verlassen habe. Wir rollen über die Amur-Brücke ins Zentrum – und auf direktem Weg zu einem Radladen, denn es sind dringende Reparaturen zu erledigen. Radläden, stelle ich auf dieser Reise fest, gehören zu den wichtigsten Erfindungen der Menschheit. Es ist fast ein Wunder, dass meine Esposa so lange klaglos durchgehalten hat. Seit 1500 Kilometern fahre ich mit einem defekten Hin-

terradlager, die Kette ist verschlissen, der Zahnkranz hat sich gelockert und die Bremsbeläge müssen unbedingt gewechselt werden. Der Radhändler ist mir bereits auf Instagram gefolgt und freut sich, dass wir zu ihm gefunden haben. Auch die Rad-Community von Chabarowsk hat von mir gehört. Drei Fahrer kommen zur Begrüßung in die Fahrradwerkstatt und begleiten uns anschließend auf dem Weg raus aus der Stadt.

Nun sind wir auch um die Nordostecke von China rum. Ab hier führt der Weg nach Süden. 700 Kilometer noch bis Wladiwostok.

Schlussspurt!

Und jetzt erstrahlt die Landschaft in der warmen Jahreszeit auch endlich in vollem Glanz. Überall blüht es, und Schmetterlinge flattern uns vor den Lenkern herum. Schlagartig ändert sich das Wetter, die Temperatur klettert auf 20 bis 25 Grad – es fühlt sich an wie Sommer. Ich fange an, in meiner langen Kleidung zu schwitzen, denn kurze Sachen habe ich nicht dabei. Vegetation und Klima werden maritimer, je näher wir an Wladiwostok kommen, der pazifische Einfluss ist unverkennbar. Die Strecke verläuft durch ein Meer aus felsigem Grün, gesprenkelt von zahllosen Farben, und ist angenehm hügelig, ohne schwere Anstiege. Jetzt wird die Fahrt zur Luxusreise, wie Markus vorausgesagt hat. Ich könnte die ganze Zeit einfach nur lächeln. Es ist eine Lust, hier Fahrrad zu fahren.

Das heißt nicht, dass nicht auch noch ungute Situationen zu bestehen wären. Bis etwa 70 Kilometer vor Wladiwostok ist die Straße relativ eng. Es herrscht viel Verkehr, der Seitenstreifen ist teilweise nur geschottert, sofern es überhaupt einen gibt. Das kann immer mal wieder gefährlich werden. Dann weitet sich die Straße vierspurig aus, und die letzten Kilometer rollen wir über die Autobahn dahin.

Es ist heiß. Wir müssen sogar einen kleinen Umweg fahren, weil uns das Wasser ausgegangen ist – schon eigenartig nach so vielen Tagen, an denen eher zu viel Wasser das Problem war. Wir tanken in einem kleinen Dorf auf und schließen die Mittagspause gleich an. Dass

wir jetzt lieber im Schatten sitzen als in der Sonne, fühlt sich ebenfalls ein bisschen merkwürdig an. Ich friere nicht, ganz im Gegenteil ... Komisch, das bin ich ja überhaupt nicht mehr gewohnt.

Und dann kommt der Moment, an dem wir zum ersten Mal das Meer sehen. Stahlblau zieht es sich unter der Sonne bis zum Horizont. Ich stoße einen Jubelschrei aus, Markus grinst über beide Backen. Andrej und Alexander, die am Tag zuvor wieder dazugestoßen sind, bekommen ein paar sehr schöne Motive für den Film.

Wir fahren auf die sieben Kilometer lange Brücke, die über einen Arm der Amurbucht westlich der Murawjow-Amurski-Halbinsel führt. An deren Spitze liegt Wladiwostok. Wir sind fast da. Die Sonne scheint.

Schließlich taucht auf den Hügeln vor uns, direkt am Meer, die Stadt auf. Architektonisch kein Schmuckstück, rundherum Plattenbauten, aber die Lage hat einen ganz besonderen Charme. Am Stadtrand erwarten uns zwei Radfahrer der hiesigen Community, die uns die letz-

ten 15 Kilometer ins Zentrum begleiten. Im dichten Verkehr geht es spektakulär über die Solotoi-Brücke, die das Goldene Horn Wladiwostoks überspannt, die lange Meeresbucht, die tief in die Stadt hineinragt. Unter uns breitet sich der große Militär- und Industriehafen aus.

Das Gefühl ist unbeschreiblich. Markus und ich umarmen uns und wollen uns gar nicht mehr loslassen. Ich bin am Pazifik angekommen und habe die zweite große Etappe meines Triathlons um die Welt geschafft! Insgesamt waren es 17 000 Kilometer im Sattel. Die Fahrt durch Russland im Spätwinter (mit nur sehr spärlichen Frühlingseinsprengseln) war ein echtes Abenteuer, das mir viel abverlangt hat. Jetzt wird mir bewusst, dass es das alles wert war. Dass alles genau so geschehen musste, nur damit ich jetzt und hier stehen darf, in der sommerlich warmen salzigen Brise, und aufs Meer hinausblicke.

Wir bleiben lange dort stehen und können uns nicht losreißen. Doch ich bin noch nicht am Ziel. Abgesehen davon, dass ich mich intensiv um meine Pazifiküberquerung kümmern muss, bei der sich bislang gar nichts getan hat, werde ich die nächsten Tage nutzen, um mich auszuruhen. Meine Aufenthaltserlaubnis läuft noch bis zum 15. Juni, ich habe also, wenn nötig, bis zu vier Wochen Zeit.

Wladiwostok

Ich werde erwartet. Am selben Platz vor dem Theater, wo ich auch vor vier Jahren ankam, warten etwa zehn Leute aus Wladiwostoks Fahrrad-Community. Die meisten kenne ich noch von früher; sie klatschen und rufen, schütteln mir die Hände. Es ist ein bisschen wie zu Hause anzukommen. Wladiwostok ist meine Lieblingsstadt in Russland, keine Frage. Maga vom Fahrradclub, der mich schon beim letzten Mal bei sich aufgenommen hat, lädt mich wieder zu sich ein. Den Abend verbringen wir mit einer kleinen Feier. Hier sind ja alle Lokale offen, wie überall in Russland.

Die nächsten Tage lasse ich ruhig angehen. Markus und Andrej sind noch zwei Tage hier. Wir nutzen die gemeinsame Zeit, machen tagsüber Sightseeing in der Stadt und gehen abends in eine Banja. Die russische Sauna ist etwas heißer, als man das aus Deutschland kennt. Man sitzt dafür kürzer drin, und ein Bademeister schlägt uns anschließend mit Birkenzweigen den Körper ab, bis die Haut krebsrot ist und brennt wie Feuer. Danach springt man zur Abkühlung ins Meer, das aktuell 9,4 Grad warm ist. Wärmer als der Baikalsee. Baden wollte ich ohnehin. Das mache ich bei jedem Projekt. Wenn ich ans Meer komme, muss ich auch reinspringen.

Auf der Suche nach allem, was schwimmt

Doch zuvor gibt es noch ein paar Probleme zu lösen. An erster Stelle steht natürlich die Suche nach einem Segelboot, das mich über den Pazifik bringt. Alle Versuche, im Vorfeld auf Segler-Websites und den verschiedensten Skipperforen eine Mitfahrgelegenheit zu finden, sind erfolglos geblieben. Nun muss ich vor Ort nach einer Lösung suchen. Dabei hilft mir, dass Juri, der Vorsitzende des Radclubs, gut vernetzt ist und den Kontakt zu den örtlichen Segelclubs herstellen kann. Auf diesem Weg werde ich dem Besitzer und Präsidenten des größten Segelclubs von Wladiwostok vorgestellt, der die Segel-Community hier gut kennt und verspricht, mir zu helfen.

Ich habe vorher schon eine Runde durch die Yachthäfen der Stadt gemacht, was mich sehr ernüchtert hat: alles leer. Wo sind denn die ganzen Segelschiffe?

Da Wladiwostok im Winter zufriert – nur die großen Industrie- und Militärhäfen werden eisfrei gehalten –, bringen die Segler ihre Yachten zum Überwintern nach Korea. Unter normalen Bedingungen sollten sie zwar längst wieder hier sein, aber da ist Corona reingegrätscht. Korea hat die Grenzen geschlossen, die russischen Boote können nicht zurück. Ausländische Segler wiederum verschlägt es nur höchst selten nach Wladiwostok, und jetzt dürften sie sowieso nicht mehr einreisen. Das hört sich alles sehr schwierig an.

Eine Alternative wäre die Mitfahrt auf einem Frachtschiff. Anfang des Jahres gab es dafür einige sehr ermutigende Kontakte mit einer großen Reederei für Containerschiffe; im Prinzip hatte ich sogar schon eine Zusage. Doch auch hier macht mir das Virus einen Strich durch die Rechnung. Nach den geltenden strengen Vorschriften müssen alle Besatzungsmitglieder eines Schiffes in einer geschlossenen Blase bleiben, dürfen keine anderen Menschen treffen und vor allem niemanden an Bord nehmen. Nicht einmal der Eigentümer oder der Vorstandsvorsitzende dürfte das Schiff betreten. Ein die Welt umrundender Fahrradreisender also schon gar nicht.

Große Planänderung

Ein zweites Problem kommt hinzu, das nicht minder schwer wiegt: Die Chance, in die USA einreisen zu dürfen, tendiert gerade gegen Null. Dass ich wegen meiner Aufenthalte im Iran und in Somalia keine ESTA bekomme, ist das eine, das andere, dass die USA die Grenzen, die unter Donald Trump geschlossen wurden, auch nach dem Präsidentenwechsel nicht wieder geöffnet haben. Das ist auch deswegen schade, weil der Film »Forrest Gump«, in dem Tom Hanks in der Titelrolle einmal quer durch Amerika läuft, zu meinen Lieblingsfilmen gehört und ich bei meinem Lauf durch die USA in gewisser Weise seinen Spuren folgen wollte.

Was sind die Alternativen? Ich muss eine Laufstrecke von 5060 Kilometern zurücklegen, um meinen 120-fachen Ironman zu verwirklichen. Und es muss durch Amerika gehen, damit die Weltumrundung komplett wird. Realistische Alternativen sind eigentlich nur Kanada und Mexiko, wobei ich vom Klima und der Sicherheitslage her Kanada den Vorzug geben würde. Der Pferdefuß: Auch für Kanada besteht eine Einreisesperre, für Mexiko nicht.

Schließlich habe ich eine Entscheidung getroffen. Genauer gesagt, die äußeren Bedingungen haben diese Entscheidung für mich getroffen: Die USA und Kanada sind definitiv zu, also wird die Laufstrecke quer durch Mexiko gehen müssen. Die dritte Disziplin meines Mega-Triathlons wird anders werden als gedacht, in jedem Fall aber aufregend und spannend. Ich nehme es als gutes Zeichen, dass ich in diesem Unternehmen, das mir schon so viele Änderungen, Umwege und Überraschungen beschert hat, erneut alles umkrempeln darf. Mexiko, ich komme!

Der Honorarkonsul von Bangladesch

Die erhoffte Schiffspassage wird dadurch nicht erleichtert, denn ich brauche in jedem Fall eine Direktverbindung. Zwischenstopps in Japan, Korea oder Hawaii sind nicht möglich. Wer also würde aus freien Stücken Ende Mai/Anfang Juni von Wladiwostok aus mit einer Segelyacht nach Mexiko schippern? Tja, wer weiß, es gibt ja die verrücktesten Vögel. Man muss nur ihre Nester finden. Realistischerweise muss ich sagen: Es sieht nicht rosig aus.

Ich klammere mich an jeden Strohhalm, und einer davon ist der schon erwähnte Segelclubpräsident, der ja über die besten Beziehungen verfügen soll. Wie ein Strohhalm sieht er zwar nicht gerade aus, er ist ein Mann von kräftiger Statur, der ein beeindruckendes Selbstbewusstsein ausstrahlt und dröhnend lachen kann. »Jonas, für dich tue ich, was ich kann. Ich habe Verbindungen nach ganz oben. Ich kenne den Sportminister persönlich und treffe ihn in ein paar Tagen sogar. Lass mich nur machen!« Der Mann hat Einfluss, das ist klar. Er ist nicht nur der Präsident des Yachtclubs, ihm gehört ein ganzer Teil des Hafens, in dem (normalerweise) die Boote liegen. Heute engagiert er sich in der Politik und ist inzwischen Honorarkonsul von Bangladesch. Eine schillernde Persönlichkeit.

Mich wundert inzwischen nichts mehr und ich lasse mich gern an einem Abend von ihm zum Essen im Yachtclub einladen. Danach gehen wir noch eine Runde im Hafen, und tatsächlich, da liegt ein Schiff, *La Margarita,* eine hochseetaugliche Segelyacht. Mann, das wäre ja perfekt, die könnte mich doch direkt nach Mexiko bringen! »Ja, lass mich nur machen, Jonas, lass mich nur machen.« Der Konsul platzt vor Selbstvertrauen.

Ob das alles heiße Luft ist oder am Ende wirklich etwas dabei herauskommt, lässt sich unmöglich einschätzen. Jedenfalls kann ich jede Unterstützung brauchen und darf nicht allzu pingelig sein in Bezug auf Vitamin B. Andernfalls hätte ich auch niemals mein Visum für Russland und die Einreisegenehmigung über die Landgrenze bekommen. Ich säße immer noch in einem Hotel in der Türkei fest.

Juris Bruder, Vorsitzender eines anderen Segelclubs, erzählt mit später, dass *La Margarita* derzeit die einzige Yacht an der ganzen russischen Pazifikküste ist – und sie ist auf Monate hinaus ausgebucht.

Aktiv warten

Auf jeden Fall ist mal wieder Geduld angesagt. Ich nutze die Tage für Büroarbeiten, für die ich sonst keine Zeit habe – E-Mails schreiben, den Kontakt zu den Sponsoren halten, ein neues Handy einrichten.

Nun, da die Anstrengungen der letzten Monate vorbei sind, fordert mein Körper seinen Tribut. Die Fahrt durch Sibirien war zweifellos kräftezehrend. Die ersten zwei Tage fühlen sich an wie immer, weil mein Körper damit rechnet, dass ich ihn gleich wieder aufs Rad zwinge, und dementsprechend alles in Bereitschaft hält, aber schließlich hat er verstanden, dass so schnell nichts mehr passiert. Als ich am dritten Morgen aufwache, hat mich alle Kraft verlassen. Ich drehe mich um und versuche, noch ein wenig weiterzuschlafen, doch nicht einmal das gelingt mir. Eine betäubende Müdigkeit hat mich erfasst. Ich weiß, dass ich nicht krank bin, sondern dass mein Körper nur auf Erholungsmodus umgeschaltet hat, denn ich erlebe das ja nicht zum ersten Mal. Nach jeder großen Challenge kam dieser Moment. Ich müsste eigentlich darauf vorbereitet sein, doch irgendwie überrascht er mich doch immer wieder. Immerhin weiß ich, dass dieser Zustand nach ein paar Tagen auch wieder vorübergeht.

Um wieder in die Gänge zu kommen, lasse ich mich überreden, an einem Mountainbike-Rennen teilzunehmen, der Primorski krai MTB Championship (Primorski krai ist der russische Name der Region Primorje, deren Hauptstadt Wladiwostok ist).

Meine Esposa ist kein Mountainbike, sondern ein Gravelbike, und damit zwar auch recht geländegängig, jedoch ohne Vollfederung. Trotzdem habe ich Lust, teilzunehmen. Von den 40 Teilnehmern bin ich der einzige ohne Mountainbike. Die Strecke geht über einen 20 Kilometer langen Rundkurs auf der Wladiwostok vorgelagerten Insel Russki, der zweimal gefahren wird. Schon beim Start merke ich, dass ich gut mithalten kann. Die Kraft in den Beinen hat mich also doch nicht ganz verlassen. Oder sie haben eingesehen, dass es doch wieder losgeht. Bergauf bin ich vermutlich sogar der Schnellste, bergab geht es allerdings dermaßen über Stock und Stein, dass ich – ohne MTB-Federung ausgestattet – vorsichtig fahren, teilweise sogar absteigen und mein Rad tragen muss, was mich natürlich viel Zeit kostet. Am Ende komme ich als Sechster ins Ziel, werde beglückwünscht und habe eine Menge Spaß gehabt.

Von der Russki-Insel bin ich begeistert. Sie ist dünn besiedelt, mit viel lichtem Laubwald bedeckt, hat sanfte Strände und schroffe Klippen – einer meiner absoluten Lieblingsorte in Russland. Die Insel ist leicht erreichbar über die drei Kilometer lange Russki-Brücke, die den sogenannten Östlichen Bosporus überspannt und nicht weniger spektakulär ist als die Solotoi-Brücke über das Goldene Horn. Die Brücke erinnert mich ein wenig an die Golden Gate Bridge in San Francisco, nur dass sie grau ist und nicht rot.

Ich mache mehrere Ausflüge mit dem Fahrrad nach Russki, teils allein, teils mit meinem Gastgeber. Ein Highlight wird eine zweitägi-

ge Wanderung solo – ein bescheidener Versuch, mich an die Fortbewegung zu Fuß zu gewöhnen, ganz entspannt, ohne Druck. An der Südspitze von Russki führt eine 30 Meter breite Furt hinüber auf die kleinere vorgelagerte Shkot-Insel. Sie ist unbewohnt, mit Gras, Heide und Buschwerk bewachsen und strahlt eine paradiesische Ruhe aus. Ich wate durch das knietiefe Wasser und marschiere die 2,5 Kilometer quer über die Insel, bis ich auch deren Ende erreicht habe. Steil fallen die Klippen hier ins Meer ab. Ich könnte hinunterklettern zu einem schmalen Strand, doch der Platz hier oben ist so perfekt, dass ich meinen Schlafsack ausrolle, die Beine lang mache und der Sonne beim Untergehen zusehe. Ich bin ganz allein. Irgendwo da hinten, weiter hinter dem Horizont, liegt Japan, dahinter der Pazifik und dahinter – Amerika. Zum Schwimmen zu weit.

Die Route steht

Meine Planung für Mexiko steht. Ich werde in Tijuana starten und zunächst die Halbinsel Baja California hinunter nach Süden laufen. Das ist zum großen Teil Wüste. Danach geht es per Schiff über die Cortés-See (den Golf von Kalifornien) aufs Festland nach Mazatlán im Bundesstaat Sinaloa und von da direkt hoch in die Berge, zum Teil auf über 3000 Meter Höhe. Weiter durchs Inland, durch Mexico City, Oaxaca, im Süden nochmals an den Pazifik und über Chiapas rüber nach Yucatán. Endpunkt wird Cancún sein. Es werden 120 Marathons werden, jeden Tag einer.

Die Wahl der Route ist nicht zufällig, sondern hat mit zwei grundsätzlichen Gefahren in Mexiko zu tun. Entlang der amerikanischen Grenze und an der Pazifikküste sitzen die Drogenkartelle, dort gibt es ein erhebliches Gewalt- und Entführungsrisiko.

Baja California ist im Vergleich dazu sicherer. Die andere Herausforderung ist, dass ich jetzt im Sommer auf die Laufstrecke muss. Auf der Baja California erwarte ich 40 Grad, aber trockene Hitze. Schlimmer wird es an der Festlandküste, wo zur Hitze praktisch 100 Prozent Luftfeuchtigkeit kommen. Das haut einen um. Deshalb werde ich auf dem Festland sofort in die Berge laufen, wo es vielleicht immer noch 30 Grad hat, doch zumindest die Luftfeuchtigkeit niedriger ist. Heftig wird es trotzdem – über 5000 Kilometer im Sommer durch Mexiko, auf denen ich insgesamt 43 000 Höhenmeter zu überwinden habe. Der höchste Pass am Popocatépetl wird mich auf über 3000 Meter bringen. Auch die Versorgungslage dürfte nicht immer einfach sein – in der Wüste werde ich wohl Wasser und Verpflegung für Distanzen von bis 100 Kilometern mit mir führen müssen, weil die Entfernungen zwischen den Orten so groß sind. Und Wasser werde ich viel brauchen. Ich spüre jetzt schon das Kribbeln in den Beinen. Ich kann es kaum erwarten!

Kein Schiff, nirgends

Es war wohl doch nur heiße Luft. Jedenfalls hat auch der großspurige Konsul und Yachtclubbesitzer nichts ausrichten können. Zu seiner Entlastung muss ich vielleicht einräumen, dass anscheinend wirklich nirgendwo in Russlands Fernem Osten Segelschiffe auf dem Wasser dümpeln. Auch die Intervention beim Sportminister hat nichts gebracht. Diese Option muss ich wohl endgültig ad acta legen. Ich kann auch nicht weiter südlich nach Booten suchen, weil ich ja nirgends einreisen darf.

Bleibt die Suche nach einem Platz auf einem Frachtschiff. Da wäre fast ein Wunder geschehen, denn tatsächlich hatte ich einen Frachter gefunden, der am 5. Juni nach Korea und weiter nach Mexiko fährt. Er wäre ideal, und ich hatte auch Kontakt ins Management der Reederei. Doch auch hier lautete die Antwort schließlich: Momentan darf nicht einmal der Boss persönlich das Schiff betreten.

Ich müsste jetzt eigentlich tief frustriert sein. Doch auch hier greift wieder meine Grundüberzeugung: Frustration bringt mich kein bisschen weiter. Sie zaubert mir kein Schiff herbei, und sie verlängert auch nicht mein Visum. Das demnächst ausläuft. Ich brauche eine Lösung und muss schweren Herzens in Betracht ziehen, was ich bisher ausgeschlossen habe: fliegen.

Für mein Vorhaben ist das ist ein schwerer Schlag. CO_2-neutral unterwegs zu sein war eines meiner zentralen Anliegen, und das muss ich jetzt über den Haufen werfen. Ich muss mir eingestehen, dass ich in diesem Punkt gescheitert bin. Aber was folgt daraus? Alles abbrechen? Die 120 Ironman-Distanzen kann ich immer noch schaffen. Ich habe alles versucht, was in meiner Macht stand – und in der Macht vieler, die mich unterstützen –, jetzt muss ich nach vorne schauen. Die Option, die mir bleibt, habe ich mir nicht gewünscht, aber es ist die einzige.

Ticketjagd

Und es ist noch nicht mal einfach, sie umzusetzen. Ich möchte auf keinen Fall nach Westen, über Europa fliegen, denn sonst wäre die Weltumrundung nicht komplett. Ich muss also einen Flug finden, der mich nach Osten über den Pazifik bringt. Fast alle Flüge über den Pazifik gehen jedoch über einen Zwischenstopp in den USA, in die ich nicht einreisen darf. Hier gibt es keine Sonderregeln für Transitpassagiere, auch wer auf einem US-Flughafen nur umsteigen will, muss eine Einreiseerlaubnis haben.

Ich verbringe Tage mit der Suchen nach einem passenden Flug. Schließlich bekomme ich über ein Schweizer Reisebüro ein Ticket über Seoul und Toronto nach Mexico City gebucht. Nur einen Tag später storniert die Airline das Ticket wieder. Offenbar war es ihnen zu riskant, mich mitzunehmen. Es gibt zwar in den großen Flughäfen Asiens und auch Kanadas die Regel, dass man sich im Transit bis zu 24 Stunden aufhalten kann, sofern man nur Handgepäck hat und das Terminal nicht wechselt. Falls es mit einem Flug Probleme gäbe, er ausfällt oder sehr stark verspätet ist oder ich den Anschluss verpasse, dann wäre die Airline für mich verantwortlich und müsste mich wieder zurückbringen. Nach Russland dürfte ich aber gar nicht wieder einreisen. Die Welt ist manchmal noch komplizierter als befürchtet.

Schließlich finde ich eine Verbindung über Tokyo nach Mexico City. Dazu muss ich allerdings zwei Einzeltickets bei verschiedenen Fluglinien buchen und habe in Tokyo nur drei Stunden Umsteigezeit. Damit es funktioniert, muss sich die russische Airline bereit erklären, mich ohne Transferticket mitzunehmen. Ich telefoniere herum, rufe den Flughafen in Tokyo und die japanische Botschaft in Deutschland an, um herauszufinden, ob das möglich ist. Die Botschaft bestätigt es mir, sogar schriftlich, woraufhin ich Aeroflot und Air Nippon abtelefoniere, um sicher zu sein, dass alles klappt. Sollte ich den Weiterflug in Tokyo verpassen, weil beispielsweise die Maschine aus Wladiwostok verspätet ankommt, wäre ich in einer unlösbaren Situation. Dann hätte ich statt »Forrest Gump« eine andere Tom-Hanks-Rolle, nämlich die in »Terminal«, und in diesem Film hängt der Protagonist monatelang im Transitbereich eines Flughafens fest. Nun, wenn er groß genug ist, könnte ich darin hin- und herlaufen.

Was bleibt mir übrig? Ich lasse es darauf ankommen und buche die beiden Flüge. Für den Flug ab Tokyo mache ich das über ein Online-

Buchungsportal und sitze prompt dick in der Tinte: Sie haben den falschen Tag gebucht, statt Sonntag, den 6. Juni, Montag, den 7. Juni. Ich bemerke das erst, als ich online einchecken will. Ein Tag später, das geht nicht! Ich versuche die Hotline anzurufen, aber wer wäre schon jemals bei der Hotline eines Onlineportals durchgekommen! Kontakt bekomme ich nur über einen Chat, und gemessen daran, dass ich auf der anderen Seite einen Chat-Bot vermute, werde ich bemerkenswert unverschämt abgewimmelt. Ich verliere selten die Fassung, hier ertappe ich mich selbst, wie ich mein Smartphone anschreie. Nützt nur nichts.

Der Versuch, den Flug über die Airline umzubuchen, scheitert ebenfalls – ich habe dort nicht gebucht, also fühlen sie sich auch nicht für mich zuständig. Schließlich beiße ich in den sehr sauren Apfel und kaufe ein neues Ticket für den richtigen Flug, diesmal direkt bei der Airline. Tokyo–Mexico City zum Standardpreis, das ist richtig teuer. Ich leiste mir den Luxus, noch eine Stunde sauer zu sein. Danach muss die Sache abgeschlossen sein, ich habe genug andere Dinge zu tun.

Am Flughafen

Am Tag vor dem Abflug mache ich noch einen PCR-Test, was auch eine interessante Erfahrung ist. Russen lassen sich normalerweise nur testen, wenn sie verreisen wollen und dafür ein negativer Test verlangt wird. Sonst ist die Nachfrage nicht besonders groß. Entsprechend lax wird damit umgegangen. Selbst von den Mitarbeitern im Testzentrum haben nicht alle eine Maske auf. Das Ergebnis ist wie erwartet negativ, zumindest von dieser Seite her ist alles in Ordnung.

Am Sonntagmorgen bin ich vorsichtshalber schon vier Stunden vor Abflug am Flughafen, denn ich erwarte Schwierigkeiten: Aeroflot hat mir telefonisch nicht bestätigen können oder wollen, dass das Schreiben der japanischen Botschaft von den Mitarbeitern vor Ort auch wirklich akzeptiert wird – im schlimmsten Fall verweigern sie mir das

Boarding. Außerdem ist mein Russlandvisum nach dem darauf eingetragenen Datum bereits abgelaufen. Es wurde zwar durch die Präsidialproklamation bis zum 15. Juni automatisch verlängert, doch ob diese Info bei allen Beamten auch angekommen ist?

Ich habe ein bisschen Sorge, dass sich wiederholen könnte, was ich im März bei der Einreise nach Russland erlebt habe. Damals konnte ich es nach dem ersten gescheiterten Versuch einfach am Tag darauf wieder versuchen, dann auch erfolgreich. Das wäre hier nicht möglich, denn dann würden meine Flüge verfallen und ich könnte auch nicht einfach schnell neu buchen (von den Kosten ganz abgesehen): Der Zubringerflug nach Tokyo geht nur einmal die Woche. Ich käme in eine echt üble Situation.

Ich bin also der Erste am Check-in-Schalter, und es kommt genau so wie befürchtet: »Herr Deichmann, Ihr Visum ist abgelaufen. Sie dürften hier gar nicht sein.« – »Aber alle Visa von Ausländern wurden durch ein Dekret des Präsidenten persönlich bis zum 15. Juni verlängert.« – »Davon wissen wir nichts.« Ich zeige den Angestellten der Airline die Seite im Internet, auf der der offizielle Erlass zu sehen ist. »Hm ... Warten Sie hier.«

Es wird wieder telefoniert, mit mindestens zehn verschiedenen Stellen. Die Auskünfte scheinen widersprüchlich zu sein. Ich verstehe nicht, was gesprochen wird, und kann aus den Reaktionen auch nichts herauslesen. Ich muss Ruhe bewahren, wieder einmal. Das hat bei chinesischen Arbeitern und russischen Grenzposten funktioniert. Vielleicht auch diesmal. Nach vielleicht 40 Minuten beendet der Angestellte seine Recherchen und wirkt zufrieden. Das scheint geklärt zu sein, doch als er sich wieder dem Monitor zuwendet, sichtet er die nächsten Probleme: Ist der Transit in Tokyo wirklich erlaubt? Ist der Weiterflug nach Mexiko gesichert? Darf ich überhaupt nach Mexiko einreisen? Bräuchte ich da nicht ein Visum? Die Bürokratie entfaltet ihre schillerndsten Sumpfblüten.

Ich zeige alle meine Papiere vor, die ich habe, erkläre, was zu erklären möglich ist, und versuche die ganze Zeit, kooperativ und willig zu wirken, ohne an Standhaftigkeit zu verlieren. Inzwischen haben sich noch weitere Mitarbeiter der Airline dazugesellt. Sie sind unschlüssig, wie sie mit mir verfahren sollen.

Schließlich verfallen sie auf dieselbe Idee, die schon der Visabeamte auf der Botschaft in Bern hatte: Ich muss ein Papier unterzeichnen, in dem ich die Folgen einer möglichen Strandung in Tokyo selbst zu tragen habe und Aeroflot nicht mehr für mich verantwortlich ist. Ich werde auch darauf hingewiesen, dass für den Fall, dass ich den Flug von Tokyo nach Mexiko heute aus irgendeinem Grund nicht antreten kann – sei es, weil er ausfällt, sei es, weil ich ihn verpasse –, ich ein gewaltiges Problem hätte. Theoretisch dürfte ich zwar in Tokyo 24 Stunden im Transit bleiben, allerdings wird der Transitbereich um Mitternacht geschlossen. Ich müsste aus dem Bereich raus, dürfte aber auch nicht einreisen.

Ja, das ist mir klar. Den Gedanken habe ich inzwischen selbst oft genug durchgespielt und keine bessere Lösung gefunden. Es gibt Situationen im Leben, da muss einfach alles gut gehen.

Schließlich werde ich eingecheckt und gehe weiter zur Pass- und Zollkontrolle. Auch da ist mein abgelaufenes Visum Thema, und es dauert weitere 20 Minuten, bis auch die Grenzbeamten überzeugt sind, dass ich trotzdem ausreisen darf.

Tokyo

Ich gehe wie auf rohen Eiern an Bord und kann es selbst kaum glauben, dass ich mein Handgepäck im Fach über meinem Sitz verstauen und mich einfach auf das blaue Polster fallen lassen darf. Die Maschine soll mich in zwei Stunden von Wladiwostok nach Tokyo bringen. Einfach so, wie einen x-beliebigen Passagier.

Ein bisschen fühle ich mich wie im falschen Film, und ich glaube, ich falle auch auf, denn immerhin habe ich in dieser Kabine – zwischen etwa einem Drittel Russen und zwei Dritteln Japaner – mit Sicherheit den längsten Bart.

Bemerkenswert ist nicht nur das unterschiedliche Aussehen der Leute, sondern auch ihr Verhalten: Die Japaner tragen allesamt Maske, teilweise sogar zusätzlich mit Faceshield, während die Russen von den Flugbegleiterinnen wiederholt darauf hingewiesen werden müssen, doch bitte ihre Masken wieder aufzusetzen. Nach der Landung springen die Russen sofort auf und drängeln zum Ausgang, obwohl es vorher eine Durchsage gab, dass die Transitpassagiere als Erste aussteigen sollen. Die Japaner bleiben dagegen diszipliniert sitzen, um mit Abstand und geordnet nacheinander auszusteigen. Alle Klischees werden hier innerhalb von zwei Stunden zu 100 Prozent erfüllt.

Ich bekomme wie jeder Passagier im Transit eine persönliche Eskorte, die mich durch den Flughafen begleitet. Auf dem Weg werden alle Dokumente – Ticket, Pass, Covid-Test usw. – nochmals peinlichst genau geprüft, alles mit der sprichwörtlichen japanischen Höflichkeit. Nach den sehr unterschiedlichen Erlebnissen, die ich mit russischen Offiziellen hatte, eine höchst beruhigende Erfahrung für die Nerven.

Jetzt sitze ich am Gate und warte auf meinen Flug nach Mexico City, der, wie es aussieht, pünktlich ist. So ganz traue ich dem Frieden noch nicht. Wenn alles klappt, komme ich heute noch in Mexiko an, und zwar eine Stunde früher, als ich abgeflogen bin – nach 13 Stunden Flug. Über dem Pazifik passiere ich nämlich die Datumsgrenze und gewinne dadurch einen Kalendertag. Mein Flieger startet in Japan um 16.40 Uhr und erreicht Mexico City um 15.30 Uhr. Am selben Tag.

Dass es mit dem Schiff nicht geklappt hat und ich letztendlich fliegen musste, ist eine Schlappe und extrem schade, doch inzwischen habe ich mich damit arrangiert. Eigentlich eine Ironie des Schicksals: Weltweit hat die Corona-Pandemie zu einem enormen Rückgang des Flugverkehrs und damit auch der CO_2-Emissionen geführt, nur mir vermasselt das Virus eine CO_2-neutrale Reise um die Welt. Das ändert aber nichts am Triathlon, und für die CO_2-Belastung werde ich eine Kompensationszahlung an eine Naturschutzorganisation leisten. Am Ende hatte ich keine Wahl.

Mexiko

120 Marathons am Stück – mit Anhänger

Alles geht gut. Mein Flieger startet pünktlich in Tokyo, und so komme ich eine Stunde früher in Mexico City an, als ich losgeflogen bin – Ortszeit. Ich gebe mir in der Hauptstadt einen Tag Zeit, um den Jetlag zumindest ein bisschen zu überwinden und mich zu akklimatisieren. Schon in Wladiwostok war es ja angenehm warm gewesen, hier ist es heiß, richtig Sommer. Die strapazierten Muskeln beginnen sofort damit, sich zu entspannen, und wenn man die Augen schließt und einfach nur dasteht, im gleißenden Licht, fließt wärmende Ruhe über den ganzen Körper.

Den Tag über lasse ich mich durch die Stadt treiben. Mexiko begeistert mich von der ersten Minute an. Das Land leuchtet mit seinen bunten Farben und den fröhlichen Menschen, überall spielt Musik und vor allem: Das Essen ist – Entschuldigung – um Klassen besser als in Russland.

Tags darauf fliege ich nach Tijuana, wo mein 5060 Kilometer langer Lauf durch Mexiko beginnen wird – 120 Marathons, jeden Tag einer. Markus ist schon da und wird mich die nächsten Tage mit der Kamera begleiten. Mit mir mitzulaufen, dazu konnte ich ihn nicht über-

reden. Er ist halt kein Triathlet, und er hat auf dieser Reise ja auch schon einiges anderes mitmachen müssen.

Wir nutzen den Tag für die letzten Vorbereitungen. Da ich kein Support-Team dabeihabe, muss ich mein ganzes Gepäck mit mir führen. Beim Schwimmen hatte ich mein Floß als Transportbehälter, auf dem Fahrrad ließ sich das Nötigste am Rahmen und unter dem Lenker befestigen – und für die Laufstrecke ist es ein Trailer, ein Kidrunner, konzipiert für Eltern, die beim Joggen ihre Kinder dabeihaben und keinen Buggy oder Kinderwagen schieben möchten.

Als Fahrradanhänger sieht man so etwas schon lange, für Läufer ist es eine ziemlich neue Entwicklung. An der Deichsel ist ein Gürtel befestigt, den man sich umlegt. So kann ich beim Laufen eine aufrechte Haltung bewahren und habe die Arme frei – elementar bei langen Strecken. Meine »Babys« hinten im Anhänger sind Klamotten, Schlafsack, ein leichtes Zelt und meine anderen Sachen, vor allem aber Platz für genügend Wasser. Davon werde ich viel brauchen in der mexikanischen Sommerhitze. In einem Rucksack könnte ich das alles nicht mitschleppen.

Der Trailer wird unter der tätigen Mithilfe eines einheimischen Triathleten – meinem einzigen Kontakt hier in Tijuana – pünktlich geliefert. Ein gutes Omen. Zusammenbauen muss ich ihn selbst.

Start

Am nächsten Morgen geht es los. Startpunkt ist direkt am monströsen Grenzzaun zu den USA, der hier am Strand bis ins Meer hineinragt. Über fünf Meter ragen die Stahlstangen in die Höhe, oben ist zusätzlich Stacheldraht angebracht. Auf der anderen Seite kreisen Hubschrauber. Es ist ein Schock, wenn man zum ersten Mal hierherkommt. Die Einheimischen nennen die Mauer nur »La zona Trump«, daran hat auch die Präsidentschaft Joe Bidens nichts geändert. Gerade für einen Deutschen, mit der speziellen Geschichte unseres Landes, ist es unendlich traurig zu erleben, wie brutal weiterhin Menschen von Mauern getrennt werden.

Als ich mich fertig mache, um loszulaufen, kommt ein junger Typ etwas schüchtern auf mich zu. »Bist du Jonas?«, fragt er, und: »Du willst hier einen Marathon laufen, stimmt das?«

Ich hatte zwar von einem Follower erfahren, dass eventuell ein Freund von ihm ein Stück mit mir mitlaufen möchte, allerdings hatte ich nicht wirklich damit gerechnet, dass tatsächlich jemand auftaucht.

»Ja«, antworte ich, »ich will hier heute einen Marathon laufen, und morgen noch einen, und jeden Tag einen weiteren, bis ich durch ganz Mexiko durch bin.«

»Okay«, antwortet er. »Ich bin Leonardo. Wenn du nichts dagegen hast, laufe ich heute ein bisschen mit.« Ist er so cool oder hält er mich für einen Aufschneider? Egal, wir laufen gemeinsam los.

Das ist der Beginn einer wunderbaren Freundschaft.

Highway No. 1

Tijuana ist eine Millionenstadt, die sich vor allem ins Hinterland ausdehnt und an der Küste nur einen schmalen Streifen einnimmt. Nach nicht einmal einer Stunde sind wir raus, die Strände enden, die Küste wird steiler und rauer. Wir laufen auf dem Highway No. 1, der direkt am Meer entlangführt. Markus begleitet uns erst auf dem Fahrrad, später im Auto. Leonardo und ich halten uns auf dem Seitenstreifen der vierspurigen Autobahn, der breit genug ist, dass ich mich vom Verkehr nicht weiter bedroht fühle. Besonders viel ist auch nicht los.

Ich fühle mich erstaunlich leicht angesichts der Tatsache, dass ich seit sieben Monaten praktisch nicht mehr gelaufen bin. Nun ja, meine Beine hatten genug anderes Training, das mir jetzt zugutekommt. Rechts rauscht der Pazifik, auf den die Straße immer wieder spektakuläre Ausblicke bietet. Leonardo, der zunehmend Gefallen an der Sa-

che findet, lädt Markus und mich zum Mittagessen zu sich nach Hause ein, was direkt an der Strecke liegt. Beim Essen erzähle ich ihm etwas ausführlicher, was ich hier treibe. Er ist erst platt und im nächsten Moment hellauf begeistert. Davon hatte ihm sein Freund nichts erzählt (oder nicht genug). Wir verstehen uns immer besser.

Schmerz und Stolz

Leonardo läuft danach erst mal nicht weiter mit, will am Abend aber wieder zu uns stoßen. Er hat offensichtlich Feuer gefangen. Für mich wird der Nachmittag hart. Nach etwa 35 Kilometern fangen meine Beine an zu schmerzen. Das ist nicht weiter verwunderlich, schließlich bin ich unmittelbar in einen Marathon gestartet, doch es heißt eben auch, den Hintern für den Rest der Strecke echt zusammenzukneifen.

Es ist eine sieben Kilometer lange Qual. Als ich nach 42 Kilometern Rosarito erreiche, schleppe ich mich mehr voran, als dass ich laufe. Markus und Leonardo haben schon auf mich gewartet.

Nach einer kleinen Ruhepause wird der Schmerz vom Stolz und von der Genugtuung überlagert, in Mexiko zu sein, den ersten Marathon

Leonardo

Auf Jonas zu stoßen war einerseits völliger Zufall, andererseits bin ich überzeugt, dass es vorbestimmt war. Ich hatte zuvor noch nie etwas von ihm gehört; ein Freund, der seit zwei Jahren in Berlin lebt, machte mich darauf aufmerksam, dass da ein interessanter Typ in meiner Heimatstadt Tijuana einen Marathon laufen wollte. Ob ich nicht Lust hätte mitzulaufen? Das war direkt am Abend zuvor. Ich hatte eine Laufgruppe erwartet, aber am Treffpunkt standen nur dieser bärtige Typ mit seinem Anhänger und sein Freund mit der Kamera, der nur fotografierte und filmte. Wir wechselten ein paar Worte, Jonas lief los, und ich schloss mich an, nur für ein paar Kilometer, wie ich meinte.
Es wurden viele Tage, die wir miteinander verbrachten und die zu den schönsten und wichtigsten in meinem Leben gehören. Jonas zog mich in seinen Bann auf die leichteste Weise, die es gibt: Er tat, was er wollte, mit aller Konsequenz und ließ sich durch nichts beirren. Die Begegnung mit ihm hat mich viel über mein eigenes Leben gelehrt – ohne große Worte, einfach durch sein lebendes Beispiel.

geschafft zu haben und meinem Ziel der Weltumrundung in 120 Ironman-Distanzen näherzukommen.

Wenn ich an die Schwierigkeiten mit dem Flug hierher oder an das Drama um mein Russlandvisum denke, wird ganz deutlich: Vor allem, wenn ich von anderen abhängig bin, kann mein Vorhaben in Gefahr geraten. Sobald ich auf mich selbst gestellt bin, mich aus eigener Kraft fortbewegen kann, komme ich voran. Manchmal langsam, dafür sicher. Den Schmerz ertrage ich dafür gerne. Das Limit bin nur ich!

Das ändert nichts daran, dass mir jeder Schritt wehtut, als wir abends zusammen in eine Bar gehen. Das Lokal ist skurril eingerichtet, BHs und Dollarnoten hängen an den Wänden und von der Decke herab. Wir essen und trinken, trinken noch ein bisschen mehr – ach, es ist gerade schön. Ich strecke die schmerzenden Beine von mir und lasse es mir gut gehen. Der Abend wird lustig, Musik spielt, mehr Gäste kommen herein, und Leonardo taut richtig auf. Nur Leonardo? Irgendwann, da haben wir schon von Bier zu Tequila gewechselt, ertappe ich mich dabei, wie ich mit den anderen tanze, etwas staksig sicherlich, aber ausgelassen. So viel Alkohol habe ich das letzte Mal in der Sauna in Tschita getrunken.

Am nächsten Morgen weiß ich erst mal nicht, wie ich aus dem Bett kommen soll. Geschweige denn 42 Kilometer laufen. Und das ist nicht der Kater. Wenn ich die Beine belaste, zuckt ein greller Schmerz durch den ganzen Körper. Jeder Schritt ist Folter.

Doch Kneifen kommt nicht in Frage. Ich schleppe mich zu meinem Anhänger, lege den Gurt um und humple los. Markus schaut mir zweifelnd zu. Nach ein paar Minuten, die ich nur mit größter Mühe überstehe, lässt der Schmerz zwar nicht nach, ich gewöhne mich aber an ihn. Damit ist das Schlimmste geschafft. Nun kann ich ihn in den Hinterkopf verdrängen und dabei zusehen, wie er immer unwichtiger wird.

So laufe ich an diesem Tag den nächsten Marathon, immer am blauen Pazifik entlang in der strahlenden Sonne. Am Straßenrand sind Stände aufgebaut, die Kokoswasser aus frischen Kokosnüssen anbieten, ein immer wieder willkommener Trunk, erfrischend, köstlich und sogar ein wenig isotonisch.

Abends sind die Schmerzen mit voller Wucht zurück. Ich gebe mir zwar Mühe zu verbergen, dass ich auf dem Zahnfleisch krieche, doch es ist wohl nicht zu übersehen. »Ja, die Beine tun jetzt schon ein bisschen weh«, antworte ich auf die besorgte Nachfrage, ob alles in Ordnung ist.

Mein Tagesziel heute ist ein Aussichtspunkt mit grandiosem Blick über den Pazifik, wo ich im Freien übernachten möchte. Nur habe ich die Rechnung ohne den örtlichen Sicherheitsmann gemacht, der mich energisch von meinem Lagerplatz vertreibt. Ich will schon aufbre-

chen, um mir etwas anderes zu suchen, da meldet sich Leonardo, der die letzten Kilometer wieder mitgelaufen ist: »Sag mal Jonas, kann ich dich nicht heute einfach zu mir nach Hause einladen?« Ich denke kurz nach. Warum nicht – ich muss nur morgen wieder genau hier starten. Und so lasse ich mich von ihm ins Auto verfrachten und nach Tijuana zu sich nach Hause bringen. Markus kommt auch mit, und wir verbringen einen weiteren schönen Abend zusammen. Allerdings mit etwas weniger Alkohol.

Motivationströpfchen

Auch für meinen Marathon Nummer drei habe ich wieder Gesellschaft. Thomas, ein hier lebender Schweizer Kellermeister, der sich mit mir über Instagram verabredet hat, begleitet mich auf den ersten 28 Kilometern und zaubert für die Mittagspause aus der Kühlbox auf seinem clever platzierten Pick-up einen seiner Weißweine hervor. Ein edles Tröpfchen, wirklich, kulinarisch fehlt es mir bisher an nichts in Mexiko. Wenn das so weitergeht, wird es eine einzige Sauftour! Jeden-

falls läuft es sich mit diesem wunderbaren Motivationsgetränk im Bauch gleich viel lockerer.

Thomas kehrt anschließend um, dafür stößt Leonardo wieder dazu. Ich freue mich über die Begleitung, denn erstens haben Leonardo und ich uns richtig angefreundet, zweitens lenkt es mich von meinen Schmerzen ab. Mit den Beinen wird es zwar langsam besser, dafür spüre ich mehr und mehr meinen Rücken. Der Trailer, den ich hinter mir herziehe, wiegt immerhin 20 Kilo. Testweise schnalle ich ihn mir vorne an und schiebe ihn, statt zu ziehen, und das wirkt erstaunlich gut. Von jetzt an wechsle ich regelmäßig zwischen Ziehen und Schieben.

Publicity

Am Abend erreichen wir Ensenada, die letzte große Stadt im nördlichen Teil der Baja California. Hier kennt Markus einen Radsportler, der ein Café betreibt und uns alle zu einem köstlichen Abendessen einlädt. Die Kalorien, die ich beim Laufen verbrauche, hole ich bei einer solchen Diät locker wieder rein. Tacos, Burritos, Enchiladas ... Ich liebe das mexikanische Essen und habe auch keinerlei Probleme mit der Schärfe.

Thomas und Leonardo sind natürlich auch mit von der Partie. Ich habe hier einen richtigen Freundeskreis um mich versammelt. Dass heute meine Beine nicht mehr ganz so schlimm schmerzen, hebt die Stimmung noch weiter.

Ins Restaurant kommen an diesem Abend auch einige Journalisten, die Leonardo eingeladen hat. Das ist der Ausgangspunkt der riesigen Publicity, die ich in den nächsten Monaten in ganz Mexiko bekommen werde – und angeschoben wurde sie von diesem jungen Mann, der zuvor noch nie von mir gehört hatte, der dann nur mal ein paar Kilometer mitlaufen wollte und jetzt zu 100 Prozent dabei ist. Er ist ein großartiger Typ, zurückhaltend auf den ersten Blick, aber unglaublich begeisterungsfähig. Ihn kennengelernt zu haben ist für mich ein großes Geschenk dieser Reise.

Die örtlichen Medien bleiben an mir dran. Gleich am nächsten Morgen gebe ich weitere Interviews für einen Fernseh- und einen Radiosender, was meinen Aufbruch verzögert. Leonardo wird heute zum vorerst letzten Mal mitlaufen, denn er hat ja auch noch ein normales Leben zu führen. Er will diesmal die gesamte Strecke dabeibleiben – sein erster Marathon überhaupt, und das nach nur drei Tagen »Vorbereitungszeit«. Andere trainieren monatelang dafür. Leonardo ist ein lebendes Beispiel für meine Grundüberzeugung: Alles ist Kopfsache. Ich habe den Anstoß gegeben, und seine Motivation ist so groß, dass er es auch schaffen kann. Natürlich schafft er es.

Wieder allein

Ab dem fünften Tag bin ich wieder allein; auch Markus ist abgereist. Und noch etwas ist weg: der Schmerz. In den letzten Tagen hat sich mein Körper den Anforderungen angepasst. Das war zu erwarten, irgendwann ergeben sich die Muskeln ihrem Schicksal, und es ist unglaublich wohltuend, nicht bei jeder Bewegung mit den Zähnen knirschen zu müssen. Ich steigere mein Tempo auf etwa sieben Kilometer in der Stunde, was nicht besonders schnell wäre, müsste ich nur einen Marathon laufen. Es sind aber 120. So schaffe ich 43 bis 45 Kilometer pro Tag ohne Beschwerden.

Hinter Ensenada führt die Route weg von der Küste, erst durch ein großes Weinbaugebiet (in dem Thomas für vier verschiedene Weingüter tätig ist), dann ins Tal von San Quintin, der großen Landwirtschaftsgegend der Baja California. Die Landschaft wird hügeliger, die Temperatur steigt. Um der größten Hitze zu entgehen, starte ich jetzt frühmorgens, mache eine lange Mittagspause und laufe nachmittags nochmals ein Stück.

Ich bleibe auf der Carretera No. 1, die jetzt nicht mehr vierspurig, doch weiterhin gut asphaltiert ist und neben der Fahrspur genügend Platz für mich und meinen Anhänger bietet.

Meist herrscht nicht viel Verkehr, und dort, wo er dichter wird, sind die Autofahrer ausgesprochen rücksichtsvoll, selbst die großen LKWs. Wenn es nötig ist, halten sie sogar hinter mir an und überholen erst, wenn die Straße frei ist. Die Fahrer sind kein bisschen aggressiv, hupen nicht, fluchen nicht, sondern winken freundlich aus dem Fenster oder feuern mich an. Das kenne ich von den deutschen Landstraßen anders. Oft genug stoppt sogar einer, springt aus dem Auto und drückt mir eine Flasche Wasser oder etwas Obst in die Hand. Das habe ich so noch nie erlebt.

Die Leute wissen von mir, habe ich inzwischen begriffen, denn eine ganze Reihe von Berichten ist in verschiedenen Medien erschienen. Als ein lokaler Radiosender in San Quintin auf seiner Webseite laufend live postet, wo ich gerade bin, bekomme ich fast schon zu viel Besuch auf der Strecke. Alle paar Minuten hält ein Autofahrer, um Selfies zu machen. Ich bekomme mehr zu essen und zu trinken, als ich verbrauchen kann. Auch wenn mich die ständigen Stopps aus dem Rhythmus bringen: Die Freude darüber überwiegt bei Weitem, denn diese Herzlichkeit ist einfach überwältigend. Ein himmelweiter Unterschied zu vielen anderen Ländern. Ich habe mich schon jetzt heftig verliebt in Mexiko und denke immer wieder daran, was ich verpasst hätte, wäre ich stattdessen wie geplant durch die USA oder Kanada gelaufen.

Ich bekomme viele Übernachtungsangebote, die ich immer wieder gerne annehme, liebe es aber auch, draußen zu zelten. Die Nächte unter dem Sternenhimmel, der durch die trockene Luft und die fehlende Lichtverschmutzung besonders hell funkelt, sind berauschend. Ich baue mein Zelt ein Stück abseits der Straße auf, lasse die Sonne hinter dem Horizont versinken und bin mit dem Universum im Einklang. Der Himmel ist wolkenlos und Regen nicht zu befürchten. Ich stelle nur das Innenzelt auf, das oben bloß mit einem Moskitonetz geschlossen ist. So habe ich auch im Liegen die Sterne im Blick.

Ein Rascheln am Boden

Ganz ohne Zelt geht es dann doch nicht, wie an einem der nächsten Abende deutlich wird. Ich habe einen schönen Platz gefunden und will mich schon ausbreiten, da sehe ich eine Bewegung am Boden, keine zwei Meter von mir entfernt. Durchs dürre Gebüsch kriecht eine Klapperschlange. Sie ist nicht sehr groß, vielleicht einen halben Meter lang, und kommt zum Glück nicht auf mich zu, aber ich bin trotzdem hellwach. Vor Giftschlangen habe ich großen Respekt. Ich vermeide jede abrupte Bewegung und achte darauf, wohin sie sich bewegt, dann packe ich meine Sachen zurück in den Anhänger und gehe 20 Meter weiter. Das ist ein bisschen irrational, denn natürlich könnte die Schlange auch hierherkommen, doch ich bin ja für sie kein Beutetier, also wird sie mich in Ruhe lassen, solange ich Abstand halte. Und wenn die Reißverschlüsse des Zelts geschlossen sind, kommt sie ebenso wenig an mich ran wie die Skorpione und giftigen Spinnen, die es hier ebenfalls gibt. So steht einer traumhaften Nacht im Licht der Sterne nichts mehr im Weg.

In die Wüste

Die letzte Ortschaft, bevor die Wüste beginnt, heißt El Rosario und liegt an einem kleinen Flüsschen, das ein paar Felder in der Umgebung mit Wasser versorgt. Ab hier beginnt die spektakuläre Wüstenlandschaft, auf die ich mich ungemein freue. Alle 50 bis 100 Kilometer eine kleine Ranch oder vereinzelte Restaurants und sonst nur Wüste und Weite. Ich habe jetzt neun Marathons hinter mir und fühle mich ausgezeichnet. Der Anhänger läuft auf dem glatten Asphalt reibungslos, solange das Terrain flach ist. Ihn bergauf zu ziehen erfordert dagegen viel Kraft, da machen sich die 20 Kilo sofort bemerkbar. Bergab ist es vielleicht sogar noch schwieriger: Habe ich den Trailer im Rücken, schiebt er mich von hinten an, was verdammt unangenehm ist. Habe ich ihn vor mir, muss ich mich zurücklehnen und das Gewicht ausgleichen, damit er mich nicht mit sich zieht. An steilen Stellen muss ich teilweise zurückgelehnt laufen, eine ganz neue Technik, die bestimmt noch kein anderer Marathonläufer ausprobiert hat.

Die Straße biegt ab und führt weit ins bergige Landesinnere hinein – von Meereshöhe bis auf 650 Meter und danach ständig auf und ab. Es ist brutal anstrengend. Dazu kommt die Hitze, bis zu 40 Grad, und nirgendwo Schatten. Ich kann kaum so viel trinken, wie ich gleich wieder rausschwitze. Sechs bis sieben Liter Wasservorrat habe ich im Anhänger, dazu Essen für zwei Tage. Mehr könnte ich nicht ziehen. Meine Sorgen im Vorfeld, dass ich in der Wüste dehydrieren könnte, haben sich aber als unbegründet herausgestellt, denn immer wieder halten Autos an, aus denen ich Wasserflaschen durchs Fenster gereicht bekomme. Hier verläuft im Prinzip nur diese eine Straße, die Leute wissen von mir und sind unverändert hilfsbereit.

Der Lohn für meine Anstrengung ist etwas Einzigartiges: die Wüste. Das Land ist braun und sonnenverbrannt, erscheint aber je nach Sonnenstand in ständig neuen Schattierungen. Weite Flächen wechseln sich mit schroffen Felsen ab, dazwischen stehen grün die riesigen, über zehn Meter hohen Kakteen, manche vom Wind gekrümmt, andere hoch emporragend. Es ist eine bizarre, spektakuläre, wunderschöne Landschaft, die ich die meiste Zeit ganz für mich habe. Vor allem abends und nachts, wenn ich unter dem weiten, klaren Himmel campiere, herrscht ein mit Worten nicht zu beschreibender Zauber. Traumhafte Plätze, um mein Zelt aufzubauen, gibt es wie Sand am Meer – oder meinetwegen: in der Wüste.

Hier und da bekomme ich Besuch, manchmal ist es eine Klapperschlange, manchmal schaut ein Skorpion am Zelt vorbei. Die Schlangen sind so nett, sich durch ihr Rasseln bemerkbar zu machen, wenn

man ihnen zu nahekommt. Insgesamt ist das Risiko überschaubar, ich muss nur darauf achten, wo ich meinen Fuß hinsetze.

Meine Laufstrategie richtet sich nach den Gegebenheiten. Entweder starte ich morgens um sechs Uhr, um nach den ersten circa 30 Kilometern bei einem Lokal zu sein, dort zu essen und im Schatten Siesta zu halten. Abends laufe ich noch mal zwei Stunden. Oder ich kann die Entfernungen so einteilen, dass ich abends an einem Restaurant ankomme und in dessen Nähe übernachte. So habe ich nicht nur ein warmes Abendessen, sondern kann morgens gleich mit einem guten Frühstück starten. Die Restaurants bieten auch die seltene Gelegenheit, mit meinen Followern auf den sozialen Netzwerken Kontakt zu halten, denn nur dort gibt es Internet. In der Wüste gibt es kein Netz.

Música!

Kurz vor dem kleinen Ort Cataviña, mitten in der Kakteenwüste, habe ich noch eine ganz besondere Begegnung mit Einheimischen, die immer gerne helfen, wo sie können. Ich mache ein paar Meter neben der Straße gerade Pause, als plötzlich ein Kleinbus angebraust kommt und direkt neben mir hält. Fünf Männer springen heraus, bauen sich vor mir auf – und fangen an zu musizieren. Es ist eine Mariachi-Gruppe, die mir ein Ständchen bringt. Sie haben von mir gelesen und sind gekommen, um mich mit ihren Liedern zu motivieren. Das ist ihnen gelungen! Als ich nach der Pause wieder starte, bin ich so beschwingt, dass ich erst ein paar Tanzschritte versuche, bevor ich wieder in den gewohnten Rhythmus verfalle. Mit einer solchen mentalen Unterstützung ist es ein Kinderspiel, einen Marathon zu laufen.

Auch körperlich geht es mir gut. Die letzten fünf Tage bin ich immer etwas mehr als mein Tagespensum gelaufen, sodass ich jetzt schon fast 20 Kilometer Vorsprung auf mein Soll habe. Das ist auch gut so, denn wenn ich aufs Festland gewechselt bin, erwarten mich im Gebirge bis zu 3000 Höhenmeter am Tag. Ich werde den Puffer wahrscheinlich gut brauchen können – von all den spannenden, unvorhergesehenen Schwierigkeiten ganz abgesehen, die bei einem solchen Abenteuer hinter jeder Straßenecke und jedem Kaktus lauern können. Gerade jedoch fühle ich mich von Tag zu Tag stärker, laufe meine Strecken relativ locker und fühle mich morgens wieder frisch für die nächste.

Duschen, ein seltenes Glück

Nach Marathon Nr. 17 habe ich den ersten Bundesstaat Mexikos der Länge nach durchquert und überschreite die Grenze nach Baja California Sur. Die Wüste verändert sich zu einer kakteenlosen, flachen, eintönigen Ödnis, in der sich die Tage ziemlich ziehen. Hier hilft mir meine Grundeinstellung sehr: Ich bleibe auf die Aufgabe des Tages fokussiert und belaste mich nicht mit der Vorstellung, dass es morgen bestimmt wieder so trostlos wird und übermorgen und ... stöhn!

Nein! Ich absolviere heute das, was ich mir vorgenommen habe. Und wenn es keinen Spaß macht, dann macht es eben mal keinen Spaß. Dass die Wüste irgendwann ein Ende hat, so viel ist sicher. Auch wenn man es in den langen Stunden, in denen der Horizont wie festgenagelt scheint, kaum glauben kann.

Was nicht heißt, dass ich mich auf kommende Dinge nicht freuen könnte. Konkret heißt das in diesem Fall, dass ich kurz nach der Grenze die Stadt Guerrero Negro erreiche, die etwas Infrastruktur aufweist. Dort bin ich in ein Hotel eingeladen – mit Dusche. Ein Genuss nach 400 Kilometern Wüste. Der Wasserdruck ist nicht besonders stark, aber um mir den Staub vom Körper zu spülen, reicht er aus. Ich könnte stundenlang unter der Dusche stehen, doch da ich weiß, was für ein kostbares Gut Wasser in dieser Gegend ist, gehe ich sparsam damit um.

In Guerrero Negro beginnt im Kleinen, was ich später noch in so vielen Orten Mexikos erleben soll, oft in einem viel größeren Ausmaß: Die örtliche Laufszene wartet am nächsten Morgen vor dem Hotel auf mich, um mich zu begleiten. Die ersten Läufer fallen schnell ab, nur zwei halten für einen Halbmarathon mit. Der Streckenabschnitt ist allerdings auch mental besonders schwierig: Wenn es vor Guerrero Negro schon wenig abwechslungsreich war, dann ist nun eine Straße zu bewältigen, die 100 Kilometer schnurgerade durch eine meist vegetationslose Einöde führt. Vereinzelt gibt es Häuser und sogar ein paar Farmen, denn an einigen Stellen ermöglichen Grundwasservorkommen ein wenig Landwirtschaft. Aber sie stellen nur seltene bunte Flecken in einer sonst graubraunen Landschaft dar. So geht es zweieinhalb Tage geradeaus. Ich laufe 45 Kilometer im Schnitt pro Tag und bin froh, als diese Straße endlich ein Ende findet.

Besonders freue ich mich, dass Leonardo wiedergekommen ist. Er hat sich fast zwei Wochen freigeschaufelt, um mich zu begleiten. Zwischen uns hat sich eine spezielle Beziehung entwickelt. Einerseits kann er es irgendwie immer noch nicht glauben, dass ich auf eigene Faust durch ganz Mexiko laufen will. Das heißt, natürlich glaubt er es, denn er sieht ja, wie ich Tag für Tag vorankomme. Er kann sich nur nicht vorstellen, wie das gehen soll für einen Ausländer, so allein in diesem großen Land. Deswegen fühlt er sich in gewisser Weise für mich verantwortlich. In seinem Mietwagen fährt er genug Wasser und Essen spazieren, damit ich auch nicht verdurste und verhungere. Manchmal muss ich ihn in seinem Beschützerinstinkt ein wenig bremsen.

Andererseits ist es offensichtlich, dass unser Zusammentreffen etwas Fundamentales in ihm angestoßen hat. Er will etwas ändern in seinem Leben und geht das jetzt an, indem er mit mir läuft. Das ist der andere, vielleicht wichtigere Grund, warum er mich begleitet. Und das Schöne ist: Wir verstehen uns prächtig.

Da er jeden Tag einen Teil der Strecke an meiner Seite ist, muss er sich immer wieder per Anhalter zurück zu seinem Auto durchschlagen. Das klappt ohne Schwierigkeiten, weil jeder, der in die richtige Richtung fährt, ihn gerne mitnimmt. Nur Leonardo selbst scheint ein bisschen verblüfft zu sein, wie problemlos das geht. Abends suchen wir uns einen schönen Platz zum Campieren oder bekommen eine Einladung von netten Menschen, die an der Strecke leben.

Eine Oase in der Wüste

Nach und nach wird die Landschaft wieder abwechslungsreicher, mit Bergen und Kakteen. Die Straße führt quer über die Halbinsel von der Pazifikküste, die ich bei Guerrero Negro verlassen habe, zum Golf von Kalifornien, den ich beim Städtchen Santa Rosalía erreichen werde. Auf halbem Weg, allerdings noch 55 Kilometer entfernt, liegt die Oase San Ignacio – ein Lichtblick in dieser wenig menschenfreundlichen Gegend.

Am Morgen, kurz nachdem ich losgelaufen bin (Leonardo will später dazustoßen), hält ein Auto neben mir an. »Hey, du bist Jonas? Ich habe in San Ignacio ein Bed and Breakfast. Schafft du das bis heute Abend? Bist herzlich eingeladen, wir bereiten ein gutes Abendessen vor. Wirst sehen, es wird dir gefallen bei uns.« Bonnie und Paul sind Kanadier und betreiben das *Ignacio Springs* in der Oase.

Eigentlich wollte ich heute nur meine normalen 42 Kilometer laufen, aber die Aussicht auf ein Bett und ein Bad im kühlen Wasser motiviert mich enorm. Es ist heiß, und dass die Landschaft wieder interessanter geworden ist, heißt eben auch, dass es ein paar steile Hügel zu bewältigen gibt. Leonardo ist mittlerweile wieder dabei. Wir spornen uns gegenseitig an und erreichen tatsächlich kurz vor Sonnenuntergang die herrliche Palmenoase, in der ein grüner Fluss zum Schwimmen einlädt. Das versprochene Abendessen übertrifft alle Erwartungen.

Unter dem Vulkan

Mich von diesem Ort loszureißen fällt mir am nächsten Morgen schwer. Es ist schon halb elf, als ich endlich loslaufe. Die Strafe folgt auf dem

Fuß, denn jetzt komme ich in die pralle Mittagshitze und bin froh, nach der Hälfte der Strecke ein Restaurant zu erreichen, in dem ich eine ausgedehnte Pause machen kann. Nachmittags fühle ich mich wieder fit und laufe den Rest des Marathons.

Die Straße steigt sanft, aber stetig bis an die Flanke eines Vulkans. Er ist Teil einer Kette schroffer, kahler Berge, die sich gestochen scharf gegen den tiefblauen Himmel abzeichnen. Darunter breitet sich eine weite, sonnendurchflutete Ebene aus, bewachsen mit niedrigem Gestrüpp und einzelnen Kakteen. Die Landschaft ist spektakulär, alles ist ... groß! Ich stehe als winziger Punkt unter dem Vulkan und kann mich nicht sattsehen. Hier bleibe ich über Nacht, ein besserer Platz ist kaum vorstellbar.

Der Weg hinab am nächsten Tag fordert mein gesamtes Durchhaltevermögen. Es geht lange in einem engen Canyon bergab, und jetzt kommt zur Hitze noch eine hohe Luftfeuchtigkeit, denn ich nähere mich wieder der Küste. Die Temperatur steigt auf über 40 Grad, es ist absolut windstill, Schatten findet sich nirgendwo. Von unten strahlt der schwarze Asphalt zusätzlich Hitze auf mich ab; man könnte wahrscheinlich Spiegeleier auf ihm braten. Es wird wahnsinnig anstrengend, dies ist einer der härtesten Tage bislang.

Eine Kirche aus Stahl

Nachmittags erreiche ich die Küste des Golfs von Kalifornien und laufe noch ein paar zusätzliche Kilometer am Meer entlang, bis ich nach Santa Rosalía komme. Ich werde erwartet! Kurz vor der Stadt passt mich eine Polizeistreife ab, die mich ins Zentrum und zu einem kleinen Empfang eskortiert, den die Stadtverwaltung organisiert hat, Abendessen und Hotel inklusive. Ich freue mich, beantworte alle Fragen, bedanke mich, vertilge eine Riesenportion Enchiladas, und als ich schließlich in mein Zimmer komme, stelle ich mich zehn lange Minuten unter die Dusche und spüle mir allen Staub vom Körper, aus Haaren und Bart.

Die berühmteste Sehenswürdigkeit von Santa Rosalía kann ich natürlich nicht auslassen, eine Kirche, die von Gustave Eiffel komplett aus Stahl gebaut und 1889 auf der Weltausstellung in Paris gezeigt wurde. Später wurde sie in ihre Einzelteile zerlegt und gelangte auf verschlungenen Wegen nach Santa Rosalía, wo sie seit 1897 steht. Das Kirchlein ist nicht besonders groß und auf den ersten Blick auch nicht wirklich eindrucksvoll, doch der berühmte Name ihres Erbauers und die Stahlbauweise machen es einzigartig.

Die Strecke führt nun an der Küste entlang, durch karge Landschaften im Landesinneren, ist abwechslungsreich und vor allem direkt am Meer wunderschön. Nur die Hitze und die hohe Luftfeuchtigkeit machen mir zu schaffen. Dadurch, dass es hier wieder mehr Ortschaften gibt, in denen ich mit Essen und Schatten rechnen kann, funktioniert meine Zweiteilung des Tagespensums mit Start am frühen Morgen und ausgedehnter Mittagspause recht gut. So komme ich zuverlässig jeden Tag mindestens auf meine 42 Kilometer. Ich fühle mich fit und habe keinerlei Beschwerden – ein paar kleinere Blasen an den Füßen habe ich in den letzten Tagen einfach weggelaufen. Nach den ersten 1000 Kilometern und damit einem Fünftel der Gesamtstrecke bin ich meinem Zeitplan etwas voraus. Es ist ein gutes Gefühl, für den Fall der Fälle etwas Puffer zu haben.

Die Flagge des Fischers

Ein Flüsschen, das hier in den Golf von Kalifornien mündet, macht das Städtchen Mulegé zur Oase in der hitzeflimmernden Wüstenlandschaft der Baja-California-Halbinsel. Plötzlich ist alles grün und saftig, Palmen und Obstbäume wachsen an jeder Ecke. Ich erreiche dieses Paradies nach einem ausgesprochen heißen »Morgenlauf« am späten Vormittag und darf im Garten eines amerikanischen Ehepaars im Palmenschatten Siesta in der Hängematte halten. Danach fühle ich mich so erfrischt, dass ich den zweiten Halbmarathon am Nachmittag in zweieinhalb Stunden bewältige.

Zwei weitere Begegnungen in Mulegé haben Bedeutung für meinen gesamten restlichen Lauf durch Mexiko. Während einer kurzen Trinkpause am Wegesrand komme ich mit einem Fischer ins Gespräch. Er freut sich, dass ich Spanisch spreche, und will wissen, was ich mache. »Wirklich, du willst durch ganz Mexiko laufen?« – »Sicher, schau, ich bin jetzt schon von Tijuana bis hierher gekommen. Morgen geht es weiter Richtung La Paz, dann aufs Festland, in die Hauptstadt und dann immer weiter bis Cancún.« – »Cancún? Das ist verdammt weit. Aber warum durch Mexiko? Wie gefällt dir mein Land?« Ich erwähne nicht, dass ich ursprünglich die USA durchqueren wollte. »Mexiko ist großartig. Das Land ist wunderbar, die Menschen sind wunderbar, ich

habe hier nur gute Erfahrungen gemacht. Wie jetzt mit dir. Dass ich hier mit dir sprechen kann, ist ein großes Geschenk für mich. Wie hätten wir uns sonst jemals treffen können?« – »Das ist wahr. Ich bin stolz, dass du das sagst. Weißt du was, ich habe was für dich.«

Er holt eine mexikanische Flagge hervor, grün, weiß, rot mit dem Adler in der Mitte, und schenkt sie mir. Ich befestige sie anstelle des kleinen roten Fähnchens an meinem Anhänger. Mexiko hat mich bisher so gut behandelt, dass diese kleine Geste des Dankes das mindeste ist, was ich zurückgeben kann.

Außerdem treffe ich Roberto. Er wurde von Ravir Film beauftragt und bleibt mit seiner Kamera die nächsten Tage an mir dran. Ich habe sofort einen guten Draht zu ihm. Seine offene Art, sein verschmitzter Humor und die offensichtliche Begeisterung für seinen Beruf nehmen mich sofort für ihn ein. Er ist mit dem Auto da, überholt mich, filmt mich von vorne und von der Seite, bleibt zurück, überholt mich wieder. Leonardo, der mich immer noch begleitet, assistiert ihm gelegentlich, wenn er nicht selbst mitläuft. Die beiden verstehen sich ebenfalls auf Anhieb, und da nun zwei Autos zur Verfügung stehen, bekommt Leonardo einen Shuttleservice zu seinem geparkten Auto, statt trampen zu müssen. Abends campieren wir zusammen. Lange Gespräche unter funkelnden Sternen, Aufwachen im Morgengrauen und Loslaufen bei Sonnenaufgang, Pausen am Strand – manchmal sind wir wie drei Jungs, die einfach nur gemeinsam Spaß haben.

Traumstrände

Zwischen Mulegé und dem 135 Kilometer entfernten Loreto komme ich an einer Reihe wunderschöner Strände vorbei. Die Gegend ist ein beliebtes Ferienziel, auch für Touristen aus den USA. Sichelförmige, von Felsvorsprüngen eingefasste Buchten mit feinstem Sand, davor ein tiefblau bis türkis schimmerndes Meer. Es ist eine Lust, hier zu laufen, und meinie Mittagspausen werden doppelt entspannend, weil ich mich im (verglichen mit der Lufttemperatur) kühlen Nass erfri-

schen kann. Einmal leihe ich mir sogar ein Kajak aus und mache einen kleine Paddeltour.

In Loreto reist Roberto wieder ab, dafür stößt der lokale Laufclub samt Clubhund dazu, was meiner Motivation zusätzlichen Schub gibt. Sie erzählen mir von einem besonders schönen Strand, den ich bis heute Abend erreichen müsste und an dem es herrlich sei zu zelten. Da will ich hin, klar. Nach einigen Kilometern haben sie wieder abgedreht, und da ich auch mit Leonardo erst abends verabredet bin, laufe ich den Nachmittag über allein. Und laufe und laufe, nur der versprochene Strand will nicht kommen. Da hat sich jemand bei der Entfernung gewaltig verschätzt. Es wird dunkel, ich laufe weiter, denn ausgerechnet hier kann ich nicht irgendwo neben der Straße mein Zelt aufschlagen – das Gelände ist zu uneben oder mit Stacheldraht eingezäunt.

Als ich den Strand endlich erreiche, ist es finstere Nacht und ich bin fast 58 Kilometer gelaufen – die längste Strecke bislang. Die Anstrengung hat sich aber gelohnt, wie sich am nächsten Morgen zeigt. Der Strand ist ein Traum, und Leonardo und ich haben ihn ganz für uns allein. Ich genieße die Stille, die vom sanften Meeresrauschen nur unterstrichen wird, sehe die Sonne aufgehen, finde einen Platz im Schatten und bleibe noch ein bisschen. Gestern habe ich Überstunden gemacht, die feiere ich jetzt ab.

Mein Körper hat die zusätzliche Belastung problemlos weggesteckt. Als ich mich zum Aufbrechen durchringe, spüre ich keinerlei Beschwerden. Nur die Hitze hat mich wieder in ihren Klauen. Ich frage mich, ob die Sohlen meiner Laufschuhe irgendwann zu schmelzen beginnen.

BUBBA GUMP
SHRIMP CO
PROJECT HORIZON
JONAS DEICHMANN ADVENTURES
powered by
doujak.eu
corporate development
SiS
SCIENCE IN SPORT

Roberto: »Der Jonas-Effekt«

Über zwei Ecken kam ich zu dem Job, Jonas für Ravir Film auf seinem Weg durch Mexiko mit der Kamera zu begleiten. Ich traf ihn zum ersten Mal an der Straße in Mulegé in Baja California, dort, wo der Name der Stadt in bunten Lettern über dem Flussufer prangt. Jonas wollte möglichst schnell weiter, deshalb fiel unsere Begrüßung relativ kurz aus, doch in den folgenden vier Tagen wuchs meine Faszination für diesen Mann stetig. Ich begleitete ihn anschließend mehrmals, erst als Teil des Jobs, später auf eigene Faust. Immer wieder habe ich beobachtet – und selbst erfahren –, wie Jonas Menschen begeistern kann. Ich habe nicht nur gefilmt, sondern bin auch mit ihm gelaufen und habe dabei einen Freund gewonnen. Jonas hat mir gezeigt, diszipliniert und entschlossen zu sein, groß zu denken, die Aufgabe aber immer in kleine Etappen herunterzubrechen, konsequent zu sein, das Ziel trotz aller Schwierigkeiten nie aus den Augen zu verlieren, positiv zu bleiben, zu lächeln, Spaß zu haben und die Reise zu genießen. Von dieser Art haben sich viele Menschen in Mexiko inspirieren lassen. Ich nenne es den »Jonas-Effekt«.

Wieder Wüste

Nach diesem Höhepunkt entfernt sich die Straße von der Küste und steigt kontinuierlich ins Landesinnere hinein an. Bei der Planung hatte ich Bedenken, dass es mit Wasser und Verpflegung Schwierigkeiten geben könnte, denn über zig Kilometer gibt es hier nichts als Wüste. Glücklicherweise versorgen mich auch hier wildfremde Menschen aus ihren Autos mit Wasser. Ich verlasse mich inzwischen sogar darauf und kann deswegen Gewicht in meinem Anhänger einsparen. Fünf Liter Wasser wiegen eben fünf Kilo.

Eine weitere Erleichterung ist die Höhenlage, denn hier ist es vor allem nachts lange nicht so heiß wie an der Küste. Ich kann seit langer Zeit mal wieder richtig schlafen, was in den schwülen Nächten am Meer ein selten erlebtes Glück war.

Unterbrochen wird die Wüste durch das landwirtschaftlich genutzte Gebiet um Ciudad Insurgentes und Ciudad Constitución, in dem Grundwasservorkommen großflächigen Ackerbau erlauben. Kaum komme ich in besiedelte Gebiete, schon habe ich wieder Begleiter. Richtig lustig ist der Frauen-Laufclub, der mich ab Ciudad Constitución einen vollen Halbmarathon lang begleitet – ein Dutzend Mädels, die hinter mir Party machen, dass es die reine Freude ist. Noch eine ganze Weile, nachdem sie wieder weg sind, klingen mir die Ohren.

Leonardo ist nach Tijuana zurückgekehrt, sodass ich die letzten Tage bis La Paz allein unterwegs bin. Es wird wieder heißer und hügeliger, meine Marathondistanzen schaffe ich trotzdem jeden Tag.

Mit der Fähre von La Paz aufs Festland habe ich mich gründlich verkalkuliert, das muss ich ganz am Ende meiner Durchquerung von Baja Caifornia ausbaden. Ich war davon ausgegangen, dass die Fähre in La Paz selbst abfährt, tatsächlich liegt der Hafen jedoch 20 Kilometer entfernt. Da ich meine Ankunftszeit auf dem Festland überall angekündigt habe, muss ich diese 20 Kilometer in den nächsten drei Tagen zusätzlich laufen, das macht täglich zwischen 50 und 60 Kilometer. Ich traue mir das zu, doch es wird mich viel Kraft kosten.

Über den Golf

Für die Ankunft in La Paz hatten mehrere Laufclubs mit über 100 Läufern angekündigt, mich zu begleiten. Leider ist in den letzten Tagen die Corona-Inzidenz in die Höhe geschossen, weshalb die Stadt zur »roten Zone« mit weitgehenden Beschränkungen erklärt wurde. Deshalb haben wir den Tross auf maximal zehn Läufer begrenzt. Trotz allem bereiten sie mir einen herzlichen Empfang. Ich gebe Interviews und kann im Pool einer Triathletin die Mittagshitze überbrücken, bevor ich die letzten 20 Kilometer zum Fährhafen in Angriff nehme.

Ich komme rechtzeitig für die Nachtfähre nach Mazatlán an, die den Golf von Kalifornien in elf Stunden überquert. Mit dem Schlafsack als Kopfkissen lege ich mich an Deck lang, finde bei der schwülen Hitze und dem monotonen Stampfen der Maschine jedoch kaum Schlaf. Der Wind vertreibt zwar die stickige Luft, dafür weht er mir Rauchschwaden aus dem Schlot ins Gesicht.

Die fünf Wochen durch die Wüstenlandschaft von Baja California waren ein großes Erlebnis und ein idealer Einstieg für Mexiko. Die Freundlichkeit und Hilfsbereitschaft der Menschen haben mir das Laufen leicht gemacht. Jetzt aber freue ich mich auf einen neuen Abschnitt, auf mehr Grün und richtige Berge. Meinem Zeitplan bin ich zwei Tage voraus, ein wichtiger, beruhigender Punkt.

Das Interesse an dem Läufer aus Deutschland ist auch in Mazatlán groß. Am Hafen warten Journalisten auf mich – und das Baseballteam der Stadt. Baseball ist Nationalsport in Mexiko, und die Venados de Matzatlán gehören zu den prominentesten Profiteams. Ich kenne mich mit dieser Sportart nicht besonders aus, doch es ehrt mich sehr, als ich mit Venados-Trikot und -Fahne ausgestattet und zum Stadion gelotst werde. Das Venados-Maskottchen, ein stupsnasiger Hirsch mit großen Augen, läuft mit mir mit, in voller Montur bei 35 Grad und hoher Luftfeuchtigkeit. Ich habe allergrößten Respekt für die Ausdauer der bemitleidenswerten Person, die in diesem Ganzkörperanzug steckt! Im Stadion folgt der nächste Empfang, nebst unglaublich köstlichen

Tacos – und am Nachmittag laufe ich wieder aus der Stadt hinaus, in Begleitung von Uwe und Hans von Ravir Film, deren Kamera die nächsten Tage auf mich gerichtet sein wird.

Ankunft in Sinaloa

Mazatlán ist die zweitgrößte Stadt des Bundesstaats Sinaloa und wegen des Drogenhandels ein besonders heißes Pflaster. Er wird zum größten Teil von einem einzigen Narco-Kartell kontrolliert. In den Bergen, so heißt es, hat die Polizei nichts zu sagen. Die ganze Macht liegt beim Kartell, und in dessen Territorium werde ich mich begeben müssen, wenn ich von der Küstenebene in die Sierra Madre Occidental abbiege. Dennoch gilt Sinaloa aktuell als einigermaßen sicher für Touristen. Bleibt zu hoffen, dass das auch für Extremsportler gilt. Als ich mich für die Mexiko-Route entschieden habe, hat mir die Frage der Sicherheit am meisten Kopfzerbrechen bereitet. Mit organisiertem Verbrechen habe ich keine Erfahrung und bin auch nicht sonderlich scharf darauf, nur gibt es durch Mexiko nun einmal keinen Weg ohne dieses Problem. Ein Gebiet, so mein Kalkül, in dem die Machtverhältnisse klar sind, dürfte auf jeden Fall sicherer sein als eines, in dem ein Bandenkrieg herrscht. Ich werde mich vorsichtig verhalten und lasse der Angst keinen Raum.

Ich laufe noch 30 Kilometer auf der Autobahn und steige bei Einbruch der Dunkelheit im erstbesten Hotel ab. Es entpuppt sich als sehr schäbiges Stundenmotel, doch ich habe keine Wahl. Die Küstenebene gilt als gefährlich, zelten kommt nicht in Frage. Keine Angst zuzulassen bedeutet schließlich nicht, das Schicksal herauszufordern.

In die Berge

Am nächsten Tag geht es direkt ins Gebirge, ein Anstieg von Meereshöhe auf 2800 Meter, für den ich drei Tage brauche. Da es zwischendurch auch immer wieder abwärts geht, beträgt die Leistung insge-

samt 4000 Höhenmeter und das in spektakulärer Landschaft. Was für ein Unterschied zur Wüste in Baja California! Alles ist saftig grün, die Fruchtbarkeit dampft förmlich aus dem Boden. Rund um die Orte wird Obst und Gemüse angebaut, Bäche münden in kleinere Flüsse, und an den Berghängen breitet sich Urwald aus.

Bevor es richtig steil nach oben geht, mache ich noch einmal Rast in einem kleinen Restaurant, wo man mich warnt, dass die Nebenstrecke, die ich nehmen will, durch ein Marihuana- und Opiumanbaugebiet führt und komplett vom Kartell kontrolliert wird. Seit die Autobahn durch das Gebirge fertiggestellt wurde, hat sich der Staat anscheinend völlig aus diesem Bereich zurückgezogen. Ich erfahre, dass man dort informiert sei, dass ich käme, und man wüsste, wer ich sei. Manche Kartellmitglieder folgen mir wohl sogar auf Social Media. Ich würde beobachtet und wahrscheinlich auch kontrolliert werden, doch wenn ich mich an ihre Regeln hielte, hätte ich nichts zu befürchten.

Ja, so ungefähr habe ich mir das vorgestellt. Ich bin gespannt.

Narco-Land

Kurvenreich und nahezu ohne Verkehr führt die Straße den Berg hinauf. Nach und nach lasse ich den tropischen Regenwald des Tieflands und die schlimmste Hitze hinter mir. Die Menschen sind auch hier extrem hilfsbereit, manche laufen sogar hinter mir her und geben mir Mangos, die gerade Saison haben.

Nach zehn Kilometern tauchen die ersten Patroullien auf, junge Männer auf Geländemotorrädern, mit Walkie-Talkies und Pistolen im Gürtel. Wenig später tritt ein Mann mit Funkgerät aus dem Busch, der offenbar hier das Sagen hat. Er will exakt wissen, welchen Weg ich nehme und was Hans und Uwe, die mir seit Mazatlán mit der Kamera folgen, genau machen. Für die Drohne gibt er freundlich, aber bestimmt die unmissverständliche Anweisung: »Über der Straße darf sie dich filmen, doch wenn sie sich zu weit entfernt, schießen wir sie ab.« Es gibt keinen Zweifel, dass er das völlig ernst meint.

Die Straße steigt weiter an. Unterwegs komme ich an eine Badestelle an einem Gebirgsfluss, wo sich einige Leute aus der Gegend im Wasser tummeln, und natürlich nutze ich die Gelegenheit und springe ebenfalls hinein. Bald darauf werde ich noch einmal von zwei bewaffneten jungen Männern auf dem Motorrad angehalten. Sie fragen mich aus, und ich habe den Eindruck, dass sie eher neugierig sind, als dass sie mich kontrollieren wollten. Als sie mich nach ein paar Minuten ziehen lassen, wünschen sie mir sehr höflich eine gute Weiterreise.

Abends übernachte ich in einem schönen alten Städtchen, wo man mir erzählt, dass die Gegend noch vor ein paar Jahren von einer anderen Drogenbande beherrscht wurde, deren Mitglieder völlig unberechenbar waren und die Leute tyrannisierten. Das soll so weit gegangen sein, dass Menschen erschossen wurden, wenn sie nur den Falschen auf der Straße anhupten. Es kam zu einem Bandenkrieg, aus dem das jetzige Kartell als Sieger hervorging. Seither herrscht Ruhe, denn die jetzigen Machthaber wollen vor allem ungestört ihren Geschäften nachgehen, das heißt, ihre Drogen anbauen und verkaufen. An toten Touristen hat man kein Interesse. In der Bevölkerung scheinen sie sogar hohes Ansehen zu genießen. Manchmal kommen sie ins Dorf und helfen wohl auch mit Essen und Geld, wenn irgendwo Not ist. In gewisser Weise ersetzen sie den Staat. Sie haben eine Art eigene Justiz mit Ansprechpartnern, an die man sich bei Problemen wenden kann und die dann für eine Lösung sorgen – wie auch immer die aussehen mag. Geschossen wird anscheinend nicht sofort. Bei schwereren Vergehen, so berichtet man mir mehrmals, ist erst einmal eine Tracht Prügel fällig, verbunden mit der ernsten Verwarnung, sich ja nichts mehr zuschulden kommen zu lassen. Die Macht der Narcos ist viel größer als die der Polizei in »normalen« Gebieten; vor allem wissen sie über wirklich alles Bescheid. Damit bestätigt sich meine Einschätzung: In ihrem Gebiet wird es niemand wagen, mir oder dem Filmteam etwas anzutun, solange wir nach ihren Regeln spielen. Wahrscheinlich bin ich hier an einem der sichersten Orte in Mexiko, so paradox es klingt.

Je höher die Serpentinen steigen, desto wilder wird die Landschaft. Wasserfälle stürzen spektakulär aus Felswänden, hohe Bäume lösen mehr und mehr das niedrige Buschwerk der tieferen Lagen ab. Ich komme in eine gemäßigte Klimazone. Die Menschen, denen ich begegne, sind immer noch freundlich, aber deutlich reservierter. Welche davon zu den Narcos gehören, kann man leicht an der selbstbewussten Haltung erkennen, außerdem tragen sie Funkgeräte. Alle, die hier leben, wissen über sie Bescheid. Ich bin in ihrem Kerngebiet.

Nachmittags öffnen sich plötzlich die Schleusen des Himmels, ein heftiger Schauer prasselt auf mich herab. Ich genieße meinen ersten Regen in Mexiko, auch wenn er zeitweise sintflutartige Züge annimmt. Es ist ein wahrhaftiges, herrliches Gefühl, ich ziehe mein Hemd aus und laufe einfach weiter.

In dieser Nacht baue ich mein Zelt im Wald auf, was Regen und Wind erschweren und auch sonst ziemlich knifflig ist. Einerseits möchte ich abseits der Straße schlafen, andererseits darf ich mich nicht zu weit von ihr entfernen, um nicht ungewollt in eine Drogenplantage zu geraten und unabsehbaren Ärger zu bekommen. Schließlich ziehe ich mich ein paar Meter in einen Seitenweg zurück und finde einen guten Platz unter hohen Kiefern. Ich kuschle mich in den Schlafsack und lausche dem

Trommeln des Regens auf dem Zeltdach. Ein ungewohntes und doch so vertrautes Geräusch. »Gemütlich« ist ein Wort, auf das ich in Verbindung mit Mexiko nie gekommen wäre, doch genau das fällt mir ein, kurz bevor ich in einen langen, erholsamen Schlaf sinke.

Auch der dritte Tag im Gebirge ist voller Naturschönheiten. Ich habe inzwischen die Grenze zum Bundesstaat Durango erreicht. Weiter windet sich die Straße hinauf, ist teilweise in die Felswände hineingesprengt. Immer wieder eröffnen sich überwältigende Ausblicke auf das grandiose Bergpanorama. Papageien flattern auf, wenn ich vorbeilaufe, auf der Straße begegne ich Schlangen, einmal läuft mir eine Riesentarantel über den Weg. Und es gibt hier viele Skorpione, deren Stich tödlich sein kann.

Eine Begegnung der besonderen Art habe ich, kurz bevor ich die Passhöhe erreiche. Am späten Nachmittag entdecke ich etwas abseits der Straße ein Dorf und entschließe mich, dort nach Wasser für die Nacht zu fragen. Meine Aufmerksamkeit war wohl getrübt oder ich httbe nicht mehr damit gerechnet, jedenfalls bemerke ich zu spät, dass auf den Dächern der Häuser Wachtposten mit Walkie-Talkies sitzen und mich sehr genau beobachten. Kurzzeitig rutscht mir das Herz in die Hose, doch im nächsten Moment habe ich mich zum Glück wieder gefangen. Jetzt umzukehren oder gar wegzulaufen wäre wohl das Dümmste, was ich machen könnte. Ich gehe also festen Schrittes weiter und rufe: »Entschuldigung, könnte ich etwas Wasser haben?«

Ein paar Männer kommen langsam heran, halten aber Abstand. »Wasser?«, wiederhole ich. Nun löst sich einer aus der Gruppe, der augenscheinlich der Dorfchef ist und mit Sicherheit kein normaler mexikanischer Bergbauer. Die feine Kleidung, die er trägt, weist eindeutig auf andere Einkommensquellen hin. »Hola, hombre«, sagt er, »Wasser brauchst du? Sollst du bekommen. Aber hör zu, pass in Zukunft besser auf, wo du hingehst. Und was ist mit den Jungs da hinten, gehören die zu dir?« Er meint Hans und Uwe, die immer noch in meiner Nähe sind. »Ja, ich weiß schon«, schneidet er mir das Wort ab, als ich zu Erklärungen ansetzen will, »ich weiß, wer du bist und was du hier machst. Laufen durch ganz Mexiko, hm? Nicht schlecht, hombre, nicht schlecht. Nur sag deinen Jungs, dass sie mit ihrer Drohne hübsch über der Straße bleiben sollen. Nicht zu weit links, nicht zu weit rechts, klar? Dann sind alle zufrieden.«

Ich bekomme mein Wasser und noch eine klare Anweisung, wo ich heute Nacht zelten darf. Auf dem Rückweg bemühe ich mich, die vielen großen Benzinkanister zu übersehen, die offensichtlich für Transportflugzeuge gebraucht werden. Nein, dies war sicherlich kein normales Bergbauerndorf.

La Coqueta

Bei dem Örtchen La Ciudad erreiche ich die mexikanische Hochebene. Nach dem dichten Dschungel des Steilanstiegs laufe ich nun durch lichte Pinienwälder, die mich ein wenig an die spanische Extremadura erinnern. Das lokale Tourismusamt von La Ciudad hat mich eingeladen – es hat sich wohl herumgesprochen, dass sich meine Posts gut als Werbung eignen. Da ich die letzten Tage trotz vieler Höhenmeter mein Marathonsoll übererfüllt habe, gönne ich mir heute mit nur 30 Kilometern eine kürzere Strecke. Eine Führung zu den beeindruckend mächtigen Mexiquillo-Wasserfällen und ein weiches Bett im Hotel bilden den perfekten Abschluss dieses entspannten Tages.

Der nächste Morgen führt mich durch hügelige Wälder auf den mit 2800 Metern höchsten Punkt dieses Streckenabschnitts, bevor ich nach 46 Kilometern El Salto erreiche – nach längerer Zeit wieder eine richtige Stadt. Die Gegend wird langsam dichter besiedelt und hat mehr Infrastruktur. Von Narcos oder Drogenplantagen keine Spur mehr.

Auch in El Salto werde ich erwartet und bekomme auf Einladung der Präfektur ein Hotel und ein Essen spendiert. Am nächsten Morgen begleitet mich der örtliche Laufclub aus der Stadt heraus und hat einen Hund mitgebracht: La Coqueta, eine herrenlose Straßenhündin, die gerne und viel rennt und den Club immer wieder auf seinen Touren begleitet.

Die meisten meiner Begleiter kehren nach etwa zehn Kilometern um, einer hält den vollen Halbmarathon durch und bleibt dann zurück. Nur La Coqueta bleibt an meiner Seite. Hey, was machst du denn da? Geh zurück! La Coqueta schaut zu mir hoch, wedelt mit dem Schwanz. Da, zurück, zu den anderen! Sie macht zwei Schritte in die Richtung, in die ich zeige, dreht sich wieder zu mir um.

Was nun, ich kann sie ja nicht zurückbringen? Ich laufe weiter, und La Coqueta begleitet mich wie selbstverständlich, als würden wir uns schon Jahre kennen. Eigentlich ganz schön. Auf Dauer geht das aber nicht, ich kann ja nicht für sie sorgen.

Beim nächsten Restaurant halte ich an, besorge ihr etwas zu fressen und verspeise selbst ein paar Tacos. Dann wende ich mich an den Wirt: »Señor, Entschuldigung, könnten Sie mir einen Gefallen tun? Ich muss diesen Hund wieder loswerden, der mir dauernd nachläuft – würden Sie ihn bitte so lange … nun ja, festhalten, bis ich weg bin?« – »Sí, Señor, claro.« Er legt der Hündin den Arm freundschaftlich, aber fest um den Körper, ich gebe Fersengeld und biege um die nächste Kurve. Kurze Zeit später trabt La Coqueta wieder neben mir her. Da war der Wirt wohl nicht stark genug.

Du magst mich, was? Oder freust du dich nur, endlich mal richtig weit laufen zu können? Bitte sehr, das kannst du haben.

50 Kilometer legen wir an diesem Tag zurück, und als ich mein Zelt für die Nacht aufschlage, lässt sich meine neue Freundin davor nieder. Hm, jetzt muss ich wirklich aufpassen. Sie ist ein überaus angenehmes Geschöpf, auf ganz unaufdringliche Weise anhänglich, und ich mag sie jetzt schon gern. Aber sie kann unmöglich bei mir bleiben, spätestens in Mexico City wäre sie verloren im Verkehr. Bei meiner Lebensweise kann ich sowieso keinen Hund halten. Ich gebe ihr etwas zu trinken und zu fressen und halte mich mit weiteren Freundschaftsbeweisen bewusst zurück, auch wenn es schwerfällt.

Als ich am Morgen aus dem Zelt krieche, ist La Coqueta natürlich noch immer da. Na schön, dann komm halt mit. Mal sehen, wie lange du durchhältst. Sollte ich wirklich darauf gehofft haben, dass sie unterwegs schlappmacht, so belehrt sie mich mühelos eines Besseren. Auch nach weiteren 50 Kilometern, die wir über die Hochebene zurücklegen, wirkt sie kein bisschen müde. Inzwischen haben die Medien ihre Story aufgegriffen, in den Nachrichten wird über La Coqueta und mich berichtet.

Wir nähern uns Durango, der Hauptstadt des gleichnamigen Bundesstaats, und immer mehr Läufer und Radfahrer schließen sich uns an. Zeitweise sind es mehr als 100, gefolgt von einem hupenden Autokorso; selbst eine Polizeieskorte habe ich inzwischen bekommen. La Coqueta genießt die Aufmerksamkeit und den Trubel sichtlich.

Delikatesse: Skorpion

Vor der Kathedrale werden wir vom Tourismuschef und einem Double des mexikanischen Nationalhelden Pancho Villa, der im Bundesstaat Durango geboren wurde, begrüßt. Eine kleine Sightseeingtour durch die Altstadt schließt sich an, und wir werden auf den Markt geführt, wo es eine lokale Spezialität zu kosten gibt: Skorpion.

Ich probiere grundsätzlich alles, was mir unterwegs angeboten wird – vorausgesetzt, die Einheimischen essen das auch –, doch als ich diesen Skorpion kosten will, zucke ich sofort zurück. Er ist über

und über mit Chilipulver bedeckt und viel zu scharf. Erst mit ein paar Tropfen Limettensaft kann ich einen Bissen nehmen. Begeistert bin ich nicht. Er ist sehr knusprig, aber wie Skorpion tatsächlich schmeckt, kann ich gar nicht erkennen, weil die Schärfe alles überdeckt. Hat vielleicht auch sein Gutes. Ich werde zum Glück nicht zum Aufessen genötigt, sondern bekomme zum Runterspülen einen guten Mezcal, den berühmten mexikanischen Agavenschnaps.

Untergebracht bin ich in einer Suite im obersten Stockwerk des Hotels Casablanca mit herrlichem Blick über die Altstadt; La Coqueta darf nach längeren Diskussionen mit dem Geschäftsführer in einem Abstellraum schlafen. Bevor ich die Tür hinter mir zuziehen und mich auf dem Bett ausstrecken kann, muss ich noch mindestens 15 Interviews geben, nicht nur für die lokale Presse, sondern auch für landesweite TV-Sender. In den Medien werde ich als »Hombre Récord« (Rekordmann) oder »Forrest Gump real« (der wahre Forrest Gump) tituliert – das bezieht sich auf die »Bubba-Gump«-Mütze, die ich in Mexiko von Anfang an getragen habe. Oft wird mein Bild neben dem von Tom Hanks aus dem Film gezeigt. Ob der Hollywoodstar jemals davon erfährt?

Eine Heldin kehrt heim

Am Morgen ist wieder Highlive, bestimmt 80 Läufer sind am Start und feiern Party. Sie singen und rufen, Autos hupen, die Stimmung ist ausgelassen. La Coqueta läuft immer noch an meiner Seite, doch was sie noch nicht weiß: Eine Familie aus El Salto hat sich gefunden, die sie adoptieren will. So werden die folgenden Kilometer unsere letzten, dann heißt es Abschied nehmen. La Coqueta wird auf einen Pick-up geladen, der sie in ihr neues Zuhause bringt. Sollte ich jetzt traurig sein nach 130 Kilometern, die wir gemeinsam gelaufen sind? Natürlich nicht, ich bin froh über das gute Ende. Man schickt mir Bilder und Videos, wie La Coqueta in El Salto ein Heldenempfang bereitet wird. Der Bürgermeister verleiht ihr eine Medaille, bevor sie zu ihrer neuen Familie kommt. Das Fernsehen berichtet live über Mexikos berühmteste Hündin. Hasta luego, Coqueta, wir waren ein gutes Team! Und der Laufclub von El Salto freut sich schon auf die nächsten Touren mir dir.

Für mich geht es weiter. Die Läufer aus Durango kehren nach und nach um, Gesellschaft habe ich dennoch den ganzen Tag, denn hier grasen riesige Viehherden in der grünen, leicht hügeligen Landschaft. Ich schaffe an diesem Tag die ganzen 55 Kilometer bis El Nombre de Dios, ein sogenanntes Pueblo Mágico. Dieser Ehrentitel des mexikanischen Sekretariats für Tourismus ist besonders schönen Orten mit historischer Kolonialarchitektur vorbehalten. Auch hier werde ich mit Hotel, Essen, Stadtführung und einem Besuch des nahegelegenen Wasserfalls El Saltito bestens umsorgt.

Langsam gewöhne ich mich richtig an meine Popularität in Mexiko. Mittlerweile kann ich fast überall mit einer Einladung durch den Bürgermeister und einer Polizeieskorte rechnen. Selbst eine kleine Ortschaft wie Nombre de Dios bringt noch 15 Läufer auf, die mich bis zur

Bezirksgrenze begleiten. Und dort wartet schon die nächste Gruppe. Die Leute singen, bejubeln mich und sind ganz begeistert. Es gibt Momente, in denen mir der Hype fast unheimlich wird. In manchen Ortschaften lassen sie sogar die Sirenen heulen, wenn ich komme. Einen besonders verrückten Empfang gibt es im kleinen Städtchen Vicente Guerrero. Die ganze Stadt ist auf den Beinen, überall an der Straße stehen Menschen, und auf dem Hauptplatz haben sich noch einmal Hunderte versammelt und jubeln mir zu. Es ist unglaublich.

Schmerz im Knöchel

Zwischen Vicente Guerrero und Sombrerete, meinem nächsten Tagesziel, liegt die Grenze zum Bundesstaat Zacatecas. Der Staat gilt aktuell als der gefährlichste in Mexiko, weil sich dort zwei Drogenkartelle bekriegen. Täglich Schießereien, Dutzende von Toten. Ich bekomme zum Glück nichts davon mit, denn ich werde fast immer von einer Gruppe Läufer begleitet und habe oft eine Polizeieskorte. Dass ich nur tagsüber laufe und nicht irgendwo am Straßenrand zelte, versteht sich von selbst. In Bezug auf die Sicherheitslage ist der Trubel um mich herum sogar ein Segen.

Tagelang durchquere ich in Begleitung die zentralmexikanische Hochebene, immer auf etwa 2000 Meter Höhe. Hitze ist hier kein Problem. Ich werde eher öfter nass, weil gerade Regenzeit herrscht. Die Gegend ist landwirtschaftlich geprägt, vor allem Mais, Bohnen und Chilis werden angebaut; auch große Viehherden sehe ich immer wieder.

Unverhofft taucht ein Problem auf, das ich gar nicht gebrauchen kann: Seit zwei Tagen schmerzt mein Knöchel, was mich zur Reduzierung einer Tagesetappe zwingt. Eigentlich wollte ich 65 Kilometer weit bis in die Stadt Fresnillo laufen, muss jedoch nach quälenden 42 Kilometern abbrechen. Ein Hotel ist nicht in der Nähe, nur eine kleine Kirche am Wegesrand bietet sich als Übernachtungsmöglichkeit an.

Das macht mir Sorgen. Dass ich die Marathons konditionell durchhalten würde, davon war ich während der Planung überzeugt gewesen – sonst hätte ich gar nicht loslaufen müssen. Aber wie die Gelenke mit der Dauerbelastung zurechtkommen, blieb ein unkalkulierbarer Faktor. Wenn es morgen nicht besser wird, werde ich nur die fehlenden 23 Kilometer bis Fresnillo laufen und mir den Rest des Tages Ruhe gönnen. Was geschehen soll, wenn der Knöchel ernsthaft Schaden genommen hat, mag ich mir gar nicht ausmalen.

Beim Aufstehen am nächsten Morgen spüre ich keinen Schmerz, und auch die ersten Schritte mit Anhänger fühlen sich nicht schlecht an. Zum Glück. Sollte sich das Problem von selbst erledigt haben? Anfangs bemühe ich mich noch, vorsichtig aufzutreten, verfalle aber bald wieder in meinen gewohnten Trab. In Fresnillo angekommen, halte ich ausgedehnt Mittagspause und fühle mich danach so gut, dass ich alle Gedanken an einen Ruhetag über den Haufen werfe und mein tägliches Marathonpensum erfülle. Auch abends ist alles in Ordnung. Ich bin unendlich erleichtert.

Die Silberstadt

Mein Einzug – man kann es kaum anders nennen – in Zacatecas, der Hauptstadt, nach der der Bundesstaat benannt ist, ist wieder großes Kino. Bestimmt 30 Läufer warten am Stadtrand, um mich durch die wunderschöne Altstadt zu begleiten. Im Zentrum bereitet mir das Tourismusministerium ein pompöses Begrüßungsfest – ähnlich wie in den Orten zuvor, nur um eine Dimension größer. Hotel, Essen, Stadtführung – danke, sehr gern. Der Rundgang durch die Altstadt lohnt sich ganz besonders. Zacatecas war jahrhundertelang als Zentrum für den Silberbergbau in den

umliegenden Minen sehr wohlhabend. Das ist heute noch angesichts der prunkvollen Kolonialarchitektur zu sehen.

In Zacatecas bekomme ich überaus willkommenen Besuch: Roberto ist wieder einige Tage zum Filmen bei mir, unterstützt durch einen großzügigen Reisekostenzuschuss des Tourismusministeriums. Wir verstehen uns sofort wieder prächtig.

Kurze Baseball-Karriere

Ich komme in den nächsten Staat, Aguascalientes, und erreiche drei Tage später die gleichnamige Hauptstadt. Zuverlässig werde ich unterwegs eingeladen, von der Polizei eskortiert, von Läufern begleitet. In Aguascalientes, einer Stadt mit über 700 000 Einwohnern, ist die Hölle los. Die Laufclubs umzingeln mich geradezu, zwei Sportler laden mich zu sich nach Hause ein. Ich bekomme eine offizielle Ehrung vom Kulturministerium, die nationalen Nachrichten und die Tageszeitungen berichten teilweise auf den Titelseiten über den »Forrest Gump alemán«. Es ist wie ein Rausch.

Direkt nach der Ankunft werde ich vom örtlichen Baseballclub, den Rieleros de Aguascalientes, ins Stadion zu einem Play-off-Match der ersten Liga gebeten. Es ist ein wirklich wichtiges Spiel, und ich darf den Eröffnungsball werfen. Ich bin mir der Ehre bewusst und gebe mir trotz meiner Erschöpfung nach dem langem Lauf alle Mühe.

Es ist ein regelrechter Mexiko-Flow entstanden: Mitläufer kommen und gehen, eine Einladung – mal privat, mal offiziell von der Gemeinde – folgt der nächsten. Nur selten muss ich mir selbst ein Hotel suchen. Im Freien zu campieren kommt aus Sicherheitsgründen nicht in Frage. Roberto hat mich nach Aguascalientes wieder verlassen, und ich freue mich darauf, ihn in Mexico City wiederzutreffen, wo er wohnt.

Ich bleibe auf den Hauptstraßen, auf deren Seitenstreifen ich Abstand zum massiv zunehmenden Verkehr halten kann. Mit León wartet schon die nächste Metropole auf mich – 1,6 Millionen Einwohner, eine der größten Städte Mexikos –, und auch hier ist der Trubel enorm. Beim Einlauf geht ein Wolkenbruch herunter, der die gesamte Straße überschwemmt. Ich werde zusammen mit einer Gruppe Radfahrer durch eine Eskorte von acht Polizeimotorrädern und weiteren Fahrzeugen auf dem Weg durch die Stadt gesichert. An den Kreuzungen halten sie den Verkehr so lange an, bis wir sie sicher überquert haben – für mich sehr angenehm, für die Autos das reine Chaos.

Für Staatsgäste wird das sonst so gehandhabt, nur kommen die in ihren Limousinen schneller vom Fleck. Das wäre auch ein interessantes Szenario: Der Ministerpräsident von XYZ kommt in Laufschuhen angetrabt. Für die Sicherheitsdienste wäre das wahrscheinlich der Horror, für die Zuschauer jedoch ungleich interessanter.

UNESCO-Welterbe

Morgens verlasse ich die Stadt auf der Autobahn, auf der extrem viel Verkehr herrscht, doch die Polizeieskorte schirmt mich und meine Begleiter gut ab. Ich bin heilfroh und dankbar, dass die mexikanische Polizei mir diese Aufmerksamkeit schenkt.

Da ich aber auch mal wieder was anderes erleben möchte als vorbeidonnernde Lastwagen und Blaulicht vor und hinter mir, biege ich nach 30 Kilometern auf eine Straße ab, die in Richtung Berge und Guanajuato führt. Sie ist zwar immer noch vierspurig, aber bedeutend ruhiger. Am Stadtrand erwischt mich ein heftiges Gewitter, das mich bis auf die Knochen durchnässt. Macht nichts, meine wichtigsten Dinge sind wasserdicht verpackt. Ich kann abends also trockene Kleider anziehen und mir von meinen Gastgebern das Nachtleben der Stadt zeigen lassen.

Guanajuato ist UNESCO-Weltkulturerbe und begeistert mich: Bunte Häuser ziehen sich über die Hänge beiderseits eines engen Flusstals entlang, es gibt blumengeschmückte Plätze und verwinkelte Gassen, alles ist voller Leben. Ich verbringe einen wunderschönen Abend in lustiger Gesellschaft.

Weiter geht es nach San Miguel de Allende. Dafür habe ich mir eine kleine Bergstraße herausgesucht und bin den größten Teil der Strecke allein. Es fühlt sich ein bisschen ungewohnt an, tut aber zur Abwechslung gut. Nach den letzten Wochen »unter Beobachtung« schenken mir diese einsamen Stunden Ruhe und ein Gefühl von Freiheit. Ich bin so weit ab vom Schuss, dass ich es nach langer Zeit wieder wage, draußen zu campieren. Die ganze Nacht trommelt der Regen aufs Überzelt, ein wunderbares Geräusch zum Einschlafen.

Am Ortsschild von San Miguel überscheite ich eine imaginäre, doch für mich magische Grenze: Halbzeit. 2532 Kilometer und damit 60 Marathondistanzen sind geschafft. In 58 Tagen – ich habe also immer noch zwei Tage Vorsprung. Die Läufer, die mich am Stadtrand erwarten, sind zum Teil extra aus anderen Bundesstaaten angereist. Unter-

gebracht bin ich bei Bekannten, Susi und Jorge aus Mexico City, die ein Ferienhaus in San Miguel de Allende ihr Eigen nennen und gerade vor Ort sind. Wir feiern meine Halbzeitmarke am Pool mit gutem Essen, Kartenspielen, Tequila und viel Gelächter. Von San Miguel selbst, das als eine der schönsten Städte Mexikos gilt und ebenfalls UNESCO-Welterbe ist, bin ich dagegen enttäuscht. Von Touristen völlig überlaufen, die engen Straßen mit Autos verstopft, das reine Chaos. Kein Grund, länger als nötig zu bleiben.

Körperlich wie seelisch geht es mir nach wie vor gut. Ich habe einige Kilo Gewicht verloren, was auf die Leistungsfähigkeit jedoch keine Auswirkungen hat. Knöchel? War da was mit meinem Knöchel? Kann mich kaum erinnern.

Der Weg zur Hauptstadt

Ich nähere mich Mexico City, was sich unverkennbar an den immer dichter werdenden Autoschlangen zeigt. Nächste Station ist Santiago de Querétaro, selbst eine Großstadt mit 860 000 Einwohnern, doch auch mit einem sehr schönen historischen Zentrum, für das ich mir in der Mittagspause ein paar Stunden Zeit nehme.

Hinter Santiago wird der Verkehr zur Hölle. Die sechsspurige Autobahn mit breitem Seitenstreifen ist die einzige sichere Option, und selbst hier gibt es trotz des Höllenlärms und der Abgase Mitläufer, die sich das antun. Ich für meinen Teil habe nach drei Tagen genug. Es hieß zwar immer, als Route in die Hauptstadt sei nur die Autobahn sicher, doch ein Radfahrer, der eine Zeit lang an meiner Seite bleibt, rät mir zu einer Nebenstraße durch die Berge, die ebenfalls gefahrlos sei. Nach tagelangem ohrenbetäubendem Verkehrslärm bin ich bereit, mich darauf einzulassen. Auf halbem Weg biege ich rechts ab.

Die richtige Entscheidung. Die Route führt über schöne kleine Sträßchen durch das Randgebirge, das Mexico City umgibt. Ein Steilanstieg bringt mich und meine Mitläufer – denn auch hier sind viele dabei – nach Villa del Carbón und danach bis auf fast 2900 Meter hinauf. Auf dem weiteren Weg habe ich an einer Stelle freie Sicht und muss kurz anhalten, denn die ungeheuren Ausmaße der Metropole lassen mir den Atem stocken. Unten breitet sich ein Häusermeer aus, das kein Ende nehmen will, außer dort, wo die Stadt an die Berge stößt. Hier will ich also zu Fuß durch, und zwar schon morgen? Verrückt, aber

auch unausweichlich. Ich kann nicht durch Mexiko laufen und die Hauptstadt auslassen. Ein bisschen mulmig ist mir durchaus, andererseits: Was soll schon passieren?

Von nun an geht's bergab, doch glücklicherweise nur im Wortsinn. Bis zum Abend erreichen wir mit dem Vorort Nicolas Romero den Stadtrand. Immer mehr Läufer gesellen sich unterwegs dazu, einer lädt mich zum Essen in sein Restaurant und zum Übernachten zu sich nach Hause ein.

Vor Villa del Carbón hat sich mir ein junger Mann angeschlossen, der eigentlich nur fünf Kilometer mitlaufen wollte, weshalb er nichts dabeihatte, kein Geld, keine Wechselkleider, kein Handy. Nur sich und seine Laufschuhe. Er kehrte jedoch nicht wie beabsichtigt um, sondern hatte so viel Feuer gefangen, dass er die gesamten 48 Kilometer dabeiblieb, bis Nicolas Romero, wo der Restaurantbesitzer ihn zusammen mit mir aufnahm. Anstatt nun am nächsten Tag umzukehren, möchte er weitermachen und läuft mit hinein nach Mexico City.

Ist das der »Jonas-Effekt«, von dem Roberto immer redet? Sicherlich nicht nur, das enorme öffentliche Interesse ist ein nicht zu unterschätzender Verstärker. Und doch, zu erleben, wie Menschen ihre Komfortzone verlassen, Bedenken über Bord werfen und einfach das tun, was ihnen gerade richtig erscheint, erfüllt mich jedes Mal mit Freude – umso mehr, wenn ich dabei als Katalysator fungiere.

Mexico City

Leonardo aus Tijuana kommt für vier Tage wieder dazu, was mich ungemein freut. Roberto, der hier zu Hause ist, filmt und fotografiert und hilft mir zusätzlich bei der Kommunikation mit den vielen Laufgruppen, Medien und Institutionen, die sich für mich interessieren. So ist alles gut organisiert, eine Polizeieskorte steht bereit, Mitläufer sind da – dann lasst uns mal die große Stadt erobern.

Rein geht es über die zwölfspurige Stadtautobahn, auf der dichter Verkehr herrscht. Wir sind durch mehrere Polizeifahrzeuge und die

Autos der Medien zwar gut geschützt, doch den dauernden Lärm und die Abgase auszuhalten kostet eine Menge Kraft.

Je mehr wir uns dem Zentrum nähern, desto mehr Leute schließen sich uns an. Es geht durch den Chapultepec-Park, die grüne Lunge der Hauptstadt, und über die Prachtstraße Paseo de la Reforma mit ihren großen, von Brunnen und Statuen geschmückten Plätzen bis zum Zócalo, dem zentralen Platz mit der Kathedrale. Gerade heute findet hier eine Großveranstaltung statt, die an den Fall der alten Aztekenhauptstadt Tenochtitlan und damit an die Geburt des heutigen Mexiko vor genau 500 Jahren erinnert. Viele Indigene in traditionellen Gewändern sind anwesend, tanzen und machen Musik. Mir ist es ganz recht, dass dadurch die Aufmerksamkeit nicht nur auf mich gerichtet ist. Das nationale Fernsehen berichtet trotzdem, und ein paar Interviews gebe ich auch.

Anschließend stehle ich mich leise aus dem ganzen Trubel und gehe zusammen mit Leonardo zu Roberto nach Hause, der ganz in der Nähe wohnt. Bei einem kleinen privaten Festmahl sitzen wir dann noch bis spät in die Nacht zusammen. Wir haben uns viel zu erzählen.

Am nächsten Morgen geht es vom Zócalo aus weiter, wieder mit Eskorte und Laufbegleitung, unter anderem von der nationalen Triathlonunion. Um auf dem 12- bis 16-spurigen Highway aus der Stadt zu gelan-

gen, benötigen wir den ganzen Tag. Die Querung von Mexico City hat sich über unglaubliche 80 Kilometer und zwei Tage hingezogen. Durch eine der größten Städte der Welt komplett hindurchzulaufen – inklusive der Slums in den Außenbezirken –, das ist schon eine ganz besondere Erfahrung. Wiederholen möchte ich sie allerdings nicht unbedingt.

Wir bleiben auf der Autobahn, die direkt nach der Stadtgrenze hinauf in die Berge führt, die Mexico City von Puebla trennen. Die 23 Kilometer lange Steigung bringt uns über den Pass Llano Grande auf 3200 Meter, den höchsten Punkt meiner Weltumrundung. Rechts erheben sich die beiden Vulkane Popocatépetl und Iztaccíhuatl, leider sind sie meist von Nebel verhüllt und lassen sich nur ab und zu blicken. Rauch und Feuer sehe ich nicht, dafür Schnee in der Gipfelregion. Nachdem ich das mexikanische Klima bislang als warm bis heiß erlebt hatte, ist das ein paradoxer Anblick. Vom Pass geht es beständig bergab bis nach Puebla, 60 Kilometer entfernt und 1300 Höhenmeter tiefer. Leonardo schafft die kompletten 48 Kilometer, schon sein fünfter Marathon. Ich freue mich mit ihm, er hat in kurzer Zeit unglaublich viel erreicht. Leider muss er danach wieder zurück nach Tijuana, verspricht mir aber, später noch einmal dazuzustoßen.

Puebla, Stadt der Genüsse

Ein paar Kilometer vor Puebla bekomme ich besonders viel Zulauf. Es haben sich schon die Teams der mexikanischen Niederlassung meines Partners Hoffmann Group und meines Sponsors ON (der mir die Laufschuhe gestellt hat) versammelt, dazu gesellt sich eine ganze Reihe weiterer Läufer und Radfahrer. So erreiche ich die Stadt mit einem langen Gefolge. Im Zentrum erwartet mich ein Riesenrummel mit fünf Fernsehsendern, Radio, Zeitungen. Entsprechend viele Berichte über mich werden abends gesendet beziehungsweise stehen am Tag darauf auf den Titelseiten der Zeitungen.

Nach einem Marathon noch tausend Fragen beantworten zu müssen bedeutet eine zusätzliche Herausforderung, die Unterstützung,

die ich dadurch bekomme, ist es jedoch wert, auch wenn das alles Kraft und Nerven kostet.

Ich habe Puebla in guter Erinnerung; vor drei Jahren war ich schon einmal hier auf meiner Panamericana-Rekordfahrt. Damals rauschte ich nur durch, jetzt kann ich mir ein bisschen Zeit nehmen, diese schöne Stadt zu erkunden. Abends lädt die Hoffmann Group in größerer Runde zum Essen ein. Auf den freien Platz zwischen mir und Roberto setzt sich eine junge Frau, die mir beim Laufen schon aufgefallen ist, weil sie ein bisschen Deutsch kann: Elizabeth, meist nur Eli genannt. Wir kommen ausführlich ins Gespräch – der Beginn der nächsten engen Freundschaft, die ich in Mexiko schließe.

Hier esse ich zum ersten Mal Chiles en nogada, eine Spezialität aus Puebla: eine mit Fleisch und vielen Gewürzen gefüllte Paprikaschote in einer Walnusssauce, garniert mit Granatapfelkernen. Ein Fest der Aromen im Mund, unglaublich köstlich. Es wird sofort mein neues Lieblingsgericht. Man bekommt es nur im August und September während der Walnussernte – ich bin also genau zur richtigen Zeit gekommen.

Ehrenbürger

War der Rummel in Puebla schon verrückt, so setzen die nächsten Tage noch eins drauf. Auf meinem Weg in Richtung Oaxaca laufen jeden Tag mindestens 20, manchmal auch 100 Leute hinter mir her, begleitet von bis zu zehn Polizeiautos, Motorrädern sowie einem Tross von Medienfahrzeugen und Privatwagen. Eli ist am ersten Tag noch für einen Halbmarathon dabei.

Meine Strecke führt größtenteils flach über das Hochplateau durch eine landwirtschaftlich geprägte Gegend. In jeder Stadt, in der ich übernachte, werde ich vom Bürgermeister und den Gemeinderäten empfangen, ins Hotel und zum Essen eingeladen. In Tlacotepec kommen eine Ehrenbürgerurkunde mit Zeremonie und eine Mariachi-Band dazu, die mir am nächsten Morgen zum Aufbruch ein Ständchen spielt.

Auf dem Weg Richtung Tehuacán erreiche ich mittags eine kleine Ortschaft, in der mir ebenfalls die Ehrenbürgerschaft angetragen wird. Der Bürgermeister führt mich durch die Menschenmenge ins Rathaus, wo ein opulentes Büffett vorbereitet ist, nimmt mich kurz beiseite und lobt mich und mein Projekt über den grünen Klee. Dann kommt er zur Sache. »Bist du eigentlich verheiratet, Jonas, oder verlobt? Nein? Ach, ich bin so begeistert von dir, und weißt du, ich habe eine Tochter im heiratsfähigen Alter.« Von der anderen Seite des Tisches lächelt mir eine junge Frau zu. »Ähm, das ist ja eine große Ehre für mich, vielen Dank, aber ...«, stammle ich. Wie komme ich bloß einigermaßen höflich aus der Sache raus? Er ist voll in Fahrt: »Du musst ja überragend gute Gene haben, bei dem, was du da machst. Wir haben auch gute Gene in unserer Familie, das kann ich dir versichern. Gute Gene! Du würdest perfekt dazu passen.« – »Nun, ans Heiraten habe ich eigentlich noch nicht gedacht.« – »Aber du bist doch im besten Alter, Jonas, da muss man schon langsam an eine Familie denken! Du kannst meine Tochter auch mit nach Europa nehmen, natürlich. Dann bekomme ich Enkelkinder in Deutschland, das kann ich mir gut vorstellen.« Er sieht mich erwartungsvoll an, ich mache ein zerknirschtes Gesicht. »Wirklich, es geht nicht. Nichts gegen deine Tochter, aber ich muss hier noch über 2000 Kilometer laufen, in Europa 4000 Kilometer Radfahren ... Heiraten passt da nicht dazu.« Er lässt ein wenig enttäuscht die Schultern sinken, bewahrt aber Haltung. Wir essen

Eli: Mein erster Marathon

Mit einer Gruppe Läufer, die ich für meinen Arbeitgeber, einen mexikanischen Sportartikelhersteller, organisiert hatte, begleitete ich Jonas auf den letzten Kilometern in meine Heimatstadt Puebla. Ich war ihm schon auf Social Media gefolgt, und sein Projekt und die Konsequenz, mit der er es durchzog, faszinierten mich. Ihn in Wirklichkeit zu erleben, übertraf meine Erwartungen noch. Er hatte an diesem Tag schon über 40 Kilometer hinter sich, wirkte aber so frisch, als sei er gerade erst losgelaufen. Die Gelassenheit und Beharrlichkeit, die er ausstrahlte, ließen alles ganz leicht erscheinen. Er war offen und zugänglich, sprach und scherzte mit uns – so gar nicht der nur auf sich selbst bezogene Superathlet, den ich insgeheim erwartet hatte. Beim Essen saß ich zwischen ihm und Roberto und verstand mich mit beiden auf Anhieb. Zusammen mit Roberto traf ich Jonas wieder in Oaxaca und in Chiapas. Dort lief ich meinen ersten Marathon – nicht bei einem großen Event, wie ich es mir immer vorgestellt hatte, sondern zusammen mit Jonas auf einer Landstraße. Es war ebenso hart wie ungeheuer befriedigend, und vielleicht kann es das eine ohne das andere nicht geben. Was ich von Jonas gelernt habe? Auf die »richtigen Bedingungen« zu warten ist oft nur eine Ausrede für uns selbst, etwas nicht zu wagen, was wir doch eigentlich tun könnten.

noch gemeinsam am Büffet, bevor ich mit meinem Tross im Schlepptau weiterlaufe. Die Tochter ist in der Menge verschwunden. Ich bin sicher, sie wird einen würdigen Ehemann finden, vielleicht auch einen, der ihr nicht von ihrem Vater zugeteilt wird, sondern den sie selbst ausgesucht hat. Ich wünsche es ihr jedenfalls.

Nach Tehuacán hinein stehen buchstäblich Tausende am Straßenrand. Es ist wie bei einer Etappe eines Profi-Radrennens. Auf dem zentralen Platz wartet eine riesige Menschenmenge, Fernsehen und Radio übertragen meine Ankunft live. Von allen Seiten bekomme ich Fragen zugerufen und Handys vor die Nase gehalten, jeder will etwas von mir. Bisher habe ich mich immer bemüht, allem gerecht zu werden, doch hier wächst es mir über den Kopf. Ein Radiojournalist erkennt meine Not und bugsiert mich in sein nahegelegenes Studio, wo ich mich einen Moment ausruhen kann. Das Interview mit ihm ist dann ganz entspannt.

Eingeladen bin ich in der zweitgrößten Stadt des Bundesstaats Puebla von einem Senator und einem Abgeordneten, mit denen ich zu Abend esse. Sie haben für den nächsten Tag neben der städtischen Polizei noch eine zusätzliche schwer bewaffnete Eskorte der Guardia Nacional organisiert. Ein derart martialisches Aufgebot wäre eigentlich nicht nötig, aber die Herren möchten zeigen, was in ihrer Macht steht. Von den vielen Läufern, die im Tagesverlauf an meiner Seite sind, abdrehen und neu hinzukommen, sticht einer hervor, der sich mir im Kostüm eines Aztekenkriegers angeschlossen hat. Er ist der Einzige, der die gesamten 42 Kilometer durchhält. In Sandalen! Er hat am Abend zwar jede Menge Blasen an den Füßen, aber auch allen Grund, stolz zu sein.

Geschenke und noch mehr Geschenke

Die vielen Berichte im Fernsehen und in den Zeitungen haben mir auch auf meinen Social-Media-Kanälen enormen Zuwachs beschert. Meine Posts haben teilweise eine Reichweite von bis zu einer Million.

In der realen Welt spiegelt sich das so wider, dass mir die Menschen am Straßenrand unentwegt Geschenke entgegenstrecken. Meist sind es Getränke aller Art und jede Menge Obst.

Im Prinzip könnte ich das alles gebrauchen – es ist nur viel zu viel und bereitet mir mittlerweile echte Probleme. Hinter Tehuacán komme ich durch eine Melonengegend, weshalb man mir ununterbrochen Melonen anbietet. Als ich schon sechs im Anhänger liegen habe, läuft eine Frau hinter mir her und legt noch mal zwei dazu. Ich spüre die zusätzlichen Kilos bei jedem Schritt. 15 Getränkeflaschen haben sich auch schon angesammelt. Die Geschenke nicht anzunehmen würde die Menschen kränken, doch was fange ich nur mit ihnen an? Mein Anhänger wird immer schwerer und schwerer. Heimlich am Wegesrand entsorgen kann ich die gut gemeinten Gaben auch nicht, da ich nie allein bin. Aber acht Melonen aufessen? Der Vorrat dürfte bis zum Ende des gesamtes Laufs reichen.

Am Abend geht der letzte Kilometer der Etappe steil zum Zielort hinauf, die Straße ist wie so oft von Menschen gesäumt, und alle möchten mich noch mit weiteren Geschenken beglücken. Ich komme den Berg fast nicht mehr hoch, weil mein Anhänger inzwischen über 30 Kilo wiegt. Doch Ende gut, alles gut: Bürgermeister, Essen, Hotel. Ich entgehe um Haaresbreite den Ausläufern eines Hurrikans, der sich über der Karibik austobt und noch bis hier wahre Sintfluten ausschüttet. Nachts höre ich bei offenem Fenster den Regen rauschen.

Bienen

Auf meinem Weg in den Bundesstaat Oaxaca fällt die Strecke nun beständig ab. Vom Hochplateau auf knapp 2000 Metern geht es runter auf etwa 500 Meter über dem Meeresspiegel, allerdings mit Gegensteigungen, die es in sich haben. Der Klimaunterschied ist deutlich spürbar, es wird zunehmend heiß und schwül. Die häufigen Regenschauer, immer noch Auswirkungen des Hurrikans, bringen zwischendurch zwar Abkühlung, erhöhen aber auch die Luftfeuchtigkeit.

An der Grenze von Puebla nach Oaxaca stehen Hunderte an der Strecke, das Fernsehen überträgt live. Die Begeisterung der Leute nimmt kein Ende, Polizeieskorte und Mitlaufende inbegriffen.

Am Nachmittag wird die ganze Laufgruppe aus heiterem Himmel von einem Schwarm Bienen attackiert. Irgendetwas muss mit ihrem Stock passiert sein, jedenfalls fallen sie aggressiv über uns her. Alle Läufer suchen ihr Heil in der Flucht, der Schwarm verfolgt uns Hunderte von Metern weit. Zum Glück ist das Auto der Polizeieskorte in der Nähe, ich löse den Gurt meines Anhängers, springe rein und schlage schnell die Tür zu. Fünf oder sechs Mal bin ich gestochen worden, einen der anderen hat es noch schlimmer erwischt. So etwas habe ich noch nie erlebt.

Meinen Weggefährten hat der Vorfall den Schneid abgekauft, die Gruppe zerstreut sich, nur einer hält tapfer aus, bis am Abend das nächste Dorf erreicht ist.

Oaxaca

Nun ist wieder Klettern angesagt. Ich muss die Bergkette der Sierra Madre del Sur überwinden, bevor es ganz hinunter an den Pazifik geht. Es wird sehr heiß, doch die Schönheit der Landschaft entschädigt dafür vollauf. Sie ist schroffer und trockener geworden, mit tiefen Canyons und steilen Anstiegen, an denen sich überwältigend weite Ausblicke auftun.

Oaxaca hat eine ganz eigene Kultur. Die meisten Menschen entstammen der indigenen Bevölkerung und sind bunt gekleidet, aber auch erkennbar ärmer, was der Herzlichkeit keinen Abbruch tut. Im Gegenteil: Die Menge der Geschenke nimmt noch zu. Einmal läuft jemand an einem Anstieg hinter mir her und wirft mir einen Zweikilosack Orangen in den Anhänger. Eine sehr anstrengende Etappe bringt mich in den Ort Cuicatlán. Das halbe Dorf rennt mit ins Zentrum, wo mich die Gemeindepräsidentin und ihr Mann, ein Senator, zum Essen einladen.

Der nächste Tag beschert mir einen herausfordernden Anstieg von über 1800 Höhenmetern. Die meisten meiner 20 Begleiter geben nach den ersten Kilometern auf, nur einer schafft es mit mir bis nach oben. Ich muss dafür mit meinem Anhänger kämpfen, der sich immer wieder füllt. Sobald wir aus der Sichtweite der Spender sind, verteile ich die Gaben an die Polizisten weiter, was gut bei ihnen ankommt. Einer der Beamten ist so motiviert, dass er ein paar Kilometer in voller Montur mitläuft. Dabei hält er die ganze Zeit die Maschinenpistole in der Hand, denn es ist ihm streng verboten, seine Waffe wegzulegen.

Nach den Bergetappen verläuft der letzte Tag hinein in die Stadt Oaxaca mit nur 35 Kilometern durch ein fruchtbares grünes Tal entspannt, dafür ist der Trubel bei der Ankunft besonders groß. Jede Menge Läufer und eine ganze Polizeiabteilung begleiten mich. Nach der Ankunft auf dem Hauptplatz vor der Kathedrale kommt Verwirrung auf, denn offensichtlich haben mehrere Leute unabhängig voneinander etwas für mich organisiert. Insgesamt wurden drei Hotels gebucht (von denen ich im Endeffekt keines in Anspruch nehme). Ich bin gerührt ob dieser Fürsorge, stehe das offizielle Programm durch, ziehe mich aber erschöpft zurück, sobald der Anstand es erlaubt.

Das Highlight für mich ist, dass meine Freunde Roberto und Eli gekommen sind, um mich drei Tage lang zu begleiten. Roberto filmt und fotografiert natürlich trotzdem, assistiert von Eli, doch beide wollen auch mit mir laufen. Wir übernachten bei gemeinsamen Freunden und lassen uns von ihnen die im Kolonialstil erbaute, sehr gut erhaltene Altstadt mit ihren zahlreichen Kirchen und Plätzen zeigen.

Leckerbissen

Beim Abendessen wird eine Spezialität serviert, für die Oaxaca bekannt ist: Chapulines, kleine Grashüpfer. Sie werden frittiert oder geröstet und als Snack gegessen, man findet sie aber auch als Zutat in Tacos oder anderen Gerichten. Ich finde sie nicht schlecht, sie sind meist mit Limette, Chili und Salz gewürzt, schmecken ein bisschen wie kross gebratener Speck und sind auch so knusprig. Den Gedanken »Igitt, Insekten« darf man natürlich gar nicht erst zulassen.

Oaxaca ist auch das Herz der Mezcal-Produktion, und als ich am nächsten Tag mit Roberto und Eli (und vielen anderen) weiterlaufe, passieren wir ausgedehnte Agavenplantagen – der Grundstoff für Mezcal. Überall stehen kleine Brennereien, die diese Spirituose herstellen, in einer machen wir Mittagspause. Zum Essen kommt selbstverständlich Mezcal auf den Tisch, anschließend werde ich zum Würmeressen eingeladen. Über die Frage, was die »Gusano de Maguey« genannte Raupe im Mezcal zu suchen hat, kursieren die verschiedensten Theorien. Manche führen die Tradition an, Insekten als Nahrungsmittel zu nutzen, andere halten es für einen reinen Marketinggag.

Wie auch immer, im Moment sind einige Augenpaare und mehrere Handyobjektive erwartungsvoll auf mich gerichtet. Hatte ich nicht mit den Grashüpfern genug bewiesen? Zögerlich nehme ich den Wurm in den Mund. Hm, schmeckt nach dem Mezcal, in dem er eingelegt war. Gar nicht so schlecht. Dann beiße ich drauf. Aargh! Der Wurm platzt und verbreitet eine furchtbar eklige Fauligkeit in meiner Mundhöhle. Ich kippe gleich noch einen Mezcal hinterher, trotzdem verbleibt noch eine ganz Weile ein übler Nachgeschmack. Das brauche ich nicht noch einmal.

Am Weiterlaufen hindert mich das nicht; Tagesziel ist das Pueblo Mágico Mitla, wo der nächste Empfang ansteht. Ich bekomme ein wunderschönes Hemd aus hiesiger Fabrikation und eine Flasche Mezcal geschenkt. Abends nehmen wir an einer Führung durch eine Destillerie teil und lassen uns die Herstellung von Mezcal und die dafür verwendeten Agavenarten ausführlich erklären. Hochinteressant auch für einen Nichtbotaniker wie mich.

Am Morgen verlassen mich Roberto und Elizabeth. Ich freue mich darauf, sie schon bald wieder in Chiapas zu treffen.

Für mich geht es weiter in die Berge, die mich von der pazifischen Küstenebene trennen. Die Anzahl der Begleiter wird immer kleiner, je weiter ich in abgelegene Gegenden vordringe. Bald ist bis auf ein Polizeiauto niemand mehr bei mir. Ganze vier Tage lang habe ich Ruhe, kann die Natur genießen und mich auf mich selbst besinnen. In diesen Momenten, so ganz ohne Trubel, Musik und ständig neue Begegnungen und Ablenkungen, wird mir erst richtig bewusst, was für eine unglaubliche Reise ich gerade erleben darf. In einer der Nächte bin ich von allen Ortschaften so weit entfernt, dass ich die Genehmigung bekomme, in einer Kapelle nahe der Straße mein Zelt aufzuschlagen. Schlafen bei Kerzenlicht direkt vor dem Altar – Mexiko hat immer wieder Überraschungen zu bieten.

Am Pazifik

Jeder Kilometer, der mich der Pazifikebene näher bringt, lässt mich mehr mit Hitze und Schwüle kämpfen – zum ersten Mal, seit ich vor fast zwei Monaten die Küste von Sinaloa verlassen habe. Es ist schwer, sich wieder an diese Temperaturen zu gewöhnen; die nächsten Tage werden die Hölle. Ich starte jeweils frühmorgens in die ersten 30 Kilometer, doch nachmittags wird es so brüllend heiß, dass ich von Kopfschmerzen heimgesucht werde; einmal sogar von Muskelkrämpfen, was mir schon seit Jahren nicht mehr passiert ist.

Dafür habe ich wieder Begleiter, darunter einen ganz außergewöhnlichen: Taylor ist ein ehemaliger Fußballspieler, der wegen eines Tumors ein Bein verloren hat. Auf Krücken folgt er mir über acht Kilometer und verrät, dass er für einen Marathon trainiert. Unglaublich, was für eine Motivation Menschen aufbringen können, davor habe ich größten Respekt!

Fünf Tage lang quäle ich mich durch die Hitze der Ebene, von Tehuantepec über Juchitán bis Arriaga, das bereits im Bundesstaat Chiapas liegt. Die Landschaft ist tropisch, aber ans Meer gelange ich nie nahe genug, um es zu sehen zu bekommen. Meine Etappen lege ich so, dass ich immer in einem Hotel übernachten kann – die Einladungen in den Ortschaften sind mir glücklicherweise unverändert vor sicher. Begleitung habe ich die meiste Zeit, in Juchitán sogar eine komplette Polizeiabteilung, circa 20 Mann in Uniform, die dabei ihre Marschlieder singen.

Chiapas

Der Übergang in den Bundesstaat Chiapas ist perfekt vorbereitet. Die Polizei, ein Fernsehsender und einige Läufer warten bereits, als ich eintreffe. Die Hitze macht uns allen zu schaffen, den Einheimischen nicht weniger als mir. Als ich nach über 47 Kilometern endlich in Arriaga ankomme, der ersten Stadt in Chiapas, bin ich völlig fertig und verziehe mich, trotz der begeisterten Aufnahme, bald in mein klimatisiertes Hotelzimmer.

Meine Route durch Chiapas führt in ein Gebiet, das landschaftlich besonders reizvoll, aber auch gefährlich sein soll. Man hört von Überfällen, vor drei Jahren wurde ein Fahrradtourist ermordet. Es gibt eine unübersichtliche Gemengelage aus Indígena-Gruppierungen, die sich diskriminiert und vernachlässigt fühlen, Drogenbanden, die in dem Gebiet Fuß fassen wollen, und Armutskriminalität. Auch die Autonomiebewegung der Zapatistas soll wieder verstärkt aktiv sein. Ich habe das Risiko ausführlich mit Roberto und Eli diskutiert, die mich hier wieder ein paar Tage begleiten werden, und wir sind zu dem Schluss gekommen, dass wir diese Strecke nur wählen können, wenn wir durchgehend Polizeibegleitung haben. Zum Glück spielen die Behörden mit und ich bekomme die Unterstützung, mit der ich es wagen kann.

Nach Arriaga steigt die Route wieder bis zu einem Pass in 700 Meter Höhe an. Meine Begleiter verabschieden sich nach und nach, nur ein ehemaliger Ultra-Champion hält 45 Kilometer durch. Ich selbst kann erst nach insgesamt 65 Kilometern Feierabend machen, als ich zu einer Mautstelle auf der Autobahn gelange, auf der ich aus Sicherheitsgründen unterwegs bin. Dort lässt man mich campieren und besorgt mir auch etwas zu essen. In der Nacht finde ich kaum Schlaf, denn die lange Strecke steckt mir diesmal gewaltig in den Beinen, ganz abgesehen davon, dass es im Zelt schwül und stickig ist. Entsprechend langsam gehe ich den Folgetag an und mache im nächsten Städtchen schon nach 35 Kilometern Schluss, um mich etwas zu erholen.

Tuxtla Gutiérrez, die Kapitale von Chiapas und mit 500 000 Einwohnern eine richtige Großstadt, erreiche ich am Tag darauf. Der Unterschied zur Mautstelle könnte nicht größer sein: Weit über 100 Menschen begleiten mich beim Einlauf, es gibt wieder großen Bahnhof im Zentrum, eine Marimba-Band spielt. In dem riesigen Pulk um mich herum wird es ziemlich chaotisch. Immer wieder stolpert jemand im Gedränge gegen meinen Wagen, alle wollen Selfies mit mir machen, ich gerate völlig aus dem Rhythmus. Hier bin ich zum ersten Mal froh um die Hitze, wegen der viele Läufer recht bald schlappmachen und die Menge sich etwas zerstreut.

Königsetappe

Auf die nächsten Tage freue ich mich sehr, denn nun geht es richtig hinein ins Bergland von Chiapas, von dessen erhabener Schönheit ich schon so viel gehört habe. Außerdem habe ich die beste Begleitung, die ich mir wünschen kann: Roberto und Eli sind in Tuxtla Gutiérrez zu mir gestoßen, werden mit mir laufen, Bilder machen, filmen.

Es geht gleich los mit der Königsetappe. Tuxtla liegt auf 500 Meter Höhe, das 50 Kilometer entfernte San Cristóbal de las Casas auf 2200 Metern. Die Straße führt immer am Hang entlang, mit weiter Aussicht über das Tal, und je höher ich klettere, desto mehr lasse ich die schwüle Hitze der Ebene hinter mir. Noch weiter oben gerate ich in Nebel – oder sind das schon die Wolken? Hoch genug bin ich, und richtig frisch ist es auch geworden.

Je näher wir San Cristóbal kommen, umso mehr Läufer schließen sich wieder an. Auch ein Polizist aus der Eskorte hält über 20 Kilometer Schritt mit mir. Als wir die Stadt erreichen, bricht ein Regenschauer über uns herein, der die Straße knöcheltief überschwemmt. Ich fühle mich großartig und möchte »I'm singing in the rain« jauchzen, doch nach gelaufenen 52 Kilometern über 1970 Höhenmeter fehlt mir dazu ein bisschen die Luft. Abends werde ich wieder sehr herzlich aufgenommen und unternehme mit Eli und Roberto nach dem Essen einen Altstadtbummel inklusive Mezcal-Tasting – es wird ein sehr lustiger Ausklang des Tages.

Sicherheitsvorkehrungen

Auf einer kleinen Nebenstraße geht es nun in Richtung Palenque, der großen Ruinenstätte aus der Blütezeit der klassischen Maya-Hochkultur. Diese Route gilt als besonders gefährlich, hier fanden in den letzten Jahren die meisten Überfälle statt. Ich bekomme ein eigenes Sicherheitskonzept, das vorsieht, dass ständig etwa zehn bewaffnete Polizisten zu Fuß und in Fahrzeugen bei mir sind und ich in jedem Ort unterwegs sicher untergebracht werde. Wildes Zelten im Dschungel ist ein No-Go. Selbst nachts stehen zwei Wachen mit Maschinenpistolen vor dem Hotel.

Ich kann die Sicherheitslage schwer beurteilen. Die Behörden wissen, dass ich international in den Medien präsent bin, und wollen verständlicherweise keine negativen Schlagzeilen, ein bisschen übertrieben scheint mir der Aufwand trotzdem zu sein. Die Polizisten vor Ort sind ausgesprochen freundlich, manche sogar ganz begeistert. Ich kann mir vorstellen, dass dieser Job für sie im Vergleich einer der interessanteren und leichteren ist. Viele laufen selbst mit und singen dabei regelmäßig ihre zackigen Marschlieder.

Direkt nach San Cristóbal führt die Route zunächst zwei Tage lang auf rund 2000 Meter Höhe durch Nadelwälder und Maisfelder. Die Landschaft erinnert mich ein wenig an den Schwarzwald, abzüglich der Maisfelder. Hinter Ocosingo geht es abwärts, mal auf 1000, mal auf 500 Meter. Dort erwartet mich ein Dschungel, wie er im Buche steht, mit dichtem tropischem Regenwald und rauschenden Wasserfällen. Manchmal huschen Affen direkt an uns vorbei, manchmal hören wir sie nur kreischen. Die Einwohner sind mehrheitlich indigene Maya, die ihre Kultur und Traditionen lebendig halten. Dies ist ein anderes Mexiko, und auch wenn alles sehr ärmlich wirkt, empfinde ich diesen Abschnitt meiner Reise als einen der schönsten.

Weitere Leckerbissen

Auch die Esskultur ist eine andere. In einem Ort hat man sich in den Kopf gesetzt, mich die heimischen Spezialitäten kosten zu lassen. Der Zuckerrohrschnaps schmeckt gar nicht übel, doch das Getränk aus Mais und Kakao namens Pozol, das in Chiapas sehr beliebt ist, vertrage ich nicht so gut. Mir ist den Rest des Tages flau im Magen. Eine weitere lokale Delikatesse ist Ratteneintopf, der viel Kraft verleihen soll. Ach, er ist noch nicht fertig? Oh, leider kann ich nicht darauf warten, ich muss weiter, wirklich. Uff, gerade noch mal entkommen.

Nachmittags erreiche ich in Begleitung von zwei Dutzend Läufern Ocosingo. Ein Gewitter hat uns durchnässt, mir ist immer noch ein wenig übel. Am Hauptplatz warten gefühlt Tausende auf mich, was ebenso viele Selfies bedeutet. Mein Lächeln nimmt einen zunehmend gequälten Ausdruck an. Die Polizisten retten mich, indem sie mich auf den Pick-up laden und im Hotel abliefern, wo ich mich ausruhen kann.

Am Abend erwartet mich eine weitere lokale Spezialität: Zats, eine große Raupe, die geröstet als Snack gegessen wird. Als sehr proteinreich wird sie mir angepriesen. Diesen Wurm in den Mund zu stecken und zuzubeißen kostet mich trotzdem ziemliche Überwindung. Alle starren mich neugierig an. Hm. Nicht so eklig wie der Mezcal-Wurm, aber ein Fan werde ich davon nicht. Roberto jedoch, der Hauptstädter, für den hier alles ebenso fremd und exotisch sein dürfte wie für mich, langt herzhaft zu und ruft: »Delicioso!«

Sehenswürdigkeiten

Die berühmtesten Touristenziele hier sind die Agua-Azul-Wasserfälle und die Maya-Ruinen von Palenque, und auch ich lasse beide nicht aus. Um zu den Wasserfällen zu gelangen, muss ich einen vier Kilometer langen Abstecher von der Straße auf mich nehmen, der es aber wert ist. Die Fälle sind zwar jetzt in der Regenzeit nicht blau, wie der Name sagt, sondern braun, aber trotzdem ungeheuer beeindruckend. Über mehrere Kilometer stürzt das Waser in unzähligen Kaskaden herab, dazwischen haben sich Pools gebildet, in denen man baden kann. Diese Gelegenheit lasse ich mir nicht entgehen und springe hinein. Selbst dabei werde ich von mehreren Polizisten bewacht. Auf dieser Strecke im feuchtheißen Dschungel laufen Roberto und Eli ihre persönlichen Bestleistungen: Roberto 25 Kilometer, Eli ihren ersten Marathon.

Der Tag wird mit der Ankunft in Palenque gekrönt. Ich habe heute nach 96 Tagen den hundertsten Marathon absolviert und bin dem Plan um vier Tage voraus. Wir besichtigen die Ruinen und haben noch einen sehr schönen Abend zusammen. Am nächsten Morgen reisen Roberto und Eli ab und kehren in ihr normales Leben zurück.

Wieder allein

In Palenque bin ich wieder im Tiefland angekommen, und das wird bis zum Zielort Cancún so bleiben. 20 Marathons habe ich noch vor mir, eigentlich ein Klacks angesichts dessen, was ich schon gelaufen bin. Die verbleibende Strecke führt jedoch über komplett flaches Land mit schnurgeraden Straßen, die kaum Abwechslung bieten. Tagestemperaturen bis 35 Grad, eine sehr hohe Luftfeuchtigkeit und keinerlei Schatten erwarten mich. Es wird noch einmal sehr hart, körperlich wie mental.

Hier und da begleiten mich ein paar Läufer, meist bin ich aber allein. Zwei Tage geht es noch durch Chiapas, dann durchquere ich einen zehn Kilometer schmalen Streifen von Tabasco und erreiche schließlich den Bundesstaat Campeche. Die Polizeieskorte hat sich verabschiedet, Campeche gilt als sicher, die Straßen sind breit, ich laufe auf dem Seitenstreifen. Für den Schutz , der mir in unsicheren Gegenden zuteil wurde, kann ich gar nicht dankbar genug sein, doch nun genieße ich es, wieder ganz mein eigener Herr zu sein.

Landschaftlich ist es wirklich extrem langweilig. Die Straße führt 50 Kilometer geradeaus, vorbei an Gebüsch und endlosen Rinderweiden. Die seltenen Höhepunkte sind eine Kreuzung oder eine kleine Kurve, nach denen es weitere 50 Kilometer geradeaus geht. Meine Tagesdistanzen differieren zwischen 35 und 60 Kilometern, abhängig von einem Nachtquartier. Unterwegs zu zelten ist praktisch unmöglich, weil es nachts noch so heiß bleibt, dass ich ohne Aircondition keinen Schlaf finden würde. Ich starte jeweils noch im Dunkeln um sechs Uhr, manchmal auch früher. Bis zehn Uhr komme ich einigermaßen klar, dann wird es langsam ungemütlich, und ab elf ist die Hitze unerträglich. Manchmal laufe ich deswegen schon am Morgen den kompletten Marathon. Bei längeren Etappen absolviere ich vormittags die ersten 35 oder 40 Kilometer, ruhe mich dann drei bis vier Stunden in einem Restaurant aus, lege am Nachmittag noch mal einen halben Marathon nach und komme bei Sonnenuntergang an.

Über die Yucatán-Halbinsel

Bei Sabancuy erreiche ich den Golf von Mexiko, was einige Erleichterung bringt. Vom Meer weht eine stetige leichte Brise herüber, und an den Stränden versüße ich mir die Pausen mit einem Sprung ins Wasser. Campeche, die Hauptstadt des Bundesstaats, erreiche ich drei

Tage später gegen Mittag und habe deshalb Zeit für etwas Sightseeing im bezaubernden kolonialen Zentrum.

Danach geht es wieder ins Landesinnere, zurück in die Hitze auf schnurgeraden Straßen. Größtes Highlight ist das erste Schild, auf dem Cancún angezeigt wird: noch 476 Kilometer.

Erst Mérida, das ich nach drei Tagen erreiche, bringt Abwechslung. Die größte Stadt Yucatáns war zu Kolonialzeiten eine der reichsten der Welt, und viel vom alten Prunk ist noch zu sehen. Ich komme in den Genuss eines Empfangs beim Bürgermeister, der mir als Gastgeschenk eine Pyramide und einen Palast aus Stein überreicht. Schöne Stücke, aber für mich unpraktisch: Jedes wiegt gut vier Kilo. Ich verschenke sie an meine Gastgeber, die mich in Mérida beherbergt haben und sich darüber freuen.

An einem der nächsten Abende komme ich an ein Cenote, eines der oft unterirdisch gelegenen Wasserlöcher, für die Yucatán berühmt ist. Die Grotte ist bereits geschlossen, aber die Besitzer sperren freundlicherweise für mich noch mal auf. Ich kann darin baden und daneben zelten. Eine herrliche Erfrischung in der unbarmherzigen Hitze.

Dass ich mich dem Ende meines Laufs nähere, beschert mir wieder ein großes Medienecho und eine neuerliche Polizeieskorte. Das ist auch gut so, denn inzwischen bin ich von der Autobahn auf eine schmale, parallel verlaufende Straße gewechselt und kann den Schutz gegen den Verkehr gut gebrauchen. Ich will jetzt einfach nur noch ans Ziel kommen, deshalb lasse ich einen Besuch der berühmten Maya-Pyramide in Chichén Itzá ausfallen und halte in Valladolid, der letzten großen Stadt vor Cancún, auch nur an, um zu übernachten.

Tag 177

Letzte Station ist das Städtchen Leona Vicario, ziemlich genau 42 Kilometer vom Stadtzentrum Cancúns entfernt. Für das große Finale habe ich Unterstützung: Leonardo aus Tijuana, Roberto aus Mexico City und Eli aus Puebla sind gekommen. Aus Deutschland sind Markus und Daniel angereist, um zu filmen, und Martin, einer der Co-Autoren meines Buches. Markus hat seine achtjährige Tochter mitgebracht, denn er will sich anschließend ein paar freie Tage gönnen. Ganz besonders aber freue ich mich darüber, dass sich mein Vater Sammy in den Flieger gesetzt hat, um an diesem großen Tag dabei zu sein. Ich habe ihn das letzte Mal während der Schwimmstrecke in Kroatien gesehen und war seither eng mit ihm in Kontakt; ihn jetzt leibhaftig hier bei mir zu haben, empfinde ich als großes Glück.

Ich bin voller Vorfreude, aber erstaunlicherweise nicht so aufgeregt, wie ich selbst erwartet hätte. Fast fühlt es sich an wie ein weiterer Lauftag von so vielen, die ich bereits hinter mir habe.

Der Aufbruch ist für sechs Uhr morgens angesetzt, verzögert sich aber ein bisschen. Heute ist Markus' Geburtstag, es gibt Kuchen, weshalb sich das Frühstück länger hinzieht. Als ich vor das Hotel trete und mir den Anhänger umschnalle, ist die Sonne ist bereits aufgegangen. Leonardo, Eli und Markus begleiten mich am Anfang, mein Vater wird später ein Stück mitlaufen. Er ist schon über 60, aber bestens in Form.

Ich finde schnell meinen gewohnten Laufrhythmus und schone meine Kräfte, denn die letzte Etappe heute ist über 60 Kilometer lang – noch einmal ein Kraftakt. Mein Ziel ist nämlich nicht Cancún-Stadt, es geht für mich danach noch 20 Kilometer weiter bis zur Playa Delfines. Das ist einer der vielen Strände auf der kilometerlangen Nehrung hinter Cancún. Hier spielt sich das touristische Leben vor allem ab. Die vielen Hotelanlagen haben dem Streifen zwischen Lagune und karibischem Meer den Namen gegeben: »Zona Hotelera«.

Ab der Stadtgrenze stehen jetzt öfter Menschen am Straßenrand, die fotografieren und filmen, aber der vermutete große Auflauf ist bisher ausgeblieben. Dafür hat sich der Polizeieinsatz beträchtlich verstärkt. Hinter mir fährt ein Pick-up mit Blaulicht (in Mexiko ein blinkendes Rot und Blau) mit einer Sitzbank auf der Pritsche hinten, auf der Fotografen und auch ermüdete Läufer Platz finden. Dahinter und vor mir fährt je ein weiteres Polizeiauto, und alle Kreuzungen werden von Polizisten auf Motorrädern abgesperrt.

Nach 40 Kilometern lege ich eine Mittagspause in einem Restaurant ein und strecke mich nach dem Essen für eine halbe Stunde auf dem Boden aus. Mich von der Umwelt abschotten zu können, um Ruhe zu finden, ist in solchen Momenten wichtig. Ich versuche, an nichts zu denken, weder an die vielen Schritte, die bis zur Ankunft zurückzulegen sind, noch an den Trubel bei der Ankunft, und erst recht nicht an das noch so weit entfernte Zimmer mit Klimaanlage und weichem Bett, das mich heute Abend erwartet. Stattdessen versinke ich in einen 20-minütigen Powernap.

Einen Halbmarathon habe ich noch vor mir, als es am Nachmittag weitergeht. Am Übergang zur Hotelzone wartet eine größere Gruppe auf mich, teils auf dem Rad, teils zu Fuß, und begrüßt mich mit lautem Jubel. Ab jetzt herrscht Party! Gleichzeitig hat der Verkehr stark

zugenommen. Die Abgase steigen mir in die Nase, LKWs und Busse rumpeln an mir vorbei, die Laufgruppe singt und skandiert Parolen, aus Autofenstern wird mir »Go, Jonas, go« oder auch »Run, Forrest, run« zugerufen. All das ist Belastung und Motivation zugleich. Ein Mensch im blauen Fantasiekostüm läuft neben mir, eine Polizistin in Uniform, die nur einfache Straßenschuhe trägt, mein Vater, Leonardo, Eli. Mal sind sie da, mal bleiben sie zurück. Ich setze Schritt für Schritt und achte darauf, dass mein Anhänger gerade in der Spur bleibt.

Die letzten Kilometer laufe ich wie in Trance. Dann taucht vor mir eine neue Menge auf, noch einmal Hunderte Menschen. Zwei Mädchen halten ein Transparent als Ziellinienband, ich werfe die Arme hoch, laufe hindurch – es ist geschafft.

Am liebsten würde ich jetzt sofort runter an den Strand gehen und mich in die Wellen stürzen, aber erst mal ist großer Bahnhof angesagt. Ich werde vor den bunten »Cancún«-Schriftzug mit Strand und Meer im Hintergrund gestellt, man setzt mir einen Sombrero auf, die Bürgermeisterin begrüßt mich ebenso schwungvoll wie feierlich, Fotografen, Fernsehkameras und viele andere Leute drängen sich um

mich. Ich lächle und winke, schaue nach links und rechts, wie man es mir zuruft, gebe Interviews. Ich müsste völlig fertig sein nach diesem Lauf, bin es wahrscheinlich auch, aber ich spüre es nicht. Das Hochgefühl, 120 Marathons in 117 Tagen geschafft zu haben, trägt mich.

Irgendwann sind die letzten Fotos geschossen, die Menge zerstreut sich. Ich steige herunter von meinem Podest, stelle den Anhänger auf die Seite und laufe über den Strand geradewegs ins Meer, das mich mit karibikwarmem Wasser begrüßt. Mit ausgebreiteten Armen und einem lauten Lachen lasse ich mich hineinfallen. Alles wird unendlich leicht. Am Horizont ragt ein großer Regenbogen inmitten von Gewitterwolken in die Höhe, fünf Minuten später prasselt ein heftiger Schauer auf mich herab. Hollywood hätte es nicht besser erfinden können; für einen Film wäre ein solches Ende wahrscheinlich sogar zu kitschig gewesen.

Die Füße hochlegen

Die Tourismusbehörde von Cancún hat mich und meine »Entourage« für die nächsten Tage in ein Hotel direkt am Strand eingeladen, was ich gerne annehme. Nach all den Anstrengungen darf ich mir ein bisschen Luxus gönnen. Ich werde mir ein paar Wochen Zeit nehmen und versuchen, die geringe Chance zu nutzen, doch noch eine Schiffsüberfahrt zu finden. Segler über den Atlantik sind in der Hurrikansaison nicht mehr unterwegs, und bei den Frachtschiffen herrscht nach wie vor ein strenges Corona-Reglement, doch wer weiß, was sich womöglich noch ergibt. Und natürlich werde ich mich in dieser Zeit regenerieren. Die Monate in Mexiko waren wunderbar, doch sie sind auch an die Substanz gegangen. Ich habe gut acht Kilo in dieser Zeit verloren. Für die letzte Etappe auf dem Fahrrad erwarte ich keine vergleichbaren Anstrengungen mehr, das ist schließlich meine Stammdisziplin. Mich vorher noch ein bisschen aufzupäppeln kann aber nicht schaden. Und Mexiko ist einzigartig schön! Ich habe mich in dieses Land und seine Menschen verliebt und werde sicher bald wiederkommen.

Wieder in Europa

4000 Kilometer »locker ausrollen«

Ich bin in Mértola nahe der portugiesisch-spanischen Grenze und habe zweieinhalb Tage auf meiner geliebten Esposa hinter mir. Auf dem Fahrrad zu sitzen fühlt sich an wie nach Hause kommen; ich bin wieder in meinem natürlichen Element.

Nachdem alle Versuche gescheitert waren, den Atlantik per Schiff zu überqueren, musste ich wohl oder übel am 29. Oktober ein Flugzeug nach Lissabon besteigen. Mein Rad wartete schon auf mich, ebenso Markus, der mich die nächsten Tage wieder begleitet. Da wir die großen Autobahnbrücken über den Tejo mit dem Fahrrad nicht befahren durften, nahmen wir die Fähre, überquerten die Halbinsel Setúbal und folgten dann auf kleinen, zum Teil unbefestigten Sträßchen der dramatisch aufgewühlten Atlantikküste nach Süden. Inzwischen geht es

im Landesinneren durch die Hügellandschaft des Baixo Alentejo in Richtung spanische Grenze, die wir heute Abend erreichen.

Etwas über 3500 Kilometer liegen noch vor mir, bevor ich Ende November wieder in München ankommen werde, dort, wo ich vor gut einem Jahr gestartet bin. Ein Jahr nur! Mit all den Erfahrungen und Begegnungen, die ich erleben durfte, fühlt es sich viel länger an.

Ich habe für diese letzte Etappe eine Route gewählt, die mich nicht auf dem schnellsten Weg von Lissabon nach München bringt, sondern mir noch ein paar der landschaftlichen Leckerbissen Europas bietet. Von Portugal führt sie nach Andalusien, dann parallel zur spanischen und französischen Mittelmeerküste – mit Abstechern in die Berge – bis in die Provence. Dort wartet der Mont Ventoux auf mich, ein legendärer Berg, über dessen kahlen Gipfel (1909 Meter) regelmäßig die Tour de France geht. Den steilen Anstieg über 1600 Höhenmeter zu bewältigen ist ein Highlight für jeden Radsportler. Durch den westlichen Teil der Alpen und den Jura geht es anschließend in die Schweiz und schließlich am Bodensee vorbei nach München. Die genaue Strecke hängt davon ab, wie weit der Winter in den Bergen schon fortgeschritten ist.

Ein paar Tage vor meiner Ankunft in München dürfte mich in Aedermannsdorf im Kanton Solothurn noch einmal ein großer Bahnhof erwarten. Mein Vater lebt dort und hat mir schon signalisiert, dass die ganze Gemeinde auf den Beinen sein wird, wenn ich dort Halt mache. Ob die Feuerwehrkapelle spielt? Ich eine Ehrenbürgerurkunde erhalte? Ich kann mich jedenfalls auf einen warmen Empfang freuen.

Und schließlich das Ende der Reise: München, Odeonsplatz. Wie wird das sein? Am Stadtrand werden mich die ersten Freunde und Bekannten erwarten, um die letzten Kilometer auf dem Rad gemeinsam mit mir zu erleben. Im Tross werden wir Richtung Innenstadt fahren und damit die Münchner Autofahrer ein ums andere Mal zur Weißglut treiben. Wahrscheinlich ist sogar das Fernsehen live dabei. Wir werden durch die Altstadt in die Residenzstraße fahren – die letzten Meter vor dem Ziel. An der Feldherrnhalle vorbei werden wir auf den Odeonsplatz einbiegen, die Schuhe aus den Pedalen klicken und anhalten. Man wird mir auf die Schulter klopfen. »Du hast es geschafft«, wird man mir zuraunen. »Wahnsinn, ist dir das klar, dass du es geschafft hast?« Eine Traube von Menschen wird uns einschließen: Freunde, Familie, Unterstützer aus München und vielen Teilen des Landes. Wir werden uns umarmen und vielleicht die eine oder andere Träne verdrücken. Handys werden gezückt und Selfies gemacht werden. Aus der Menge werden mir Journalisten Mikros entgegenstrecken und mir Fragen zurufen, die ich in dem Trubel kaum verstehen, geschweige denn beantworten kann. Ich werde die Umstehenden bitten, etwas zurückzutreten, damit ich genau das tun kann, was ich seit Wochen plane: Den Rahmen meiner Esposa mit beiden Händen ergreifen und das Rad hoch in die Luft heben. So habe ich es am Ende der langen Radstrecke am Pazifik getan und so werde ich es wieder tun.

Über die Monate hat mich diese Vorstellung immer wieder beflügelt. Sie hat mich durch Dauerregen und Schneestürme getragen und über zahllose Kilometer brennend heißen Asphalts in Mexiko. Ich werde es schaffen, bedeuteten diese Bilder in meinem Kopf. Ich werde diese Herausforderung als erster Mensch wirklich bewältigen.

Doch wenn ich jetzt daran denke, überkommt mich Wehmut, ja regelrechte Traurigkeit. Soll es wirklich schon vorbei sein? Ich bin doch gerade erst aufgebrochen, an jenem verregneten Septembertag 2020, nicht ahnend, was mich die kommenden Monate erwarten würde. Und nun, da es beinahe vorüber ist, frage ich mich, ob ich nicht lieber noch mal an den Start zurück möchte, in all der Aufregung und Vorfreude dort stehen und die ersten Meter auf dem Rad zurücklegen.

Doch während ich Kilometer um Kilometer in die Pedale trete und weiter auf mein Ziel zusteuere, legt sich ein Lächeln auf meine Lippen. Auch wenn dieses Abenteuer bald vorbei ist, habe ich ja schon neue Ideen. Die Welt hält noch viele Herausforderungen für mich bereit, ich muss sie nur in Angriff nehmen. Ich werde mir Zeit nehmen, bis ich diese Ideen zu Plänen konkretisiere, doch die nächste Challenge wird kommen, das ist gewiss.

Ohnehin sind meine Reisen nie wirklich zu Ende, denn jeden ihrer Momente und jede ihrer Begegnungen trage ich sicher in mir. Das ist der Zauber unserer Erinnerungen und Erfahrungen. All das, was wir erleben, bleibt in uns für den Rest unserer Zeit. Tief in unseren Herzen.

Und dort ist es gut geschützt.

Ankunft am Odeonsplatz in München am 29. November 2021: Esposa und ich werden begeistert empfangen – mein Glück kennt keine Grenzen.

Impressum

POLYGLOTT

POLYGLOTT ist eine eingetragene Marke der GRÄFE UND UNZER VERLAG GmbH

ISBN 978-3-8464-0801-8

3. Auflage 2022

Text: Jonas Deichmann,
Martin Waller, Carsten Polzin
Redaktion und Projektmanagement:
Wilhelm Klemm
Lektorat: Martin Waller für Werkstatt
München – Buchproduktion
Satz: Anja Dengler, Arndt Knieper für
Werkstatt München – Buchproduktion
Umschlaggestaltung und Layout:
ZERO Werbeagentur, München
Herstellung: Renate Hutt
Bildredaktion: Nora Goth
Kartografie: Kartographie Huber,
Katja Hose
Schlusskorrektur: Chris Tomas
Repro: Medienprinzen München
Druck und Bindung: CPI books GmbH,
Ulm
Printed in Germany

Bildnachweis:
Titelbild: Markus Weinberg
Andrej Bavchenkov: 114/115, 116, 132, 146/147, 148, 150; Jonas Deichmann: 2/3, 4, 22, 30, 33, 44, 45/46, 50, 65, 75, 76, 78/79, 86, 89, 90, 99, 112, 119, 120, 121, 123, 124, 125, 128, 134, 135, 136, 137, 141o, 141u, 144, 152, 154, 170, 171, 172, 194, 201, 211, 216, 218, 221, 225, 237, 239, 242, 245, 247; Pheline Hanke: 255; Alexander Litau: 138/139, 149; Leonardo Antillón: 203, 205, 226, 228, Ravir Film: 180, 196, 200, 213, 219, 222, 230; Daniel Rintz: 68/69, 70, 73; Markus Weinberg: 6, 7, 8, 10, 13, 14, 16/17, 18/19, 24/25, 34/35, 41, 53, 54, 55, 56, 58, 60/61, 63, 81, 82, 93, 94, 97, 101, 102, 103, 104/105, 106, 108, 158, 159, 160/161, 162/163, 164, 165, 167, 182, 183, 184/185, 186/187, 188o, 188u, 189, 190, 192, 206/207, 232/233, 249, 250, 252

Bei Interesse an maßgeschneiderten B2B-Produkten:
roswitha.riedel@graefe-und-unzer.de

Leserservice
GRÄFE UND UNZER Verlag
Grillparzerstraße 12
81675 München
www.graefe-und-unzer.de

GRÄFE UND UNZER

Ein Unternehmen der
GANSKE VERLAGSGRUPPE